趣味百家姓

QUWEI BAIJIAXING

张朝富 编著

四川辞书出版社

图书在版编目(CIP)数据

趣味百家姓/张朝富编著. —成都:四川辞书出版社,
2018.5

ISBN 978-7-5579-0319-0

Ⅰ.①趣… Ⅱ.①张… Ⅲ.①古汉语—启蒙读物 Ⅳ.
①H194.1

中国版本图书馆 CIP 数据核字(2018)第 074316 号

趣味百家姓

QuWei BaiJiaXing

张朝富 编著

策 划	雷汉卿	
责任编辑	周 挺 张 林 杨 波	
复 审	帅初阳	
终 审	杨宗义	
封面设计	陈靖文	
责任印制	肖 鹏	
出版发行	四川辞书出版社	
地 址	成都市槐树街 2 号	
邮政编码	610031	
印 刷	成都国图广告印务有限公司	
版 次	2018 年 5 月第 1 版	
印 次	2018 年 5 月第 1 次印刷	
开 本	880 mm×1230 mm 1/32	
印 张	22.5	
书 号	ISBN 978-7-5579-0319-0	
定 价	68.00 元	

序　言

　　《百家姓》与《三字经》《千字文》一起被称为"三百千"，同为我国古代著名的幼童启蒙教材，其中尤其以《百家姓》流行最长，流传最广。

　　据学者考证，《百家姓》大约在宋代以前就存在了，在宋初的时候，钱塘（约今天的杭州）儒者加以收集整理，编订成册。初始时期的《百家姓》，收411姓。元朝的印本，收438姓，其中单姓408，复姓30。到清代的时候，又出现了《增广百家姓》，收504姓，单姓444，复姓60。本书即以《增广百家姓》为据。

　　《百家姓》以四言为句，句句押韵，读来朗朗上口，极易识读记忆。《百家姓》中的姓氏编排，更多地注意了流传和识记的效果问题，很难严格照顾到姓氏实际的人口数量及其发展情况。其中的编排逻辑，还有其他因素，比如《百家姓》的起首句"赵钱孙李"，据推测，是因为"赵"指赵宋，是以国君的姓氏为首；其次是钱姓，钱是五代十国中吴越国王的姓氏；孙是当时国王钱俶的正妃之姓；李为南唐国王李姓。本书在编排上首先按照《增广百家姓》的排序，但人口数量较少的姓我们在编排上把它们放在了后面，以反映姓氏使用的现状。

中国的姓氏文化，是源远流长的中华文明的一项重要内容，它反映着中华族群独特的历史发展进程和文化秉性。据统计，在历史文献中，我国的姓氏有5662个，其中单姓3484个，复姓2032个，三字姓146个，实际生活中，当然远远不止这些数目。姓氏文化在我国已有数千年的历史，初始大概产生于母系氏族社会，所以早期的姓氏多带"女"旁，如姜、姚、姒、妫、嬴等姓，这个时期的姓氏主要是"明血缘""别婚姻"，是全体氏族成员的共同姓氏。父系氏族时期，姓氏的作用在于"别贵贱"，主要是用来显示宗法身份的。

早期的姓氏基本集中于上层人士，这个时期主要是以封国、封地、官职、名号等为姓氏，后来随着社会不断分化，以职业、技术、居所等为姓氏的情况开始普遍起来，再以后，赐姓、改姓等等，均不断丰富发展着传统姓氏的内容。

姓氏文化见证了中华民族的成长经历，它的来源记忆着我们祖先的初始脚步，它的迁移诉说着我们祖先辗转生存奋斗的历程，其中的历史名人昭示着我们祖先的文明与智慧，所有的这一切，都在显示着华夏民族的融合、壮大，生生不息。

目 录

赵 ·········· 2	杨 ········· 32	陶 ········ 62
钱 ·········· 4	朱 ········· 34	姜 ········ 64
孙 ·········· 6	秦 ········· 36	戚 ········ 66
李 ·········· 8	尤 ········· 38	谢 ········ 68
周 ········· 10	许 ········· 40	邹 ········ 70
吴 ········· 12	何 ········· 42	喻 ········ 72
郑 ········· 14	吕 ········· 44	柏 ········ 74
王 ········· 16	施 ········· 46	水 ········ 76
冯 ········· 18	张 ········· 48	窦 ········ 78
陈 ········· 20	孔 ········· 50	章 ········ 80
褚 ········· 22	曹 ········· 52	苏 ········ 82
卫 ········· 24	严 ········· 54	潘 ········ 84
蒋 ········· 26	华 ········· 56	葛 ········ 86
沈 ········· 28	金 ········· 58	奚 ········ 88
韩 ········· 30	魏 ········· 60	范 ········ 90

彭 …… 92	倪 …… 136	孟 …… 180
郎 …… 94	汤 …… 138	黄 …… 182
鲁 …… 96	滕 …… 140	和 …… 184
韦 …… 98	殷 …… 142	穆 …… 186
马 …… 100	罗 …… 144	萧 …… 188
苗 …… 102	毕 …… 146	尹 …… 190
凤 …… 104	郝 …… 148	姚 …… 192
花 …… 106	邬 …… 150	邵 …… 194
方 …… 108	安 …… 152	汪 …… 196
俞 …… 110	常 …… 154	祁 …… 198
任 …… 112	乐 …… 156	毛 …… 200
袁 …… 114	于 …… 158	狄 …… 202
柳 …… 116	时 …… 160	米 …… 204
鲍 …… 118	皮 …… 162	明 …… 206
史 …… 120	卞 …… 164	臧 …… 208
唐 …… 122	齐 …… 166	计 …… 210
费 …… 124	康 …… 168	伏 …… 212
廉 …… 126	伍 …… 170	成 …… 214
岑 …… 128	余 …… 172	戴 …… 216
薛 …… 130	元 …… 174	谈 …… 218
雷 …… 132	卜 …… 176	宋 …… 220
贺 …… 134	顾 …… 178	茅 …… 222

庞	……… 224	郭	……… 268	莫	……… 312
熊	……… 226	梅	……… 270	房	……… 314
纪	……… 228	盛	……… 272	缪	……… 316
舒	……… 230	林	……… 274	干	……… 318
屈	……… 232	刁	……… 276	解	……… 320
项	……… 234	钟	……… 278	应	……… 322
祝	……… 236	徐	……… 280	宗	……… 324
董	……… 238	邱	……… 282	丁	……… 326
梁	……… 240	骆	……… 284	邓	……… 328
杜	……… 242	高	……… 286	郁	……… 330
阮	……… 244	夏	……… 288	单	……… 332
蓝	……… 246	蔡	……… 290	杭	……… 334
闵	……… 248	田	……… 292	洪	……… 336
席	……… 250	樊	……… 294	包	……… 338
季	……… 252	胡	……… 296	左	……… 340
强	……… 254	凌	……… 298	石	……… 342
贾	……… 256	霍	……… 300	崔	……… 344
路	……… 258	虞	……… 302	吉	……… 346
娄	……… 260	万	……… 304	龚	……… 348
江	……… 262	柯	……… 306	程	……… 350
童	……… 264	管	……… 308	嵇	……… 352
颜	……… 266	卢	……… 310	邢	……… 354

裴 ········ 356
陆 ········ 358
翁 ········ 360
荀 ········ 362
甄 ········ 364
曲 ········ 366
封 ········ 368
储 ········ 370
靳 ········ 372
糜 ········ 374
井 ········ 376
段 ········ 378
巫 ········ 380
焦 ········ 382
谷 ········ 384
车 ········ 386
侯 ········ 388
全 ········ 390
仲 ········ 392
宫 ········ 394
宁 ········ 396
仇 ········ 398

栾 ········ 400
甘 ········ 402
祖 ········ 406
武 ········ 406
符 ········ 408
刘 ········ 410
景 ········ 412
詹 ········ 414
龙 ········ 416
叶 ········ 418
司 ········ 420
郜 ········ 422
黎 ········ 424
薄 ········ 426
宿 ········ 428
白 ········ 430
蒲 ········ 432
邰 ········ 434
赖 ········ 436
卓 ········ 438
蔺 ········ 440
屠 ········ 442

蒙 ········ 444
池 ········ 446
乔 ········ 448
阴 ········ 450
胥 ········ 452
苍 ········ 454
闻 ········ 456
党 ········ 458
翟 ········ 460
谭 ········ 462
姬 ········ 464
申 ········ 466
冉 ········ 468
郤 ········ 470
桑 ········ 472
桂 ········ 474
牛 ········ 476
边 ········ 478
燕 ········ 480
冀 ········ 482
尚 ········ 484
柴 ········ 486

温 ……… 488	巩 ……… 532	晋 ……… 576
庄 ……… 490	聂 ……… 534	楚 ……… 578
晏 ……… 492	晁 ……… 536	闫 ……… 580
瞿 ……… 494	敖 ……… 538	鄢 ……… 582
阎 ……… 496	冷 ……… 540	涂 ……… 584
连 ……… 498	辛 ……… 542	归 ……… 586
习 ……… 500	阚 ……… 544	岳 ……… 588
艾 ……… 502	饶 ……… 546	商 ……… 590
向 ……… 504	傅 ……… 548	牟 ……… 592
古 ……… 506	曾 ……… 550	阳 ……… 594
易 ……… 508	沙 ……… 552	佟 ……… 596
廖 ……… 510	鞠 ……… 554	云 ……… 598
步 ……… 512	关 ……… 556	昌 ……… 598
都 ……… 514	蒯 ……… 558	鄞 ……… 599
耿 ……… 516	查 ……… 560	平 ……… 599
满 ……… 518	荆 ……… 562	湛 ……… 600
匡 ……… 520	游 ……… 564	禹 ……… 600
国 ……… 522	竺 ……… 566	贝 ……… 601
文 ……… 524	盖 ……… 568	麻 ……… 601
寇 ……… 526	桓 ……… 570	危 ……… 602
欧 ……… 528	上官 …… 572	支 ……… 603
师 ……… 530	欧阳 …… 574	昝 ……… 603

经 ········ 604

裘 ········ 604

宣 ········ 605

贲 ········ 605

诸 ········ 606

钮 ········ 606

滑 ········ 607

荣 ········ 607

羊 ········ 608

於 ········ 609

惠 ········ 609

家 ········ 610

芮 ········ 611

羿 ········ 611

汲 ········ 612

邴 ········ 612

松 ········ 613

富 ········ 613

乌 ········ 614

巴 ········ 614

弓 ········ 615

牧 ········ 615

隗 ········ 616

山 ········ 617

谷 ········ 617

蓬 ········ 618

郗 ········ 618

班 ········ 619

仰 ········ 619

秋 ········ 620

伊 ········ 620

暴 ········ 621

钭 ········ 621

厉 ········ 622

戎 ········ 622

束 ········ 623

幸 ········ 623

韶 ········ 624

蓟 ········ 624

印 ········ 625

怀 ········ 626

从 ········ 626

鄂 ········ 627

索 ········ 628

咸 ········ 628

籍 ········ 629

鬱 ········ 629

能 ········ 630

双 ········ 630

莘 ········ 631

贡 ········ 631

劳 ········ 632

逄 ········ 632

扶 ········ 633

堵 ········ 633

宰 ········ 634

郦 ········ 634

雍 ········ 635

璩 ········ 635

濮 ········ 636

寿 ········ 636

通 ········ 637

扈 ········ 637

郏 ········ 638

浦 ········ 638

农 ········ 639

别	……… 639	蔚	……… 650	益	……… 662
充	……… 640	越	……… 650	公	……… 663
慕	……… 640	夔	……… 651	万俟	……… 663
茹	……… 641	隆	……… 651	司马	……… 664
宦	……… 641	库	……… 652	夏侯	……… 664
鱼	……… 641	勾	……… 652	诸葛	……… 665
容	……… 642	融	……… 653	闻人	……… 666
慎	……… 642	訾	……… 653	东方	……… 666
戈	……… 643	那	……… 654	赫连	……… 667
庚	……… 643	简	……… 655	皇甫	……… 667
终	……… 644	空	……… 655	尉迟	……… 668
暨	……… 644	母	……… 656	公羊	……… 668
居	……… 645	乜	……… 656	澹台	……… 669
衡	……… 645	养	……… 657	公冶	……… 669
弘	……… 646	须	……… 657	宗政	……… 670
广	……… 646	丰	……… 658	濮阳	……… 671
禄	……… 647	巢	……… 659	淳于	……… 671
阙	……… 647	相	……… 659	单于	……… 672
东	……… 648	后	……… 660	太叔	……… 672
殳	……… 648	红	……… 660	申屠	……… 673
沃	……… 649	权	……… 661	公孙	……… 674
利	……… 649	逯	……… 662	仲孙	……… 674

轩辕 …… 675

令狐 …… 675

钟离 …… 676

宇文 …… 677

长孙 …… 677

慕容 …… 678

鲜于 …… 678

闾丘 …… 679

司徒 …… 680

司空 …… 680

亓官 …… 681

司寇 …… 681

仉 …… 682

督 …… 682

子车 …… 683

颛孙 …… 683

端木 …… 684

巫马 …… 684

公西 …… 685

漆雕 …… 685

乐正 …… 686

壤驷 …… 686

公良 …… 687

拓跋 …… 687

夹谷 …… 688

宰父 …… 689

榖梁 …… 689

法 …… 690

汝 …… 690

钦 …… 691

段干 …… 691

百里 …… 692

东郭 …… 693

南门 …… 693

呼延 …… 694

海 …… 694

羊舌 …… 695

微生 …… 695

帅 …… 696

缑 …… 697

亢 …… 697

况 …… 698

郏 …… 698

有 …… 699

琴 …… 700

梁丘 …… 700

左丘 …… 701

东门 …… 701

西门 …… 702

佘 …… 703

佴 …… 703

伯 …… 704

赏 …… 705

南宫 …… 705

墨 …… 706

哈 …… 706

谯 …… 707

笪 …… 707

年 …… 708

爱 …… 708

第五 …… 709

言 …… 709

福 …… 710

Zhào

赵

　　一般认为赵氏出自嬴姓部落，远祖是帝舜时的伯益（或名柏翳），始祖是伯益的十三世孙造父。据说造父获得八匹骏马，献给周穆王，穆王配以好车，以造父为御（驾驭车马的人），西游昆仑山见西王母，正赶上徐偃王谋反。造父为周穆王驾车，日行千里，得以平复叛乱，周穆王便把赵城（今山西洪洞县北）赐给造父作为封邑，造父的子孙就以封地赵城为氏。造父的六世孙奄父及其孙叔带于周宣王时救驾有功，叔带被任命为周宣王卿士，赵氏得以兴旺。后因周幽王无道，叔带弃周赴晋。叔带的七世孙赵衰辅佐晋文公登上霸主之位后，赵氏子孙便世代为晋国大夫。后来赵襄子联合韩、魏灭掉了晋国，建立赵国。公元前222年赵国被秦国所灭。赵国末代君主代王赵嘉的后裔世居陇西天水县西（今甘肃天水西南），繁衍为大族。

　　赵姓在漫长的繁衍迁徙过程中形成了许多郡

望，主要有天水郡（治所在今甘肃通渭西北）、涿郡（治所在今河北涿州）、南阳郡（治所在今河南南阳）、下邳郡（治所在今江苏睢宁）、颍川郡（治所在今河南禹州）、平原郡（治所在今山东平原）、汉阳郡（治所在今甘肃甘谷）。

赵姓在《百家姓》中居首位，这与《百家姓》一书成书于宋代有关。赵氏为宋朝宗室，是国姓，故列为第一，并非赵姓的人口和族望在当时居于首位。据调查，"赵"姓目前为我国第七大姓。

历史上出现了许多著名的赵姓人物，如战国时"纸上谈兵"的赵括，秦末"指鹿为马"的赵高，三国时单骑救主的赵子龙，发动"陈桥兵变"建立宋朝的宋太祖赵匡胤等等。

赵姓在《百家姓》中排在第一位。

钱姓来源有三。一是以官职名为姓氏。据《通志·氏族略》记载："颛帝曾孙陆终生彭祖，裔孙孚，周钱府上士，因官命氏。"这就是说，钱姓是以官名为姓。二是源自彭祖。相传彭祖姓籛，名铿，其后人即以"籛"为姓，后简化为"钱"。三是源自少数民族汉化改姓。

钱姓早期主要是在江南发展繁衍。秦朝有御史大夫钱产，子孙居下邳（今江苏睢宁北）。西汉徐州人钱林，因王莽专政，弃官隐居长兴陂门里。

钱逊因避王莽乱，徙居乌程（今浙江湖州）。唐初，有中原钱姓将佐随从光州固始人陈政、陈元光父子入闽开辟漳州，钱姓开始进入福建。宋元时期，钱氏发展到今广东、四川、安徽、湖南等省。明清时期，今上海、云南、湖北等省市均有钱氏聚居。明末至清末近三百年间，居住在闽、粤及沿海的钱氏陆续有人迁至台湾，后又有一部分徙居海外。

五代时政治家钱镠是吴越国的创立人，在位期间曾修建钱塘江海塘，又在太湖流域构筑堰塘，大力发展农业。唐代的钱起是唐"大历十才子"之一，博学多才，尤擅五言诗，在赴举时所作的一句"曲终人不见，江上数峰青"，令古今无数人称叹。钱谦益，江苏常熟人。明清两代均任高职。博学多识，文辞斐然，是东南文坛的一大领军人物。近现代的人物如学贯中西的学者钱钟书，其小说《围城》风靡世界。他的学术著作《管锥编》旁征博引，对中西诗论、文论，以及中西文化的深入研究令人叹服。

　　钱姓在《百家姓》中排在第二位。

Sūn

孙

　　孙姓的来源主要有三个。最早的一支来源于
西周皇族。据说周文王第八子姬叔先被封于康，
后又移封于卫，故史称卫康叔。他的八世孙卫武
公生惠孙，惠孙的孙子武仲为了纪念祖父，就以
祖父的字为姓氏，即孙氏。二是出自于楚国孙叔
敖之后。春秋初期，楚国君王蚡冒曾孙叫蒍艾猎，
史称孙叔敖。孙叔敖任楚国令尹一职时政绩卓著，
后人为了纪念他，便以他的字"孙叔"之中的
"孙"为姓氏了。三是源自妫姓。妫是帝舜的后代。
帝舜曾居妫，于是以妫为姓。西周初年，武王追封
先贤遗族，找到了舜的后代孙敬仲，把他封在陈
地，世称陈敬仲。其四世孙生子齐桓子，齐桓子的
第二个儿子任齐国大夫，因为有功，被齐景公赐姓
孙氏，从此以后，其后代就以孙氏为姓。

　　孙姓自立姓之后，一直居住在今河南和山东
一带。春秋初，姬姓孙氏一直世袭卫国的上卿，
权倾一国，孙姓在河南地区发展很快。春秋末，

孙氏在卫国失宠，北迁晋国。战国时期，源自山东妫姓的孙氏中出了一位功名卓著的军事家孙武，其子孙明因父功而封富春侯，封地在今浙江富阳，形成了孙氏的南方著名郡望吴郡。三国时，孙权在江南建立了吴国，孙氏的发展达到了顶峰。

孙姓著名历史人物中，尤要提及的是孙武，其《孙子兵法》是我国古代流传下来的最早、最完整、最著名的军事著作，如今被译为十几种文字，在世界广泛流传。三国时建立孙吴政权的孙权，其雄才大略令无数人折服。唐代医学家孙思邈，著有《千金方》等医书，被人称为"药王"。近现代影响最大的孙姓人物莫过于孙中山了，其临终遗言"革命尚未成功，同志仍需努力"令人震撼。

孙姓在《百家姓》中排在第三位。

关于李姓，一种说法是以官职为氏。尧时，皋陶担任理官，掌管刑罚，其后裔即以官职命族为理氏。皋陶后人理徵在商朝为官，敢于直谏，得罪了商纣王，受罚而死。他的妻子契和氏带着儿子利贞逃亡，靠采食李子得以活命，遂改为李氏。据说老子就是李利贞的后裔。另一种说法是出于他族改姓或赐姓。三国时，诸葛亮平哀牢夷，

赐当地少数民族李姓，鲜卑族有叱李氏，后改为李氏。到了唐朝，"李"为国姓，唐朝初年的许多功臣被赐李姓。

早期的李氏大约在今天的山东一带生活居住。约自东汉开始，有李氏族人陆续徙居西南，分布于川、滇一带。魏晋南北朝时，李氏已是全国的大姓，与崔、卢、郑并称四大望族。李姓在唐以前主要在北方发展，由于唐朝开发和战乱等原因，李氏开始大规模迁入南方。明朝初年，有李氏迁徙至海外。

李姓的著名人物非常多，如李耳，春秋时期著名的思想家、哲学家，道家学派的创始人。战国时期水利专家李冰，修建了驰名中外的水利工程都江堰，被后世奉为"川主"。汉代的"飞将军"李广以勇敢善战著称。开创了唐代基业的李世民（唐太宗），缔造盛唐的李隆基（唐玄宗），从古至今为人们所熟知。唐代著名的诗人李白、李贺、李商隐，更是妇孺皆知。宋代女词人李清照、明代医药学家李时珍、当代地质学家李四光等等，均在各自的领域作出了杰出的贡献。

李姓在《百家姓》中排在第四位。

周

关于周姓的来源一般有四个。一是出自姬姓，黄帝的四世孙后稷姓姬，是周朝的始祖。周灭亡后，其中有相当一部分周宗室子孙以周为氏，如周平王之后，这一支通常被认为是我国周姓的主要来源。二是出自周昌、周任二人之后。周昌是黄帝时的大将，周任是商朝一位太史，这两人的后代都以周为姓氏。三是别姓改为周姓，如《魏书·官氏志》："献帝……次兄为普氏，后改为周氏。"唐玄宗名叫李隆基，"姬"与"基"字音相近，当时长安姬姓，为避名讳，改为周姓。四是少数民族改为周姓，如孝文帝迁都洛阳后改鲜卑姓为汉姓周氏。

周氏早期主要在今河南南部、江苏北部等地发展繁衍。并在当地形成望族，即汝南周氏。后来由于战乱等原因，周姓散布于全国。清康熙到乾隆年间，有周姓人移居台湾。晚清，又有广东福建地区的周姓人旅居海外。

周姓历史名人很多，为大家所熟悉的如三国时的周瑜，民间流传着诸葛亮三气周瑜的故事，歇后语有"周瑜打黄盖——一个愿打，一个愿挨"。宋代的周敦颐，写下著名的《爱莲说》，莲出淤泥而不染的高洁本性成为国人称颂的品质之一。当代的周恩来总理，为新中国鞠躬尽瘁，死而后已，更是深受人民爱戴。

　　周姓在《百家姓》中排在第五位。

吴姓的起源主要有两个。一是出于姬姓。周武王封仲雍的曾孙于吴（今江苏苏州一带），建立吴国，其后代遂以国名为姓氏。二是上古时已有吴姓，这一说法比较复杂，如说舜的后代有封在虞的，因"虞""吴"音近，故舜后有吴姓；颛顼帝时有吴权，其后亦有吴氏；又少康帝时有神箭手吴贺，其后也以吴为姓。另外少数民族也有

吴姓，锡伯族、柯尔克孜族、朝鲜族、赫哲族等均有为吴姓者，大概是与汉族融合的结果。

古代吴国在今江苏一带，这里是吴姓发源地。吴国灭亡后，夫差的太子吴鸿被流放到江西，其他后裔还有繁衍于江苏、浙江、安徽、山东、河南境内的。吴氏繁衍迅速，人口众多，成为江南大姓，隋唐时期，已广泛分布于大江南北。此后，吴姓又逐渐迁徙至台湾、香港及东亚、南亚等地。

吴姓著名的历史人物很多，如战国时著名军事家吴起，后世把他和孙子连称"孙吴"，著有

《吴子》，《吴子》与《孙子》又合称"孙吴兵法"，在中国古代军事典籍中占有重要地位。秦末农民起义首领之一吴广，与陈胜一起掀起了浩浩荡荡的秦末农民战争，奏响了暴秦灭亡的序曲。唐代画家吴道子，后人奉为"画圣"，擅画佛道人物，其作生动而有飘举之势，人们用"吴带当风"来形容这一特色。明代的吴承恩，其《西游记》家喻户晓。明末还有个吴三桂，因引清军入关直接导致明朝政权的灭亡。近代著名吴姓人物有历史学家吴晗，其《谈骨气》一文被收入中学教材。

吴姓在《百家姓》中排在第六位。

郑

Zhèng

郑姓的来历，主要说法是源自姬姓。周宣王封小弟姬友于郑，史称郑桓公。公元前769年郑国东迁新郑，公元前375年韩国灭郑，郑人出奔，以原国名为氏。另外少数民族中也有以郑为姓的，据《后汉书·南蛮西南夷列传》载，东汉巴郡南郡蛮中有5大姓，其一便是郑姓，巴郡南郡蛮亦即土家族的前身。唐人樊绰编撰的《蛮书》也说巴人有4大姓，郑姓仍是其中之一。少数民族的郑姓大多是皇帝赐姓或因民族融合而改姓。

由于郑国地理位置的原因，郑姓主要分布于今河南、山东一带。郑姓大举南迁始于西晋"永嘉之乱"。当时"中原板荡，衣冠始入闽者八族"，其中第四姓即为郑姓。现在的郑姓已遍布全国，并已有迁至海外的。

郑姓的名人较多，著名者如战国时期的水利家郑国，开凿灌溉渠，史称"郑国渠"。东汉郑玄，为一代经学家，著名的《十三经注疏》中，

《毛诗》、"三礼"多取郑玄注。明代著名航海家郑和下西洋的故事家喻户晓。2005年，国务院批准每年的7月11日为中国的航海日，就是为了纪念1405年7月11日，郑和在江苏太仓首次下西洋。明末名将郑成功因为从荷兰人手中收复台湾而著名，人们把他看作民族英雄。清朝书画家郑板桥，擅画兰竹，亦工书法、诗词，以诗、书、画三绝闻名于世，为"扬州八怪"的主要代表。近代著名社会活动家、翻译家郑振铎一生译书无数，对中国新文学的发展起了重要的推动作用。

郑姓在《百家姓》中排在第七位。

王姓为古代著名姓氏，来源较多。一是出自姬姓。这一说也比较复杂，一说周灵王的太子姬晋，因直言进谏被废为庶民，迁居到琅琊（今山东胶南一带），世代繁衍生息，因其本为王族，世人称其为"王家"，沿用成姓；一说周文王的第十五子毕公高，其后代子孙因故散居京兆、河间一带，以本为王族之故，自称为王姓，后世沿袭未改，渐成大姓；又有周平王太孙赤出奔晋国，其子孙为纪念其身份改姓王。二是出自妫姓。相传古帝虞

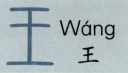

王 Wáng
王

舜之后妫满被周武王封于陈，传至公子完，避难逃到齐国，改姓田，其裔孙田和成为齐国国君，齐被灭后，其后人以王族身份改"妫"姓为王姓，称为王氏。三是出自子姓。商纣时王子比干被杀后，其子孙为了纪念他，以王子爵号改"子"姓为王姓。四是秦灭六国之后，各国王族散居各地，以王为姓。五是赐姓和少数民族改为王姓。

王氏的姓源众多，分布也广。历史记载的王

姓著名家族所在地有二十余处，即在太原（在今山西）、琅琊（在今山东）、北海（在今山东）、陈留（在今河南）、东海（在今山东）、高平、京兆、天水（在今甘肃）、东平（在今山东）、新蔡（在今河南）等地。其中又以太原和琅琊的王家最有名望。

王姓著名历史人物众多，对王氏家族起巨大影响的当属东晋宰相王导，其辅佐晋元帝偏安江左，在"五胡乱华"的动乱中使中国传统文明得以延续。王羲之是东晋著名书法家，被后世称为"书圣"，他的《兰亭集序》广为流传。唐代诗人王勃，为"初唐四杰"之一，其《滕王阁序》为历代泛颂。王维是唐代著名的诗人和画家，他的山水诗和山水画均在历史上产生广泛影响，被誉为"诗中有画，画中有诗"。北宋宰相王安石，是著名的政治家、文学家，为"唐宋八大家"之一。

王姓在《百家姓》中排在第八位。

Féng
冯

　　冯姓的来源大致有两个。一，源于周文王之后，他们的祖先可追溯到周文王的第十五个儿子毕高公，他的后代封在魏地，其子孙采食于冯城，后来，这一支子孙以邑为氏，就是冯氏。二，冯姓是"郑大夫冯简子之后"。冯简子是春秋后期郑国大夫，他博学多才善于治国理政。其后代遂以冯为姓，主要居于今河南新郑。

　　先秦时期，冯姓已有徙居今山东者。至西汉文帝时，冯姓族人有徙居安陵（今陕西咸阳东北）的，并且成为当地望族。在三国以前，冯姓族人已经分布于今山西潞县，山东淄博，陕西西安，四川射洪、中江、渠县和湖北公安等地。另一支河南冯姓则广布于河南内黄、宝丰、焦作、南阳、安阳、唐河及湖阳等地，其中湖阳冯姓成为当时著名的大族。三国魏晋南北朝时期，冯姓大举南迁，进入江苏、安徽、江西、浙江等地，形成了一些著名的望族。冯姓族人在唐宋时期又有两次大规模南迁，后散居于江南广大地区。在元明清时期，冯姓族人进入广东、福建、台湾等地，有的还远居于海外。如今，冯姓在我国广泛分布，主要分布于广东、河南、河北、江苏、山东和云南等地。

冯姓历史人物有明代文学家冯梦龙，他的《喻世名言》《警世通言》《醒世恒言》与凌濛初的《初刻拍案惊奇》《二刻拍案惊奇》合称为"三言二拍"。太平天国领导人之一的冯云山，被封南王，称七千岁。近代有著名爱国将领冯玉祥。

冯姓在《百家姓》中排在第九位。

陈姓的来源大致有两个。一，源自国名。帝舜的后代胡公满被周武王封于陈国（今河南东部和安徽部分地区），并将其女嫁给他，侍奉舜祠，其后人以国名为姓。二，源自少数民族改姓。例如，北魏鲜卑族原有三字姓侯莫陈氏，后随北魏孝文帝迁都到洛阳，在孝文帝实行汉化改革时改为单姓陈氏。此外，还有白姓、高姓等姓改为陈姓。

Chén
陈

陈国灭亡后，陈闵公的长子剑，为避亡国之祸，改名为衍，称陈衍，逃到阳武户牖（在今河南兰考东北）；还有一支是因避难而移居阳城（今河南登封东南）。西晋末年，中原战乱频繁，各界人士纷纷渡江南逃，移居江南各省，有一批人迁至今福建，其中即有陈氏。

陈姓历史人物有秦末农民起义领袖陈胜，他和吴广领导了中国历史上第一次全国性的农民战争。陈平，汉惠帝时左丞相，中国最有影响力的宰相之一。陈琳，汉末文学家，"建安七子"之一。陈寿，西晋史学家，《三国志》作者，《三国志》与《史记》《汉书》《后汉书》并称为"四史"。玄奘，姓陈名祎，世称三藏法师，是《西游记》中唐僧的原型。陈子昂，唐代文学家，他是唐诗革新的前驱者，对唐代诗歌发展影响巨大。现当代著名的陈姓人物如大家熟知的陈独秀，1915年创办《新青年》，他也是中国共产党的创建者和领导者之一。

陈姓在《百家姓》中排在第十位。

Chǔ
褚

褚姓的来源大致有两个。一是以地为氏。据记载，洛阳有褚氏亭。《姓氏寻源》云："古有褚地，居者以为氏。"二是以官为氏。据《通志·氏族略·以官为氏》云："本自殷（商）后人宋恭公公子瑕食采于褚，其德可师，号曰褚师，因而命氏。""褚师"是春秋时期各诸侯国设立的掌管市场的官员。因子瑕德行卓著，其后代以"褚师"之号为荣，遂以"褚师"这一官名为氏。

褚姓的发源地在河南，其郡望在今河南洛阳一带。褚姓的中国人在血统上是很单纯的，都是纯粹的汉族，并未混入他族的血统。随着历史的变迁而分布于全国各地。

褚姓历史人物有褚少孙，西汉经、史学家，元帝、成帝时博士，曾补写过司马迁的《史记》。唐朝名臣褚遂良，褚亮之子，高宗时，封河南郡公，任尚书右仆射，世称"褚河南"，因反对高宗立武则天为后，力谏不纳，乞归田里，忧愤而卒。

褚遂良学识广博，书工楷、隶，书学钟繇、王羲之，成古雅瘦劲之体，与欧阳询、虞世南、薛稷并称唐初四大书法家。其代表作有《房玄龄碑》《伊阙佛龛记》《雁塔圣教序》等。

褚姓在《百家姓》中排在第十一位。

Wèi
卫

卫姓的来源大致有两个。一是周文王之子康叔被封于卫（今河南淇县），建立了卫国，其后人以国名为姓。二是源自鲜卑族姓氏。

卫姓起源于河南，后来有一支迁徙到河东郡，以河东为郡望，另一支迁到今河南濮阳。

卫姓历史人物有卫青，为西汉时期著名武将，率骑兵抗击匈奴侵扰，七征匈奴，屡建战功，威震沙漠，拜为大将军，封长平侯，深得武帝赏识。卫铄，西晋著名书法家，后人尊称为"卫夫人"。卫夫人所写的隶书与正书，极受时人推崇。王羲之曾师从卫夫人学书法。卫立煌，国民党将领，1926年参加北伐战争，曾任国民革命军师长。

1943年任中国远征军司令长官，完成了打通中印公路的战略任务。1948年1月任东北"剿总"总司令，沈阳解放后被蒋介石撤职、软禁。1949年去香港，1955年回到北京。曾任全国政协常委、国防委员会副主席。

卫姓在《百家姓》中排在第十二位。

Jiǎng
蒋

　　蒋姓以国名为姓。西周初期，周公第三子伯龄被封于蒋，建立蒋国。后来蒋国被楚国所灭，伯龄的后代子孙就以原国名为姓。少数民族如满族、蒙古族、回族、土家族中也有蒋姓，大概是民族融合所致。

　　秦时蒋氏主要在今河南境内发展繁衍。自楚灭蒋后，蒋氏除部分仍留居河南外，大部分外迁。蒋姓源于北，而盛于南，是一个比较典型的南方姓氏，湖南、江苏、四川、浙江等省多此姓。这四省中的蒋姓约占去了全国蒋姓的大半。明末，蒋毅庵跟随郑成功收复台湾，这是最早入台的蒋氏。后来福建泉州等地的蒋氏又有一些人徙居台湾，有的又远居海外。

　　蒋姓历史人物有蒋琬，三国时蜀汉著名大将军。随刘备入蜀，极受诸葛亮赏识，任丞相长史。诸葛亮称他为"社稷之器"，诸葛亮死后，他曾代诸葛亮执政，任大将军、录尚书事等职。蒋少游，北朝魏有名的建筑家、书法家、画家和雕塑家。

蒋介石，浙江奉化人，中国国民党和国民政府领导人。1949年冬，他率领国民党部分高级官员和部队退至台湾。1975年4月5日，在台北病逝，终年88岁。另外还有著名的爱国将领蒋光鼐，曾任十九路军总指挥，1932年1月28日，率十九路军在上海抵抗日军侵略。

蒋姓在《百家姓》中排在第十三位。

沈姓出自姬姓，以国为姓。周文王第十子季载，因平叛有功，被举荐为周天子的司空，后周成王将季载封于沈国，沈国后为蔡国所灭，季载之后逃奔楚国，其后子孙遂以原国名为姓，称沈氏。

沈姓起源于今河南、安徽两省。东汉时有沈戎举家徙居会稽乌程吴兴（今浙江吴兴县），为沈姓南迁之始。魏晋南北朝沈姓大举南迁，至唐代，今江苏、浙江、江西、湖北、湖南、四川等地已有沈

Shěn

沈

姓居住。唐初，中原有沈姓将佐随从陈政、陈元光父子入闽开辟漳州，在福建安家落户，其子孙散居龙溪、漳浦、南靖、长泰、诏安等地。南宋初有吴兴人沈启到汀州府做知府，携子前往，其子沈廷辅后迁居福建省建阳县。沈廷辅有8子，分居宁化、龙岩、长汀、清流、上杭等地，其后又有人徙居广东的大埔、梅州等地。明末，沈斯庵徙居今台南县善化镇，台湾地区始有沈姓。清乾

隆、嘉庆年间，福建漳州、泉州及广东多有沈氏散居，后又有多支迁往台湾，进而又移居海外。

沈姓历史人物有沈约，南朝梁文学家、史学家、声律学家，他首创"四声"之说，引领南朝"永明体"诗歌创作。他是"二十四史"中《宋书》的作者。沈佺期，唐代诗人，与宋之问齐名，并称"沈宋"。沈括，北宋科学家，他在物理学、数学、天文学、医学等方面都有重要的成就和贡献，著有百科全书性质的《梦溪笔谈》。沈万山，明初江南首富，初以耕田起家，后凭借周庄特有的地理位置进行海外贸易，终成江南巨商。沈从文，当代著名文学家，著有《边城》《长河》《从文子集》等。沈雁冰，笔名茅盾，当代著名文学家。他先后创作了《子夜》《蚀》《虹》《春蚕》《林家铺子》等杰出的文学作品。

沈姓在《百家姓》中排在第十四位。

韩

Hán
韩

　　韩姓来源有五个。一，黄帝之孙韩流的后代。二，以封国为姓。公元前11世纪中叶，西周灭商，实行分封制。周公旦封周成王之弟于韩。韩国在春秋时期被晋国所灭，韩国亡国之后，国人便以韩为姓。三，韩武子之后。韩国为晋国所灭以后，韩武子因侍奉晋献公有功，被晋献公封于韩原（今陕西韩城）西南。韩武子的子孙便以韩为姓。四，以国为氏。公元前403年，韩、赵、魏三家分晋，战国七雄之一的韩国为秦所灭后，其国人便以韩为姓。五，改姓。北魏孝文帝实行汉化改革，把鲜卑姓氏"出大汗"氏改为韩。

　　韩姓最早居住于春秋时晋国，韩国建都平阳（今山西临汾）后，又先后迁都于阳翟（今河南禹州）与新郑（今河南新郑）。西汉末，韩王信的后裔韩骞为避王莽之乱南迁南阳。东汉末年农民起义、西晋末年"八王之乱"、南北朝时"五胡乱华"这三个时期，中原人为避战乱大举南迁，韩姓则大多迁往西北、东北、西南、江南。唐代韩愈被贬为潮州刺史，韩姓进入广东。南宋时，北方和中原的韩姓人迁往江、浙、粤、闽一带。元明清时期，江浙一带的韩姓人大规模迁往南方各省。韩姓今主要分布于我国北方的陕西、河南、山西、辽宁等省和南方的江苏、安徽、浙江、湖北、福建等省。

韩姓历史人物有韩非，战国末期哲学家，法家主要代表人物，著有《韩非子》。韩信，汉初著名军事家，辅佐刘邦平定天下，屡建奇功，与张良、萧何并称"兴汉三杰"。韩愈，唐朝文学家，"唐宋八大家"之首，他还是古文运动的倡导者，被称为"百代文宗"。

韩姓在《百家姓》中排在第十五位。

杨姓来源主要有四个。一是出自姬姓，以国为姓。周宣王之子尚父在周幽王时被封为杨侯，春秋时晋国灭杨，杨成为晋国羊舌肸的封地。晋武公时封次子伯侨于杨，称杨侯，是杨姓人的受姓始祖。二是出自赐姓改姓。如隋文帝曾赐鲜卑尉迟氏为杨姓。北魏孝文帝迁都洛阳后进行汉化改革，"莫胡芦"氏改为汉字单姓杨。三是五胡十六国时氏族姓氏。四是出自扬姓，古时扬杨不分。

Yáng
杨

杨姓的发源地在今山西省境内。杨为晋所灭后，其子孙便向西发展繁衍，一部分迁入陕西冯翊（今大荔），后又有迁至今山西霍州，后繁衍至今河南境内。在春秋战国之时已有杨姓人迁江汉地区（今湖北潜江一带），后因楚国势力不断加强，迫使他们向东南迁至今江西一带；与此同时，又有杨姓自山西迁往江苏、安徽，这样杨姓便散布于长江中下游地区。秦汉之际，已有杨姓人迁居四川，尚书仆射杨璇，迁居浙江会稽。

魏晋南北朝时期，除著名的弘农杨姓世居陕西华阴、氐族杨姓世居甘肃仇池外，已有不少杨姓人因社会动荡之故而向江南播迁，也有不少入主中原的少数民族改姓杨。唐末为避"安史之乱"，杨姓再次大规模南迁，这一时期，杨姓也有迁居朝鲜半岛者。宋时杨姓迁居贵州播州。元朝末年以后，广东、福建、浙江等地杨姓人开始迁居东南亚各国。

杨姓历史人物有杨业，北宋名将。杨延昭，北宋名将，杨业之子，号称杨六郎。杨万里，南宋著名诗人，与范成大、陆游、尤袤齐名，称"南宋四家"。杨秀清，清末人，太平天国起义主将，被封为东王。杨虎城，著名抗日将领，为逼蒋介石抗日，与张学良一起发动著名的"西安事变"，震惊中外。

杨姓在《百家姓》中排在第十六位。

Zhū

朱

　　朱姓来源有三个。一是颛顼的后裔被周武王
封于邾国（今山东费县、邹县、滕县等地），其贵
族以国名为姓，即邾姓。战国时邾国被楚宣王所
灭，邾姓子孙改姓朱氏。二是虞舜臣子朱彪（一
作朱虎）的后人。三是魏孝文帝南迁洛阳后，将
鲜卑族复姓浊浑氏与朱可浑氏两姓改为朱姓。

　　朱姓发源地主要是河南、安徽、江苏。其中
江苏境内的这一支朱姓，成为我国南方朱氏家族
的主要来源。先秦时期，朱姓族人主要生活在北
方的中原地区，但数量不多，到了魏晋南北朝时
期，政治动荡，外族入侵，朱姓族人纷纷由原来
的河南、山东等地迁徙到南方。此时，朱姓与少
数民族融合，令朱姓得以发展壮大，先后出现了
河南朱姓望族、江南朱姓望族。隋唐五代时期，
是朱姓发展的低潮期。在宋元时期，居于江南的
朱姓开始复兴，出现了一批以朱熹为代表的名人，
浙江、河南、河北、安徽朱姓得以繁衍。到了明

清时期，朱姓发展进入顶峰，朱姓在明代时成为皇姓，十分兴盛，各地均出现名门望族。到清代时，朱姓发展再次进入低谷，但因避难外迁反而广布于全国各地。朱姓今日在江苏、浙江、广东、河南等省分布最多。

朱姓历史人物有朱温，后梁开国皇帝。朱熹，南宋哲学家、教育家。朱元璋，明朝开国皇帝。朱自清，当代学者、文学家，有作品《背影集》《雪朝》等。朱德，中国无产阶级革命家、政治家、军事家，中国人民解放军和中华人民共和国的主要缔造者之一。

朱姓在《百家姓》中排在第十七位。

秦姓来源有三个。一，源自嬴姓，以国名为氏。伯益辅佐大禹治水有功，帝舜赐他姓嬴。伯益的后人有个叫大骆的，他的庶子非子被周孝王封在陇西秦亭，并让他恢复嬴姓，称为秦嬴。秦国后来成为战国七雄之首并统一了全国。秦灭后，王族子孙以国名作为姓氏，称为秦氏。二，源自姬姓，为文王的后裔。周文王后代伯禽裔孙封于秦邑，其后人以邑为姓。三，少数民族汉化改姓。

Qín 秦

先秦时期，秦氏主要分布于今河南、陕西、山东、湖北、河北等地。西汉初，高祖刘邦迁徙关东大族充实关中，秦氏有一支自山东徙居今陕西。两汉至南北朝时期，秦氏进入今甘肃、四川、山西等省。宋、元、明时期，秦氏有迁至今广西、安徽、贵州、福建、北京、上海等省市者，自清至近现代，分布地更广，还有不少人移居海外。

秦姓历史人物有秦越人，即战国时名医扁鹊，创立了望、闻、问、切"四诊法"。秦九韶，南宋杰出数学家，著有《数书九章》，对"大衍求一术"和"正负开方术"有深入研究，世称"秦九韶程序"。秦叔宝，唐时名将，他以骁勇善战闻名，后被民间奉为"门神"之一。秦观，字少游，北宋词人，与黄庭坚、晁无咎、张耒并称"苏门四学士"。秦邦宪，即博古，中国共产党早期领导人，曾主持过新华社工作，因飞机失事遇难。

秦姓在《百家姓》中排在第十八位。

Yóu
尤

尤姓来源有三个。一是出自沈姓。五代时有王审知，在福建称闽王，他下诏避讳"审"字及与其同音的字。沈氏为避"审"字讳而改为"尤"。二是在东汉时已见"尤"氏的记载。《后汉书》卷七十七已有尤利多、尤还。三是出自其他民族姓氏。

尤姓的起源较晚。北宋之前的尤姓很少，宋真宗之后，尤姓发展较快。南宋时都城为临安（今浙江杭州），因此，尤姓大量涌入浙江。五代至两宋，尤姓除继续繁衍于福建外，也开始向福建周边省份迁徙。宋末，元兵大举南侵，赵宋王朝节节败退，尤姓逃难至南方许多省市，于是广东、江西、湖北、湖南等地均有尤姓人落籍。而一些大胆的尤姓人则举家北上，因为当时北方已相对稳定。宋末至元，尤姓在北方繁衍兴旺。明初，尤姓作为山西洪洞大槐树迁民姓氏之一，被分迁至北京、江苏、安徽、湖南等地。如今，尤姓在全国分布较广，尤以福建、河北、河南、江苏、北京等省市为多。

　　尤姓历史人物有尤袤，南宋诗人，官至礼部尚书兼侍读，与杨万里、范成大、陆游并称"南宋四大家"。尤侗，明末清初文学家、戏曲家。尤怡，清代医学家、诗人。尤渤，清朝将领，第一次鸦片战争时，任安徽寿春镇总兵，他率部猛烈反击，将进犯松江府的英军击退。

　　尤姓在《百家姓》中排在第十九位。

许姓来源有三个。一是出自姜姓，为炎帝的后裔，以国为氏。以姬姓和姜姓部落为主的盟军打败了商纣王，建立了姬姓国——西周。周成王分封诸侯，其中许国是姜姓诸侯国，其始祖为文叔，也称为许文叔。春秋时，许国成为楚国的附庸，战国初期被楚所灭。许国亡国后，子孙以国为氏，称许氏，史称许姓正宗。二是出自尧帝时许由的后代。三是出自其他民族改姓。

许姓最初的发源地是今河南省许昌东。春秋时，源于姜姓后裔文叔的一支许姓，被郑、楚所逼，多次辗转于叶（今河南叶县西南）、城父（今安徽亳州东南）、荆山（今属湖北）、容城（今河南鲁山东南）等地，后被楚所灭，子孙有流落于今湖南省新晃、芷江一带者。这可以说是许姓第一次的繁衍迁徙。秦汉时期，许姓已遍布河南、河北两省的绝大部分地区，后形成许姓历史上最大望族。三国两晋南北朝时期，为避北方战祸，许姓迁居于今江苏、

Xǔ
许

浙江、湖北、福建、广东等地。宋元至明清之际，许姓大量南迁，还有一部分迁居海外。这样就使得宋元之际南方许姓多于北方。清代移居台湾的许姓，多出汝南一郡，集中居于台北、屏东、高雄等地。许姓现在主要居于江苏、山东、云南、广东、河南、安徽、浙江等省。

许姓历史人物有许慎，是东汉时期的经学家、文字学家，他编撰的《说文解字》闻名于世，是我国第一部以六书理论系统分析字形，解释字义的字典。许衡，宋元之际学者，其学说对程朱理学的传播和朱陆合流有一定影响，著作有《鲁斋遗书》等。许世友，中国无产阶级革命家、军事家。

许姓在《百家姓》中排在第二十位。

Hé
何

何姓来源有两个。一是源自韩姓。周武王弟叔虞被封于韩（今山西河津东北），秦统一后，韩氏后人散落于江淮各地，"何"作为姓是"韩"的误读。二是源自少数民族姓氏和他族改姓。

何姓在早期主要分布于江淮流域及其以北地区。在两汉至魏晋南北朝时期，何姓由江淮迁入今山东、山西、河南、陕西、四川等地，形成庐江、东海、陈郡三大郡望。北方成为何氏主要繁衍地。后因"永嘉之乱"，何姓在晋代开始南迁，成为"入闽八姓"之一。何姓在唐朝中期大举入迁福建而得以继续发展。明清时期，何姓快速发展，在南方家族逐渐壮大，从而遍布于全国各地。

何姓历史人物有何晏，三国时玄学家，为魏晋玄学的主要创始者之一。何景明，明朝文学家，有《大复集》。何叔衡，字玉衡，湖南宁乡人，清末秀才。其发起成立新民学会，1921年出席中国共产党一大会议。何香凝，当代杰出的女画家，廖仲恺夫人，早年加入同盟会。中华人民共和国成立后，历任国家要职。著有《何香凝诗画集》等。何应钦，曾任黄埔军校总教官、国民政府军政部长、参谋总长等职，1945年代表中国国民政府接受日本政府代表冈村宁次投降。

何姓在《百家姓》中排在第二十一位。

吕姓来源有三个。一是出自姜姓。炎帝后裔伯夷因帮助大禹治水有功，被封为吕侯，建立吕国（今河南南阳西）。春秋初吕国被蔡国所灭，子孙以原国名为姓。二是出自魏姓，是春秋时晋国大夫魏犨之子——魏锜之后。因魏锜封地在吕，因此被称为吕锜，其后代就以吕为姓。三是出自少数民族改姓。北魏孝文帝迁都洛阳后，原复姓"叱吕"氏改为汉字单姓吕氏。

吕

Lǚ

吕

吕姓发源地在今河南南阳西一带。春秋时吕国被灭后，其子孙散于今湖北蕲春，山东阳谷，河南南阳，安徽寿县、凤台等地。秦时，吕姓向今陕西、甘肃一带迁徙。汉时，河南、山西、陕西、内蒙古南部、甘肃、安徽等地均有吕姓居住。其中山东东平、安徽淮南一带吕姓发展成为吕姓历史上的东平郡和淮南郡两大望族。其后人又有迁往江西、福建、广东等地的。康熙年间，初有部分移居我国台湾省，后又有徙至新加坡、菲律宾、马来西亚、印度尼西亚、越南、美国、加拿大等国家的。今日吕姓以山东、河南两省居多。

吕姓历史人物有吕不韦，战国时秦丞相，门下宾客三千，在吕不韦的主持下，他们编著了《吕氏春秋》。吕雉，汉高祖皇后，人称吕后。刘邦死后代理朝政达16年之久。吕布，东汉末年名将，民间流传的"三英战吕布"的故事家喻户晓。吕蒙正，北宋名臣，以敢言著称，曾三任宰相，知人善用。吕叔湘，中国现代著名语言学家。

吕姓在《百家姓》中排在第二十二位。

施 Shī

施姓来源有四个。一是上古夏朝时期，有个诸侯国叫施国（在今湖北恩施境内），亡国之后，其公族子孙就以国名为姓，世代相传。二是出自姬姓，春秋时鲁惠公之子字施父，其后人以其字为氏。三是出自子姓，商民七族之一有施氏。四是他族改姓，由少数民族姓氏改姓而来。

施姓主要发祥于古时的鲁国，即今山东西南部一带。秦汉以前，施姓开始向邻近的今河北、河南、安徽、江苏一带迁徙。汉时已有施姓入关中，魏晋南北朝时期，社会急剧动荡，施姓族人开始大举南迁，在今浙江湖州一带形成大的聚居地。施姓进入福建，大约在唐代中期，即公元7世纪之时，唐宋之际，浙江湖州一带的施姓经长期发展，形成了施姓历史上的一大郡望——吴兴郡。宋朝，一位叫施炳的官人，迁移至泉州浔江，经过数代的繁衍，此支施姓后裔几乎遍布于福建和广东各地，并成为当地大族。元时蒙古骑兵南下，江浙闽一带百姓为避乱四处迁移，施姓有一部分迁入今广东、云南、湖北、江西、四川。明初洪武年间，施姓作为洪洞大槐树迁民姓氏之一，被分迁于今河南、山东、河北、天津、北京等地。明清之际，有一部分人迁居入台，还有一部分人漂洋过海到了南洋。如今施姓以江苏、浙江、福建等省为多。

施姓历史人物有施之常，春秋时鲁国人，为孔门弟子。西施，春秋越国美女，她本为浣纱女，恰逢越王勾践为吴所败，设计献美女以乱吴国之政，乃令范蠡献西施。吴王大悦，迷惑忘政，后吴为越所灭。施耐庵，元末明初人，著有《水浒传》，该书为我国古典长篇小说四大名著之一。

施姓在《百家姓》中排在第二十三位。

张姓来源有四个。一是出自姬姓，春秋时，晋国有大夫解张，字张侯，其子孙以字命氏，世称张氏。二是黄帝后裔，与弓姓同源。据史载，黄帝子少昊青阳氏第五子挥为弓正，发明了弓矢，子孙赐姓张氏。此支为弓箭发明者挥的后代。三是其他姓氏改姓张。如三国魏张辽原姓聂，改姓张。他姓或他族人改姓张的不在少数。四是三国蜀诸葛亮赐南蛮酋长龙佑那为张氏。

Zhāng
张

张姓起源于"青阳"，也就是古代冀州的清河流域。春秋时代，晋国（今山西境内）是张姓人聚集的重要地区。战国时韩赵魏三家分晋，张姓先民迁徙到黄河南北。伴随着魏晋南北朝时期的民众大迁徙和民族大融合，张姓先民的足迹到达岭南、西南、西北、东北和东南沿海地区。从而遍布大江南北。到了宋元明清时期，张姓先民开始到达台湾、海南等我国沿海岛屿，还有一部分迈出国门，走向东南亚和世界各地。张氏主要是汉族，但在多次民族大融合中也融入不少少数民族。

张姓历史人物有张仪，战国时魏人，著名纵横家，以连横之策游说六国，使六国背叛纵约以事秦。张良，汉初名臣，为高祖谋划定天下。张骞，汉武帝时曾出使中亚诸国，开辟了中国通往西方的"丝绸之路"。张道陵，道教的真正创教者，亦称为张天师。张飞，三国时期蜀汉大将，与关羽同称"万人敌"，官至车骑将军，封西乡侯。张旭，唐代著名书法家，其草书最为知名，有草圣之称。张择端，北宋末年著名画家，传世之作有《清明上河图》。张学良，著名抗日将领，与杨虎城发动"西安事变"，推动国共联合抗日。

张姓在《百家姓》中排在第二十四位。

Kǒng

孔

　　孔姓起源有三个。一是出自子姓，相传商代始祖契的母亲简狄吞玄鸟（燕）卵生契，赐姓子氏，商王成汤，字太乙，后代以"子"加"乙"为姓，遂为孔氏。孔子的六世祖孔父嘉，乃是中国孔姓的直接祖先。二是出自姬姓，春秋时卫国有孔悝，其后代就以他的字为姓。三是出自妫姓，春秋时陈国有孔宁，为妫姓，以王父字为氏，其后有妫姓之孔氏。

　　孔姓最初的发源地在今天河南商丘一带，孔父嘉的后代为避祸逃奔到鲁国，并且在鲁国定居下来。秦朝时，孔姓成为鲁地一大望族，并不断向四周邻近省份迁徙。三国两晋南北朝时，北方连年战乱，孔姓族人大规模南迁，进入今浙江、安徽等地。盛唐时期，孔姓家族播迁也愈加广泛，逐渐分居于今江苏、浙江、江西等江南各地。元、明两代，孔姓族人又迁入江夏（今属湖北省）、江宁（今江苏南京）、池州（今属安徽省）等地，且陆续向四周扩展。至明末清初之际，又有一部分迁入今福建、广东、贵州、云南一带。清朝以后，孔姓子孙已遍布全国各地，有的还远居海外，孔姓成为我国一个著名的大宗族。当今孔姓族人分布很广，以山东、江苏、吉林三省分布最为广泛。国外孔姓则以韩国居首。

孔姓历史人物有孔子，名丘，春秋末期思想家、教育家、政治家，儒家学派创始人。孔融，东汉曲阜人，孔子二十世孙，"建安七子"之一，后为曹操所杀。孔尚任，孔子六十四代孙，清初诗人、戏曲作家，代表作是《桃花扇》，时人将他与《长生殿》作者洪昇并论，称"南洪北孔"。孔祥熙，曾任南京国民政府中央银行总裁，还曾担任过国际奥委会委员。

孔姓在《百家姓》中排在第二十五位。

曹姓来源有三个。一是以国为氏，为颛顼帝的后裔。相传颛顼帝有曾孙叫吴回，其五子名安，封在曹国。周时，武王改封曹安的后裔曹挟于邾国（今山东曲阜东南）。战国时，邾国被楚国所灭，其子孙或为朱氏，或为曹氏。二是出自姬姓。相传周武王为了巩固周王朝的政权，实行大分封，把自己的弟弟振铎封于曹邑为曹伯，曹伯建立曹国，称为曹叔振铎。三是源自少数民族姓氏。匈奴族、蒙古族、满族都有曹姓。

早期曹姓在山东居住和繁衍。先秦时期，曹姓主要分布于今江苏沛县及山东。秦汉时期，今山东、安徽、河南、江苏北部成为曹姓主要聚居点。除此之外，陕西、甘肃、湖北、浙江在秦汉时期也有曹姓散居。魏晋南北朝之际北方连年战乱，曹姓开始南迁，与此同时，北方曹魏政权的建立使曹姓在北方得到了快速发展。隋唐时期，福建、广西等地始有曹姓入居。宋元至明清时期，曹姓已遍布我国各地。明代时福建曹姓一支徙居广东梅州，雍正年间有福建曹姓移居台湾，进而迁徙海外。今日曹姓以四川、河北、河南、湖北等地为多。

曹姓历史人物有曹刿，春秋时期鲁国名将，指挥了著名的长勺之战，大获全胜。曹操，三国时期著名的政治家、军事家、诗人，采用"挟天子以令诸侯"的策略，逐渐成为当时势力最大的一股政治军事力量。曹丕，曹操之子，父卒，即帝位，在位七年。曹植，曹丕之弟。以诗文著称于世，他的《七步诗》时至今日仍广为流传。曹雪芹，清代小说家，著有我国四大名著之一的《红楼梦》前八十回。曹禺，当代剧作家，著有《雷雨》《日出》《原野》等。

曹姓在《百家姓》中排在第二十六位。

严姓来源有五个。一，源于庄姓。严氏本为庄氏，战国时楚王侣，谥号为庄王，其支庶子孙遂为庄氏。东汉时，汉明帝为刘庄，为避皇帝的名讳，令庄氏改姓严氏（庄、严两字近义）。西汉时的庄光后改为严光。魏晋之际，严氏有恢复庄姓的，形成庄、严二分。二，以封邑名为氏。秦有严君疾，受封蜀郡严道县（今四川荥经），其后人就以邑为氏。三，以国名为氏，据《姓考》所载，古有严国，国人以国为氏。四，出自丁零人姓氏。据《晋书》所载，后燕慕容盛时丁零人有以严为姓者。五，出自少数民族姓氏。满、彝、土、锡伯、朝鲜等族均有严姓。

严姓主要由庄姓改姓而来。东汉时，严姓多居今山东、湖北、安徽、浙江一带，四川、云南、贵州一带也有严姓居住。魏晋时，北方严姓多居于今陕西、山西、河南、甘肃等地区，其中陕西、甘肃两地严姓最多。但随着后世战乱，严姓南迁，中原严姓逐渐沉寂，而南方严姓日益发展壮大。明清时期，严姓多居于今安徽、浙江、江苏、福建沿海一带，云南、广东等地亦有少数严姓居民。明代，有山西籍严姓由大槐树迁到今河北、河南、山东、安徽等地。清康熙年间，严姓始有一部分从福建、广东等地入台。今日严姓以湖北、江苏、浙江等省居多。

严姓历史人物如严羽，宋代文学批评家，代表作品是《沧浪诗话》。严嵩，明弘治年间进士，官至礼部尚书，把持朝政二十多年，骄逸专横。严复，福建福州人，清代启蒙思想家、翻译家。

严姓在《百家姓》中排在第二十七位。

华姓的来源有三个。一是源于封地。春秋时期，宋戴公子考父，受封于华（故城在今河南新郑北），其后以邑为氏。二是夏代仲康封于西岳华山，因以为华氏。三是清代爱新觉罗氏豫亲王后人有改姓华者。满族、锡伯族、回族等少数民族也有华姓。

华姓发源于今河南商丘。公元前522年，华姓家族产生内讧，由盛而衰，有一部分华姓逃亡楚国和吴国。春秋时华姓已播迁于楚（都今湖北江陵）、吴

（都今江苏苏州）、卫（都今河南淇县）、齐（都今山东淄博）等国。公元前286年，宋被齐、楚、魏三国瓜分，华姓始有人迁至今山东、安徽、江苏。王莽之乱时有北方华姓为避难迁居今湖南溆浦一带，与祖居此地之华姓相融合，后来发展为华姓武陵郡望。"永嘉之乱"中，华姓避乱南迁于今江苏、浙江、湖北、安徽等省。南北朝到隋唐这

一时期，华姓在今江苏、上海等地繁衍昌盛，并有一支华姓迁入福建。宋元两代，华姓遍及黄河、长江、珠江中下游。明初，山西华姓作为洪洞大槐树迁民姓氏之一，被分迁于今河南、山东、陕西、安徽等地。经过明清两代的繁衍迁徙，华姓广布于台湾以及西南、西北、东北各地。如今，华姓在全国分布较广，陕西、上海、吉林、江苏等省都有。

华姓历史人物有华佗，东汉名医，精通医术，尤其擅长外科手术，后为曹操杀害。华罗庚，当代著名数学家，在数学的各个领域多有深刻的研究和开创性的贡献。华国锋，曾任中共中央主席、国务院总理、中央军委主席。

华姓在《百家姓》中排在第二十八位。

金 Jīn
金

　　金姓的来源有四个。一是源自少昊金天氏之后。少昊是古代东夷族首领，相传他因修太昊之法，故曰少昊。按照古人的五行学说，土生金，他以金德称王，故号为金天氏。少昊的子孙中，有一支简化他的号"金天氏"而为姓氏，就是金氏。二是匈奴王后裔。西汉时匈奴休屠王太子磾被汉军俘虏，进入汉宫为汉武帝养马，后受到武帝赏识，赐姓金。三是西汉时项伯受赐刘姓，其后裔在五代时为避吴越王钱镠之名讳（"刘"与"镠"音同），改姓金。四是源自其他民族姓氏。

　　金姓发源地主要是今山东、陕西及浙江，其中最早的一支源于今山东曲阜市北。金日磾家族居住在长安，累世官宦，其族人主要繁衍于今陕西西安一带。南北朝时，金氏有迁至今甘肃境者。唐朝贞观年间所定益州蜀都三姓之一有金氏，汾州河西郡四姓之一有金氏。宋明时期，南方的金氏除在今浙江、江苏一带发展外，还分布于今江西、安徽、湖南、湖北、福建、广东等省；北方的河南、河北、辽宁等省也都有金氏的聚居点。明朝时，有一部分金姓移居湖北，后迁居四川，落户四川资阳，现四川省内江市资中县有一族。从清朝嘉庆年间开始，闽、粤金氏陆续有人迁至我国台湾与东南亚。

金姓历史人物有金日磾，匈奴休屠王的太子，汉武帝时从昆邪王归汉，西汉大臣。金圣叹，明末清初文学评论家。金农，清代书画家，钱塘人，扬州八怪之首，书法绘画俱佳。金岳霖，近代著名哲学家、逻辑学家，他的《知识论》一书对现代学术研究影响很大。

金姓在《百家姓》中排在第二十九位。

魏姓的来源有两个。一是出自姬姓，以邑为氏。周文王第十五子毕公高受封于毕，毕国被西戎攻灭后，毕公高的后代毕万投奔到晋国，成为大夫。他因功被赐魏地为邑，其后子孙便以邑为氏，称为魏氏。这是魏姓最重要的一支。二是外姓改姓魏。战国秦之魏冉，本姓为芈，后改姓魏；南宋蒲江人魏了翁，本姓高，后改姓魏。

Wèi
魏

魏氏早期主要是在今山西、河南、山东境内发展繁衍，也有部分居于今湖北、湖南境内。魏公子无忌之孙魏无知的五世孙魏歆定居于巨鹿（今属河北）。秦始皇统一六国后，曾"徙天下豪富于咸阳十二万户"，魏氏有部分人迁至今陕西境内。东汉时江南一些地方已有魏姓居民。三国两晋南北朝时期，中原战乱不断，社会动荡不安，加上西晋末年的"永嘉之乱"，中原士族多受冲击，因此魏姓大举南迁至今四川、江西、福建等地。唐初，陈政、陈元光父子入闽开辟漳州，魏有人、魏仁浦等魏姓将佐随从，后均在福建安家。唐末，战乱又起，外族入主中原，魏姓被迫再度南迁，进而广泛分布在南方各地。截至宋末，魏姓人已遍布江南广大地区。元明清时期，魏姓族人已远播于海外。

魏姓历史人物有魏延，三国时蜀汉名将，曾随刘备入蜀，骁勇善战，后被封为征西大将军。魏徵，唐代名臣、政治家，唐太宗时曾任谏议大夫，敢于犯颜直谏，为太宗所器重。魏忠贤，明朝末期宦官。魏源，清末著名思想家、史学家、文学家，与龚自珍同属今文经学派，主张学习西方技艺，制造枪炮、轮船，加强海防，抵御外来侵略，曾编撰《海国图志》。

魏姓在《百家姓》中排在第三十位。

Táo

陶

    陶姓的来源有三个。一是以封地为姓。相传尧称帝以前初封于陶（故城在今山东定陶西南），后徙封于唐（故城在今河北唐县），其后子孙以封地为姓。二是以职官为姓。西周初年，舜之裔孙虞思官至陶正（即管理陶质器物制作的官职），其子虞阏承袭父职，其后子孙以官为姓。三是由他族或他姓改姓。

    陶姓最初以山东定陶为发祥地。春秋战国时期，陶姓逐渐南移到今河南兰考一带，经过长期发展繁衍，形成了陶姓历史上的第一大郡望——济阳郡。两汉时期，陶姓人逐渐南迁于今江苏、安徽一带，并在长江南岸定居。魏晋南北朝时，中原士族大举南迁，河南、山东陶姓开始南迁江、浙，而原来居住在苏北、皖北的陶姓也渡江迁入浙、赣。宋代时，陶姓在北方得以发展，今陕、豫、鲁、晋、冀等地均有陶姓人。明初，陶姓作为洪洞大槐树迁民姓氏之一，被分迁于今江苏、安徽、河南、山东、北京等地。清朝时，居住在福建的陶姓有一部分迁入台湾，大多居于台北、新竹、彰化等地。这时已有陶姓迁居海外。如今，陶姓分布以江苏、上海、浙江三省为多。

陶姓历史人物有陶渊明，东晋著名田园诗人、文学家。代表作有《归园田居》《桃花源记》《归去来兮辞》等。陶宗仪，元末明初书学理论家、文学家。陶峙岳，参加过辛亥革命和北伐战争，国民党爱国高级将领，曾担任第六届全国政协副主席。陶行知，当代著名教育家，主张"生活即教育""社会即学校""教学做合一"，形成"生活教育"思想体系，著作有《陶行知全集》等。

陶姓在《百家姓》中排在第三十一位。

姜姓主要出自神农氏，为炎帝之后，以水名为姓。据传炎帝生于姜水，遂以水名为姓。此外，姜姓也有一些是由其他姓氏或其他民族改姓而来的。

几千年前炎帝的出生地姜水是中国众多姓氏的发源地，而姜姓得姓则是在今河南南阳一带。姜尚被分封到今山东，建立齐国。姜姓在今山东淄博一带发展繁衍。田和灭齐后，姜尚的后代子孙散居各地，多以姜为姓。据史书记载，早在春秋时期，西戎也有以姜为姓的，故称姜戎，原居于瓜州（今甘肃敦煌西），后逐渐东迁，约于公元前638年由其首领率迁至晋南。居住在今山东、河南境内的姜氏，在西汉以前已发展成为关东（今河南灵宝函谷关以东地区）大族。到西汉初，为充实关中人口，姜氏从关东迁到关中，此后世代居于今甘肃天水，族人后以"天水"为郡号。到了汉代，姜氏已有徙居到今江苏、四川者。唐、宋

姜　Jiāng

时期，今河北、河南、浙江、江西、安徽、山东等省及广东琼山也有姜姓分布。到了明、清时期，姜氏有的迁居今山西、陕西、湖南、贵州、湖北等地。明朝洪武年间有姜世良迁至福建漳州龙溪县红豆村，其后代子孙又有分支徙居广东陆丰盐墩乡，后来姜世良十一世孙于清乾隆年间由内地移居台湾。此后，闽、粤姜氏陆续有人迁至台湾，有的又远迁海外。

姜姓历史人物有姜尚，即姜子牙，吕国（今河南南阳）人，西周初年军事家、政治家。姜维，三国时蜀国名将，本为魏将，后归蜀。姜夔，南宋词人、诗人，又擅书法，有作品《白石道人诗集》《诗说》《琴瑟考古图》等。

姜姓在《百家姓》中排在第三十二位。

戚 Qī

戚姓主要是以采邑为姓氏，源于孙姓。春秋时卫武公后裔孙林父，受封于戚邑，其支庶子孙遂以封邑名命姓，形成戚氏。

秦汉之际，戚姓落籍于鲁西南。东汉至魏晋，繁衍于今江苏、山东两地东海郡的戚姓形成东海郡望，并在魏晋南北朝时繁衍至今安徽、江苏南部、浙江等地。隋唐时期，戚姓广泛分布于黄河中下游各省，今山西、河北均有戚姓人居住。唐末五代，戚姓徙居今江苏、浙江、湖北、湖南、四川、江西等省。两宋时期，戚姓繁衍的中心移至今浙江金华和江苏常州一带。元代以后，戚姓散居于华东、华南各省，广西、云南等地也有戚姓人入居。明初，山西戚姓作为洪洞大槐树迁民姓氏之一，被分迁于今河南、河北、山东、陕西、湖北等地。如今，戚姓在全国均有散居，尤以山东、浙江、江苏等省为多。

戚姓历史人物有戚夫人，汉高祖姬，即戚姬。

生子刘如意，封赵王。曾与吕后争立太子，高祖死，吕后专权，遂惨死。戚同文，北宋著名学者，与范仲淹一起创立高平学派。戚文秀，宋代著名山水画家，其画《清济灌河图》技艺极为高超。戚继光，明代军事家，抗倭将领。著有《纪效新书》《练兵实纪》等，为兵家所重视。

戚姓在《百家姓》中排在第三十三位。

谢姓的来源主要有三个。一是以邑名为姓。周宣王时申伯作邑于谢，其后人便以谢为姓。二是以国名为姓，源于任姓。黄帝之后，任姓别为十族，谢即其一。三是改姓。卫州人谢偃本为鲜卑族人，姓直勒氏，后改为谢氏。

谢姓发源于河南，后谢姓一部迁到淮河上、中游一带，后再迁至今湖北武当山东南的荆山，

后又有一部分南迁潇水流域，一部分入重庆涪陵。汉魏，谢夷吾发迹于会稽山阴（今浙江绍兴）一带。

两晋南北朝时，谢姓显贵于东晋南朝。隋唐五代，谢姓在东南沿海地区或中原一带繁衍播迁，后一支迁至江西宁都。宋时，谢姓迁居福建。明末谢姓入台湾，并进入东南亚各地。如今，谢姓尤以广东、江西、四川、湖南等省为多。

谢姓历史人物有谢安，东晋大臣。先隐居会稽东山，年四十余始出仕，后官至宰相。淝水之战，谢安任征讨大都督，运筹帷幄，大获全胜。

谢玄，东晋名将，谢安侄。组织北府兵以御前秦，以少胜多，获淝水大捷。谢灵运，南朝宋诗人，擅长山水诗赋，为传统山水诗派的开创者。冰心，原名谢婉莹，现代著名文学家，她的语言清丽婉约，自成一体，被称为"冰心体"。

谢姓在《百家姓》中排在第三十四位。

Zōu

邹

邹姓的来源主要有两个。一是源自姒姓，越王勾践之后。二是源自曹姓，以国名为姓。周代有邹国，又称邾娄，后为楚所灭，后世子孙有以邹为姓氏者。

邹姓主要发祥于今山东邹城。西汉以后，邹姓一支迁居河南邹坊。魏晋南北朝，邹姓南迁于江浙一带，后又散居于闽粤一带。唐代，邹姓入闽。南宋时，邹姓迁居广东，以后又广泛分布于今江西、江苏、福建、浙江、湖南、广东、广西等地。明初洪武年间，邹姓作为洪洞大槐树迁民姓氏之一，被分迁于河南、山东、河北、江苏、浙江等地。明清之际，邹姓赴台，及至海外。如今邹姓在四川、江西、山东、湖北、浙江、福建等省为多。

邹姓历史人物有邹忌，战国齐相。齐威王时，他以鼓琴节奏说明治国之道，得赏识，被任为相。邹阳，西汉文学家，吴王濞招致四方游士，阳与严忌、枚乘等俱仕吴，以文辞知名。邹伯奇，清科学家，精通光学、天文、历算，著有《格术补》《赤道星图黄道星图》等。邹容，近代民主革命者。赴日留学，积极参加革命活动。回国后参加爱国学社，著《革命军》，宣传革命是"天演之公例""世界之公理"，号召推翻清朝统治，建立"中华共和国"。

邹姓在《百家姓》中排在第三十五位。

喻姓主要是源自俞姓，祖先为黄帝时医官俞跗，其后代遂以俞为姓。南宋时，俞姓人俞樗聪明好学，举为进士，博闻强识，无所不知，皇帝喜欢他样样知喻，就将喻姓赐给他，俞姓子孙于是便以喻为姓。

喻姓最早产生于北方。三国时期，喻姓南迁。两晋时，喻姓一支在南昌形成大族。南朝梁时有一部分喻姓，落籍于今安徽、江苏、浙江等省。唐宋时期，喻姓主要居住在江苏南部和浙江中北部。以

后，喻姓进入今四川、重庆、湖北、湖南等地。宋末元初，喻姓进入今福建、广东、广西以及贵州等西南地区。明初，山西喻姓作为洪洞大槐树迁民姓氏之一，被分迁于山东、河北、陕西、河南等地。湖广填四川，喻姓更大举迁入今四川、重庆。如今，喻姓尤以四川、湖北、江西、贵州等省为多。

喻姓历史人物有喻凫，唐代诗人，与姚合、

贾岛、李商隐、杜荀鹤等交往甚深，后辈诗人皆尊之为"喻先辈"。喻皓，北宋建筑家，擅长营造，尤擅建塔，欧阳修称其"国朝以来木工，一人而已"。惠洪，北宋僧人，俗姓喻，好作诗词，著有《石门文字禅》。喻培伦，近代民主革命者。赴日本留学，后加入同盟会。曾专门租房屋试验炸药，制造炸弹，被誉为"炸弹大王"。参加广州起义，壮烈牺牲，葬于黄花岗。后被南京临时政府追认为大将军。

喻姓在《百家姓》中排在第三十六位。

Bǎi
柏

　　柏姓来源主要有两个。一是以国名为姓氏。
周朝时，在今河南西平有柏国。春秋时，柏国被
楚国所灭，后代就用柏为姓氏。二是以祖辈名号
为姓氏。相传远古时代东方部族首领有柏皇氏，
住在皇柏山（皇伯山，在今河南开封陈留镇）上，
他的子孙就以柏为姓。也有其他少数民族改姓为
柏的，如加入满族的朝鲜族柏氏。

　　柏姓在先秦时已分布于今河南洛阳和山西夏
县等地，秦汉时在魏郡落籍。东汉至三国时期，
柏姓在平原郡、济阴郡和魏郡繁衍兴旺。两晋南
北朝，柏姓南迁。唐代，柏姓依旧以北方为繁衍
中心，在今江苏、湖北、湖南、四川等南方省份
亦有柏姓人散居。唐末至宋时，柏姓南迁于今四
川、云南、贵州等地。这一时期，柏姓在北方以
今山东为繁衍中心，在南方以今安徽、湖南为繁
衍中心。明初，山西柏姓作为洪洞大槐树迁民姓
氏之一，被分迁于今安徽、河南、山东、浙江等

地。清中叶，柏姓迁移到东北和西北各地。如今柏姓尤以湖南、山东、安徽等省为多。

柏姓历史人物有柏翳，即伯益，夏初东夷部落首领。相传善于畜牧与狩猎。助禹治水有功，被禹举为继承人，并委以国政。传说他发明了凿井。柏良器，唐代著名将领。初由父友荐之于李光弼，授兵平山越，迁左武卫中郎将。柏丛桂，明代人。洪武年间，他上书朝廷建议筑淮堤，建槐楼20公里，以防备水患。明太祖皇帝采纳了他的建议，在淮扬一带征用民工，由他负责这个宏伟的工程，大功告成后，乡人称为"柏家堰"。

柏姓在《百家姓》中排在第三十七位。

Shuǐ

水

　　水姓的来源有四个。一是以职业为氏。远古大禹在会稽山治水时，留下的治水人员便以水为姓，子孙世代相传，称为水氏。二是源于共工氏，以官名为氏。共工是黄帝时负责掌管水利的水官，共工的后世子孙有的以"水"为姓，称为水氏。三是出自五行。五行是指金、木、水、火、土。古人认为世界是由金、木、水、火、土五种物质组成，于是就有部落以五行命名，遂有了水氏。四是出自上古时期依水而居的先民，他们傍水而居，遂以水名为姓。

　　今天水姓多聚集于浙江一带，尤以浙江湖州、临安为盛。水姓逐渐在这两个地方发展为望族。

　　水姓历史人物有水乡漠，明朝人。万历年间

进士，曾做过宁国知县，后调至丹阳。一生为政清廉，责任心强。丹阳当地多地质灾害，他为生产救灾，操劳成疾，吐血而死，当地百姓十分痛惜。水佳胤，天启进士，任礼部郎。精通典故，熟谙兵法，曾奉令平靖白莲教之乱，活捉了教主王森。又奉令平靖粤寇，以锐不可当之势，大败贼寇。后人为了纪念他的功德，在蓟州建造了水督庙。

水姓在《百家姓》中排在第三十八位。

Dòu
窦

　　窦姓的来源主要有四个。一是源于夏后氏，为少康之后。夏帝太康时，发生有穷氏政变，他怀孕的妻子从窦（洞穴名）逃出，在有仍这个地方生少康。少康继位，为了纪念祖上这个历史事件，少康就让他留居有仍的儿子姓窦。二是源自氏族姓氏，有氏王窦茂。三是源自赐姓。有鲜卑族被赐姓窦姓。四是源自战国时窦公。魏国有窦公，其后代遂以窦为姓。

　　秦汉之际，窦姓在今河北武邑东部的观津一带落籍。汉末，窦武孙逃于零陵（今湖南永州），曹操平荆州，他又徙居邺（今江苏南京）。三国两晋南北朝时期，窦姓遍及黄河中下游诸省，并有一支窦姓迁居今辽宁北部和北京一带。唐末五代时期，窦姓南迁于今安徽、江苏、浙江、湖北、湖南等地。明初，山西窦姓作为洪洞大槐树迁民姓氏之一，被分迁于今山东、江苏、浙江、河北、河南、天津等地。如今，窦姓尤以江苏为多。

窦姓历史人物有窦太后，西汉文帝皇后。好黄老之学，不喜儒术，武帝初即位，她曾罢黜大臣窦婴、田蚡、赵绾等。窦宪，东汉权臣，太后临朝，窦宪把持朝廷大政，权倾一时。窦宪曾大破匈奴，登燕然山，刻石纪功，命中护军班固作铭。窦师伦，唐代丝绸纹样设计家、画家。擅长绘画，精通丝绸纹样设计。他发扬中国传统，吸收中亚、西亚的题材和表现方法，创造出很多章彩奇丽的绫锦纹样，蜀人称为"陵阳公样"。窦俨，五代宋文学家、音乐家。熟知典制故事，凡祀事乐章、宗庙谥号，多出其手。

窦姓在《百家姓》中排在第三十九位。

章姓的来源主要有两个。一是以国名为姓氏，源于姜姓。姜子牙后人封国于鄣，春秋时鄣国被齐灭掉，鄣国的后人以国名"鄣"为氏，因国家已不复存在，又去掉表示疆邑的"阝"，成为章姓。二是改姓。汉代章弇原为仇氏，因避仇而始改之为章姓。

鄣国被灭，章姓始散居齐地，秦汉之际，章姓已北入蒙古，西入陕西，南及苏、赣。魏晋南北朝时期，章姓形成豫章郡望。隋唐之际，章姓落籍梓

州（治今四川三台），今江苏、浙江、江西、安徽等地均有了章姓人家。五代十国时期，章姓落籍福建。两宋时期，江南章姓名家辈出。明初，山西章姓作为洪洞大槐树迁民姓氏之一，被分迁于今湖南、湖北、陕西、河北、北京等地。明清之际，章姓迁居台湾以及东南亚和欧美等地。如今，章姓尤以湖北、浙江、江西等省为多。

章姓历史人物有章邯，秦朝将领。巨鹿之战

中被项羽击败而投降，随从入关，封雍王。章生一，南宋制瓷名家，与弟生二各主一窑，均为宋代名窑。他主持的一窑，称"哥窑"，生二主持的一窑称"弟窑"，又称"龙泉窑"，其产品以青瓷为主，除销往国内各地外，还远销至日本、东南亚、印度、西亚各国和埃及、欧洲等地。章学诚，清史学家。一生致力于讲学著述，尤以编修方志见长。著有《文史通义》《校雠通义》等。章炳麟，近代民主革命家、思想家。因发表《驳康有为论革命书》，又为邹容《革命军》作序而入狱。1904年与蔡元培发起成立光复会，为会长，后加入同盟会。在中国近代哲学、文学、历史学等方面均有较高造诣。章士钊，近代民主革命家、思想家和学者。早年与黄兴组织华兴会，后参加"二次革命""护国运动""护法运动"。

　　章姓在《百家姓》中排在第四十位。

Sū
苏

　　苏姓的来源主要有三个。一是以封地为姓氏，周武王时期，司寇忿生，受封于苏，建立苏国，其后代子孙遂以国名为姓，称为苏氏。二是改姓，北魏跛略氏，改为苏氏。三是在少数民族中也有苏氏。

　　苏姓发祥于河南温县。春秋时，有苏姓定居于两湖一带。汉武帝时，苏建被封为平陵（治所在今陕西省咸阳市西北）侯，此后不久，此支苏姓又派生出扶风苏姓、武功苏姓、蓝田苏姓。汉末苏姓一支由河南迁到四川眉山。唐初，苏姓入闽。北宋，苏姓南至两广、云南一带，也有到越南、老挝、泰国的北部山区者。苏姓入台湾始于宋明。清时，苏姓人已广布全国。如今，苏姓尤以广东省为多。

　　苏姓历史人物有苏秦，战国时期的韩国人。他出身卑微，素有大志，曾随鬼谷子学习纵横捭阖之术多年。说服韩、赵、燕、魏、齐诸国合纵，与秦国抗衡。苏洵，北宋散文家。深得欧阳修推崇，以文章闻名于世，"唐宋八大家"之一。苏轼，苏洵子，北宋文学家，号东坡居士。其文章挥洒畅达，"唐宋八大家"之一。他的诗雄放清新，与黄庭坚并称"苏黄"；他的词豪放，与辛弃疾合称"苏辛"。他的书法为宋四家之一。苏辙，北宋散文家。与父洵、兄轼并称"三苏"。为"唐宋八大家"之一。政治态度与苏轼一致，文学上的成就不如其兄。苏曼殊，近代文学家，精通多种文字，多才多艺。他的诗风"清艳明秀"，在当时影响很大。

苏姓在《百家姓》中排在第四十二位。

潘姓的来源主要有四个。一是以祖辈名字为姓氏，源于芈姓。为春秋时楚国潘崇之后，以祖名为氏。二是以采邑为姓氏，源于姬姓。周文王第十五子毕公高的小儿子伯季食采于潘邑，后世子孙遂以邑名为姓，称为潘氏。三是改姓。北魏时，鲜卑有姓破多罗者，后改潘氏。四是因地得姓。有部分潘姓是因为居住在潘水边而得姓。

Pān
潘

春秋战国时期，潘姓主要在今湖北境内发展，后向山东、湖南迁徙。汉时，潘姓迁至荥阳中牟（今属河南），三国时发展成荥阳郡一大望族。东汉有潘姓迁江苏溧阳。晋时，潘姓落籍广宗（今河北威县），亦有潘姓人迁居广东。唐初，潘姓入闽。宋时有潘节后人迁今广东、云南。元明清时，潘姓已分布于全国各地。如今，潘姓尤以广东、江苏、安徽、内蒙古、河南、四川、湖北、浙江等省区为多。

潘姓历史人物有潘岳，西晋文学家。所作诗

文追求文字绮丽，代表太康文学的基本倾向，尤善哀诔之文。潘季驯，明代治理黄河的水利专家。曾四次任总理河道都御史，主持治理黄河、运河，成绩显著。黄河和淮河经他治理后，保持了多年的稳定。著有《宸断大工录》《两河管见》等。潘之恒，明文学家。少有诗才，与同乡汪道昆结白榆诗社。从学于王世贞。诗文俨然是公安派风格。与汤显祖、沈璟密交，流连戏曲中，编校《盛明杂剧》等。潘天寿，中国现代画家、美术教育家。长期从事绘画活动和美术教育，作品能融诗、书、画、印于一体，又长于指头画。著有《中国绘画史》《潘天寿书画集》等。

　　潘姓在《百家姓》中排在第四十三位。

Gě
葛

　　葛姓的来源主要有三个。一是以祖辈名号为姓氏。远古时有部落葛天氏，其子孙后代遂以葛为姓。二是以国名为姓氏。夏时，黄帝之支庶封于葛（今河南宁陵），建立葛国，并称葛伯。后为商汤所灭，其后世子孙遂以国为姓。三是改姓。北魏时代北鲜卑族复姓贺葛氏，入中原后改为单姓葛氏。

　　葛姓源于河南，西周初期已有葛姓人迁入四川，秦朝时已有葛姓徙居安徽。魏晋南北朝，葛姓有迁江南者。隋唐时期，今山东、山西、江苏、浙江、湖北、福建、广东等省均有葛姓。两宋时期，葛姓在江浙之地繁衍发展。明初，葛姓作为洪洞大槐树迁民姓氏之一，被分迁于今河南、陕西、江苏、河北、天津、北京等地。自清代开始，葛姓赴台湾、迁海外者增多。如今，葛姓尤以浙江、江苏等省为多。

　　葛姓历史人物有葛龚，东汉文人，以善文记

知名。葛洪，晋代道士、道教学者、炼丹家、医学家，自号抱朴子，少时以儒学知名，后崇信道教。著有《抱朴子》《神仙传》等。葛云飞，清朝道光年间武进士，抗英名将。在鸦片战争初期，当英军第二次进犯定海时，葛云飞率兵与来敌殊死奋战六昼夜，血染疆场。

葛姓在《百家姓》中排在第四十四位。

奚姓的来源主要有两个。一是改姓。北魏时薄奚氏、达奚氏均改奚氏。二是源自黄帝后裔，禺阳为黄帝二十五子之一，其裔孙名仲，夏朝时担任车正一职，食采于夏王朝管辖区的奚地，史称奚仲，奚仲的后代就用"奚"作为自己的姓氏。

奚姓起源于山东，并北迁至今山东昌乐、寿光一带，也有一部分迁入今河南、安徽等地。汉代，今陕西西安、山东昌乐、安徽亳州一带的奚姓人丁兴旺，家族盛大，形成了奚姓北海郡望、谯郡郡望，后以此为中心，奚姓逐渐广布于黄河中下游各省。汉末三国时期已有奚姓落籍于今江苏、湖南省境。两晋南北朝，奚姓南迁，今安徽、湖北、浙江等地均有奚姓迁入。五代时，有奚姓徙安徽歙州，再迁江西。宋元时期，奚姓扩展至今四川、福建、广东等南方省份。明初，山西奚姓作为洪洞大槐树迁民姓氏之一，被分迁于今浙江、江苏、湖北、湖南等地。清中叶以后奚姓入居台湾及东

Xī
奚

北之地，后随着长江三角洲的开发，大上海的崛起，江苏、浙江等地奚姓涌入，上海成为奚姓新的发展中心。如今，奚姓尤以上海、江苏、甘肃、浙江等省市为多。

奚姓历史人物有奚鼐，唐朝造墨专家。所造墨有光气，时享有盛名，人视为宝。奚超，徽墨创始人。因避战乱携全家南逃至歙州，见这里松林茂密、溪水清澈，便定居下来，重操制墨旧业。他造出的墨"丰肌腻理，光泽如漆"。南唐后主李煜令其子奚廷珪为"墨务官"，并赐国姓李，奚氏一家从此更姓李。歙州李墨遂名扬天下，世有"黄金易得，李墨难获"之誉，全国制墨中心也南移到歙州。奚冈，清诗画家、篆刻家。诗词超隽，山水画潇洒飘逸，篆刻秀丽端庄，与丁敬、黄易、庄仁斋号称"西泠四大家"，为浙派印刻杰出者。

奚姓在《百家姓》中排在第四十五位。

范 Fàn

范姓的来源主要有两个。一是以采邑为姓氏，源于祁姓。帝尧裔孙刘累的后人，在周为唐杜氏，称杜伯。周宣王灭杜，杜伯之子温叔奔投到晋，其曾孙士会，食采于范，遂为范氏。二是其他民族改姓。

范姓的发祥地为河南范县。三家分晋后，范姓大多居住在今河南、河北、山西之间。战国时南阳范蠡入楚做官而定居湖北。秦汉时，范姓已散布于今四川、安徽、浙江、江西等地。西汉时期，范明友封平陵（今山东省济南历城区）侯，其大部子孙回迁南阳。范明友裔孙东汉末年迁居钱塘。西晋时期，范姓南迁丹阳（今安徽省当涂），后分出一支移居甘肃敦煌，并派生出怀州范姓。唐时，范姓入闽。宋时，范姓移居广东。明时，范姓入居沈阳，在东北繁衍昌盛起来。如今，范姓尤以河南、辽宁、山东、黑龙江、湖南等省为多。

范姓历史人物有范蠡，春秋后期越国政治家，曾献计于勾践，一举灭吴。范仲淹，北宋著名的政治家、思想家、军事家和文学家，他推动改革，却屡遭诬谤，几度被贬。死后谥文正，封楚国公、魏国公。有《范文正公集》传世。其《岳阳楼记》为传世名篇，其中"先天下之忧而忧，后天下之乐而乐"历来为人称道。范成大，南宋诗人。以善写田园诗著称，南宋四大家之一。有作品《石湖词》《吴船录》等。范文澜，现代著名史学家，主编《中国通史简编》，著有《中国近代史》（上编）《正史考略》《文心雕龙注》《太平天国革命运动》《群经概论》等。

　　范姓在《百家姓》中排在第四十六位。

彭姓的来源主要有四个。一是以国名为姓氏。帝尧封彭祖于彭（今江苏徐州），为大彭氏国。大彭氏国被商朝灭后，子孙以国为姓氏，就是彭氏。二是少数民族姓氏，西羌、南蛮皆有彭氏。三是出自祝融之后。祝融之后八姓有彭姓。四是出自商朝卜官。商朝有卜官名彭，甲骨文中多见。

彭姓的发源地在今天的江苏徐州铜山境内，后有徙居今湖南、湖北的。秦汉时，有彭姓远迁陇西、河南淮阳。魏晋时期，今山东、陕西、甘肃、江

西、四川、福建等省均有彭姓居住。唐时，彭姓辗转迁徙于福建。宋时，彭姓迁广东。彭姓亦为洪洞大槐树迁民姓氏之一，分迁于今河南、甘肃、山东、河北、湖北、湖南等地。清代，彭姓徙居台湾，并有移居东南亚及欧美者。如今，彭姓尤以湖南、四川、湖北等省最多。

彭姓历史人物有彭蒙，战国时哲学家，齐人，田骈的老师。主张"齐万物以为首"，强调事物的

齐一、均齐。其思想与庄子之"齐是非"说相近。彭越，汉初将领，诸侯王，与刘邦、韩信等共歼楚军。刘邦称帝后封他为梁王。后以谋反罪名被捕，贬为庶人，被杀于洛阳。彭莹玉，元末南方红巾军领袖。出身农家，后入袁州慈化寺为僧。以白莲教组织群众与周子旺发动起义。彭兆荪，清代诗人，有文名。清代张维屏认为他诗多"沉郁之作"。龚自珍则称赞其诗"精深渊雅"。彭德怀，中国无产阶级革命家、军事家，中国人民解放军的创建人和领导人之一。中华人民共和国开国十大元帅之一。彭真，中国无产阶级革命家，中华人民共和国领导人之一。中华人民共和国成立后，对促进和加强社会主义法制建设作出了重要贡献。

彭姓在《百家姓》中排在第四十七位。

Láng
郎

　　郎姓的来源主要有两个。一是以邑名为姓氏，源于姬姓。鲁懿公的孙子费伯在鲁国为大夫，私自占据郎城（今山东鱼台东北），子孙以邑名为氏而姓郎。二是南匈奴有郎氏，满族也有郎氏。

　　郎姓发源于今山东兖州一带，秦汉之际，离开祖居之地，在中山郡（治今河北定州）、魏郡（治今河北临漳）、北海郡（治今山东昌乐）形成新的繁衍中心。魏晋南北朝，郎姓南迁，散居于黄河中下游各省以及今安徽、江苏、浙江等南方省份。唐末五代十国，郎姓有人迁入今四川、重庆、湖北、湖南等地。宋末元初，郎姓迁居今云南、贵州、广西、广东、福建等地。明中叶以后，郎姓有落籍辽宁者。清代，黑龙江、吉林、内蒙古、甘肃、宁夏以及台湾等地皆有郎姓入迁。如今，郎姓尤以四川、贵州等省为多。

　　郎姓历史人物有郎基，北齐将。曾拒梁军百余日，削木为箭，剪纸为羽，城终得保全。好读书，广涉典籍，懂军事，重文化。为官无所私求。郎士元，唐诗人，与钱起齐名，时称"前有沈、宋，后有钱、郎"。其诗多为送别应酬之作，擅长五律。郎余令，唐代著名画家。博学有文，尤其擅长画山水、帝王古贤、历史故事。当时称余令画凤、薛稷画鹤、贺知章草书为秘书省"三绝"。郎瑛，明文学家。博览艺文，探讨经史。著有《七修类稿》《青史衮钺》。郎静山，中国著名摄影家，为中国最早的摄影记者和摄影团体创办人之一，一生获奖无数。

郎姓在《百家姓》中排在第四十八位。

鲁姓主要是以国名为姓氏，源于姬姓。周武王封周公旦的儿子伯禽于鲁，后鲁国被楚国所灭，子孙以国为氏。鲜卑族中也有以鲁为姓者。

古鲁国，包括现在山东西南部及江苏沛县、安徽泗县一带。秦汉时，鲁姓向关中迁徙，东汉中期以后，向今河南、安徽、江苏一带迁移繁衍。三国前后，鲁肃子孙散居江南各处。隋唐以前，鲁姓已广布江东一带。宋元时期，鲁姓入湖广。明初，鲁姓作为山西洪洞大槐树迁民姓氏之一，被分

Lǔ
鲁

迁于今山东、河南、北京、天津、江苏、湖南等地。清中叶以前，山东鲁姓迅速发展，并有很多人闯关东到东北谋生，亦有临海之鲁姓远赴台湾，进而播迁海外。现在鲁姓尤以山东、安徽为多。

历史人物有鲁仲连，战国学者、著名辩士。他好持高节，善谋略却不肯仕宦任职，常为人排忧释难而一无所取。游于赵，适逢秦兵围赵，鲁仲连曾以利害进说平原君，劝阻尊秦昭王为帝，

面折辩者，使邯郸围解。鲁班，中国古代著名建筑工匠，曾创造攻城的云梯。相传曾发明了多种木制工具。鲁恭，东汉大臣。和帝时，拜《鲁诗》博士。任中牟令时，以德为治，产生很大影响。鲁肃，三国时期孙权部将，曾助周瑜取得赤壁之战的胜利。

鲁姓在《百家姓》中排在第四十九位。

Wéi

韦

　　韦姓的来源主要有三个。一是由韩姓改姓而来。据说西汉初年韩信被杀，萧何将韩信的儿子送往南粤躲避，其子为避仇，以"韩"字半边"韦"为姓，遂世代相传。二是以国为姓氏。出自颛顼大彭之后，夏朝时封大彭氏的别孙于豕韦，其后代就以韦为姓。三是西域姓氏，汉代西北少数民族中疏勒国（治今新疆喀什）有韦姓。

　　韦姓的发源地当在今河南境内，汉代已分布于今河南、山东、陕西、山西、河北等地。三国两晋南北朝时期，韦姓已有南迁者。隋唐时期，韦姓主要居住地为今陕西，同时，今江苏、四川、安徽等地也有韦姓分布。在漫长的繁衍迁徙过程中，韦姓主要是以北方居多，是一个典型的北方姓氏。今日韦姓以广西、河南等省区为多。

　　韦姓历史人物如韦贤，西汉大臣，精通《礼记》《尚书》，尤擅长诗赋，号称"邹鲁大儒"。韦应物，唐诗人，世称韦苏州，又称韦江州或韦左司。15岁为三卫郎，即玄宗侍卫，任侠使气，狂放不羁。后入太学，折节读书。所作山水田园诗甚多，善于用简淡笔调描绘幽寂景色，艺术上相当纯熟。今存《韦苏州集》十卷，《滁州西涧》是其代表诗作。韦庄，唐末五代诗人。早年所作《秦妇吟》长诗颇有名。其词清丽，多白描，写闺情离愁和游乐生活，他的词作在《花间集》中较有特色，有作品《浣花集》。韦昌辉，广西桂平人，太平天国首领。太平军攻克永安后，被封北王，后被洪秀全处死。

韦姓在《百家姓》中排在第五十位。

马姓的来源主要有两个。一是源于嬴姓，为马服氏所改。战国时，赵奢封马服君，他的子孙用马服当作姓，称为马服氏。后来又省去了服字，世代姓马，称为马氏。二是少数民族姓氏。如金朝西域人马庆祥，入居临洮狄道（今甘肃境内），成为马姓一支。

马姓最初发祥于今河北邯郸一带。战国末，已有一些迁居今陕西咸阳。两汉至南北朝，马姓在扶风茂陵成为望族，也有一部分散居于今河南、河

Mǎ
马

北、山东、湖北、四川、甘肃、江苏、浙江等地。唐朝，马姓迁往福建。宋以后，闽、粤地区马姓增多。明代，马姓遍布于福建。至清代，马姓有些移居台湾，又远徙东南亚及欧美。当今马姓主要生活在我国北方，特别是西北地区。

马姓历史人物有马融，东汉经学家、文学家。长期在荆州等地注经、讲学。所注书有《周易》、《尚书》、《毛诗》、"三礼"、《论语》、《孝经》、

《老子》、《淮南子》等，古文经学达到成熟的境地。讲学时，生徒常有千余人，郑玄、卢植都出其门下。马超，三国时蜀汉名将。与关羽、张飞并列，蜀汉建立后，任骠骑将军。马谡，三国时蜀汉将军，因失街亭为诸葛亮斩首，后世因之流传着著名的"挥泪斩马谡"的故事。马致远，元戏曲家。擅散曲，风格豪放飘逸，作品辑为《东篱乐府》，《汉宫秋》为其代表作。与关汉卿、郑光祖、白朴并称"元曲四大家"。马连良，著名京剧演员，善于扮老生。演出过《定军山》《打棍出箱》等经典剧目。

马姓在《百家姓》中排在第五十二位。

Miáo

苗

　　苗姓的来源主要有三个。一是出自苗父之后。据传说，上古有神医苗父，其后代遂以苗为姓氏。二是出自百济民族。汉唐时期，朝鲜半岛的百济民族中有苗氏一姓。三是以采邑为姓氏，源于芈姓。始祖为楚大夫伯棼，伯棼因罪被杀，他的儿子贲皇逃亡到晋国，受到晋国君主的礼遇，食采于苗地（在今河南济源西南），后代因以采邑为姓，遂成苗氏。

　　苗姓发源地主要在今河南济源西部，三家分晋后，苗姓在今山西、河北等地落籍。战国后期，苗姓或北徙今山西长治，或东迁今山东定陶一带。两汉时苗姓落籍于今山东东阿。魏晋南北朝时期，苗姓南迁于今浙江金华一带。唐中后期，有苗姓迁居今甘肃、宁夏一带。两宋时期，苗姓人在今南方省份，如安徽、江苏、浙江、湖南、江西等地定居者很多。明初，山西苗姓作为洪洞大槐树迁民姓氏之一，被分迁于今河南、河北、山东、甘肃、江苏、陕西等地。明中叶以后，苗姓有渡海赴台湾者。清中叶以后，苗姓入迁东三省。如今，苗姓尤以山东、甘肃、河南等省为多。

苗姓历史人物有苗晋卿，唐宰相。晋卿好学，中进士。工文善诗，王维谓其"时人以为鲍参军、谢吏部为更生云"。苗再成，南宋名宦，抗元三杰之一。慷慨有大志，德祐元年（1275年）守真州，与文天祥定计抗元。元军猛攻，誓曰："我苗再成，宁为玉碎，不为瓦全！"城陷而落入敌兵之手，英勇不屈而死。

苗姓在《百家姓》中排在第五十三位。

Fèng
凤

凤姓的来源说法有两个。一是以官名为姓氏。高辛氏时，凤鸟氏为历正，其后人遂以凤为氏。二为改姓。唐朝时，南诏国的王族阁罗凤氏的后人以凤为姓，称为凤氏。又安徽凤姓，据说原姓刘，为后汉高祖刘知远的后裔，后汉灭亡，其后裔逃到江南，北宋初到了泾县南乡茂林地区的阳山，听到凤鸟的鸣声，认为是祥瑞，就改刘姓为凤姓定居下来。北宋朝廷曾经派人来调查，见刘姓改凤姓，又都是安分守己的良民，便没有再追究。但是御批"凤姓不得入朝"，以防其东山再起。

凤姓主要是以官为姓氏，望族出于平阳（在今山西临汾西南）、邰阳（在今陕西武功西南）。

凤姓历史人物有凤纲，汉朝人。传说他常自

正月开始，采百草花以水渍泥封之，到九月末止，埋100天，煎9次火。假如刚死者以其纳口中，可以救活。据说他常服此药，至数百岁不老，后"成仙"而去。

凤姓在《百家姓》中排在第五十四位。

花姓的来源主要有两个。一是出自华氏。古无花字，通作华。后专用花为花草之花，故华姓亦有改为花姓者。二是改姓，金代范用吉改花姓，其后代子孙亦称花氏。

唐代才有花姓人出现于史书记载。花姓发祥地约在今山东。唐末五代，花姓迁徙于今四川、安徽、江苏、浙江、江西等地。宋元之际，花姓在江南之地的分布已日趋扩大，今福建、广东、湖南、湖北均有花姓入居。明初，山西花姓作为洪洞大槐树迁民姓氏之一，被分迁于今山东、河北、河南、安徽、江苏等地。此后花姓逐渐播及广西、云南、贵州以及北方的辽宁，并有沿海花姓迁入台湾。清康乾年间花姓闯关东迁入东北三省及内蒙古东北地区。如今，花姓尤以辽宁等省为多。

花姓历史人物有花木兰，她又是民间故事传奇人物。当年她女扮男装，代父从军。战场上英勇善战，立功无数。战争结束凯旋之际，谢绝了朝廷的封赐，解甲回家。有《木兰诗》传颂。花敬定，唐朝大将军，曾因平叛立功，但其居功自傲，放纵士卒，又目无朝廷，僭用天子音乐。杜甫曾作《赠花卿》以讽："锦城丝管日纷纷，半入江风半入云。此曲只应天上有，人间能得几回闻。"花云，明代著名将领，同朱元璋一同打天下，英勇善战，智勇过人。

花姓在《百家姓》中排在第五十五位。

方姓的来源主要有两个。一是以祖辈名字为姓氏，源于姬姓。西周后期周宣王时大夫姬方叔之后，以祖字为氏。二是以封地为姓氏，相传上古黄帝神农氏之裔孙雷，封于方山，后人以封邑为姓，称为方氏。

方姓以河南为发祥地。西汉末年，方姓迁移到安徽歙县东乡。隋唐以前，青州（今山东潍坊）、河东（今山西永济）一带及北方的一些地区，都有方姓居民。唐初，方姓入闽。明初，方姓作为

Fāng
方

洪洞大槐树迁民姓氏之一，被分迁至今河南、河北、山东、安徽、陕西等地。清初，方姓有人迁入台湾，后又有落籍海外者。可见，方姓不仅在中原发展繁衍，而且多次南迁，相当广泛地分布于江南各省，有些成为当地的名门望族。如今，方姓尤以安徽、河南两省为多。

方姓历史人物有方腊，北宋末浙江农民起义首领。宣和二年利用明教组织起义，自号"圣

公"，建元"永乐"。后战败被杀。方回，元文学家。曾编《瀛奎律髓》，选录唐宋以来律诗；选诗以杜甫为祖，以黄庭坚、陈师道、陈与义为宗，创"一祖三宗"说。方孝孺，明代大臣。其文章在当时颇享盛名，后拒绝为朱棣起草登基诏书，被杀。方以智，明清之际思想家、科学家。博通经史，对天文、地理、礼乐、律数、文字、书画、医药、技勇诸科皆有研究。方苞，清代散文家。桐城派散文的创始人，提倡写古文要重"义法"，重"清真雅正"。他在行文时始终以此为宗旨，文章写得雅洁精练，没有枝蔓芜杂的毛病，开创清代古文的新风貌。方志敏，中国无产阶级革命家、军事家。遗著有《可爱的中国》《狱中纪实》等。

方姓在《百家姓》中排在第五十六位。

Yú
俞

俞姓相传为黄帝臣跗之后。黄帝时有名医跗，医术高超，精于脉经。古"俞"字与"腧"字相通，又腧为"脉之所注"，俞又与痊愈之愈同音，故跗又称俞跗，其后人为光大先人医术，称为俞氏。另外出自他族改姓。

隋唐或以前，俞姓曾长期生活在今山西、河南、河北、湖北等省。唐武则天时，俞文俊被流放到岭南，俞姓由此到达广东和广西一带。宋代以后，俞姓广泛分布于今浙江、安徽、福建、江苏、江西一带。明初，俞姓作为洪洞大槐树迁民姓氏之一，被分迁于陕西、甘肃、河北、天津等地。如今，俞姓尤以安徽、浙江、江苏等省为多。

俞姓历史人物有俞桂，宋代官吏、诗人。进士及第，曾守海滨，政事之余，不废吟咏，著有《渔溪诗稿》。俞琰，宋末元初道教学者。以辞赋闻名，于《周易》尤为精通，撰有《周易集说》《易图纂要》等。俞山，明代大臣，工诗，善大篆，亦精墨梅，著有《梅庄集》。俞大猷，明代抗倭名将，他博读兵法，有将才，官至总兵。曾屡率水军打败倭寇，其军被称为"俞家军"。俞平伯，中国作家、学者，有作品《冬夜》《燕知草》《杂拌儿》等。其所著《红楼梦研究》为"新红学派"代表作之一，在学术界有较大影响。

俞姓在《百家姓》中排在第五十七位。

任姓的来源主要有三个。一是以国名为姓氏。一说是黄帝少子禹阳的后裔，被封于任国，其后裔遂以国为氏。一说出自风姓，太昊氏之后。任，为风姓之国，故都任城（在今山东济宁一带），在战国时灭亡，其后代子孙遂以国名为姓，称为任氏。二是少数民族姓氏，古代少数民族如西夏、明代哈尼族有任姓。三是出自远古妊姓，可能是母系氏族社会产生的古姓之一，与女性妊娠有关。

任姓早期以山东为繁衍中心，先秦时已播迁于今湖北、山西、陕西等地。秦代已有任姓迁居今广东地区，汉时，任姓已散居于我国北方今山东、山西、河南、陕西一带，以及南方今四川、江苏、广东等地。魏晋南北朝时期，任姓大举南迁至今江苏、安徽、浙江、湖北等地，并有一支迁入福建。明初，任姓作为洪洞大槐树迁民姓氏之一，被分别迁于今山东、河南、河北、江苏、陕西等地。自清代开始，闽、粤任姓有徙居海外者，如今，任姓尤以河南、山东为多。

任姓历史人物有任昉，南朝梁文学家。幼而好学，少时就名动乡里。善作文，当时王公表奏，多请他代笔。任仁发，元画家、水利家。撰有《浙西水利议答录》。擅绘画，尤其擅长画马。任大椿，清经学家。工文辞，曾任《四库全书》纂修官。他学识渊博，长于考释古代名物，著有《弁服释例》《深衣释例》等。任熊，清画家。擅画人物，师从陈洪绶，工画花鸟、山水，有《任渭长四种》，为晚清木刻画之精品。其弟任薰，工画人物山水，尤擅画花鸟。其子任预，亦长于绘画。任熊、任薰与弟子任颐，合称"三任"，加任预，称"四任"。任弼时，中国共产党著名领导人。为党和人民的事业竭忠尽智，被叶剑英同志评价为"党和人民的骆驼"。

任姓在《百家姓》中排在第五十八位。

Yuán

袁

　　袁姓的来源主要三个。一是出自轩辕黄帝。轩辕氏，又称玄袁氏。轩辕氏始以有熊之墟（今郑州或开封）为都，所居之地，后称为袁邑。其后裔遂以邑为姓氏，称袁氏。二是出自 少数民族。少数民族如狄族中有袁姓。三是以祖辈名字为姓氏，源于妫姓。陈胡公妫满的裔孙诸，字伯爰。伯爰之孙涛涂，以先祖的名字作为姓氏，称"爰涛涂"，亦作袁涛涂，其后有"袁"氏。

　　袁姓早期主要是在其发祥地河南发展繁衍，以陈郡为中心，尤其是汝南。秦汉时向外地播迁，有徙居彭城（今江苏徐州）者，有徙居河东（今山西永济西南）者，有徙居东陵东光（今属河北）者，有散于江、淮者，有居住在襄阳者，有徙居京兆（今陕西西安）者，有徙居华阴者。南宋以前，袁氏已徙居福建。清代陆续有袁氏移居我国台湾，进而徙居新加坡、印度尼西亚等国家。

　　袁姓历史人物有袁绍，东汉末人，出生于

"四世三公"的官僚世家。为反对董卓专制而起兵讨伐，被推为盟主，后成为当时最大的割据势力。在官渡之战中，他的主力被曹操消灭，病卒。袁术，袁绍的兄弟。董卓专权期间，他奔走南阳，占据其地，于寿春称帝，后被曹操击败。袁宗道、袁宏道、袁中道，明朝学者，三袁是明朝复古派"七子"之后，为公安派的代表人物。其中以袁宏道成就最为显著，有《袁中郎集》传世，他的诗歌独抒性灵，不拘格套，以清新见长。袁枚，清朝文学家。其诗文不拘形式，自成一格，著有《小仓山房集》《随园诗话》等，为"江右三大家"之一。袁隆平，我国杂交水稻创始人，被誉为"杂交水稻之父"。

袁姓在《百家姓》中排在第五十九位。

柳姓主要是以采邑为姓氏，源于展姓。春秋时鲁国展禽，食采于柳下（今河南濮阳城东），其子孙后代遂以邑名为氏，称为柳姓。

柳姓最早繁衍于今河南北部和山东西部一带。鲁国为楚所灭后，柳姓有入居楚地者，至秦灭六国后，又有入居山西境者，后渐在河东（今山西境内黄河以东地区）形成名门望族。唐以前，柳姓已入居今四川、广西等地，唐高宗时，柳姓入闽。宋元明清时期，柳姓名人多出今江苏、安徽、浙江、福建等南方之地。明代柳姓作为山西洪洞大槐树迁民姓氏之一，被分迁于今山东、河北、河南等地。清代柳姓有移居台湾者，后又有徙新加坡等地者。今日柳姓尤以山东、四川、湖北、湖南等省为多。

Liǔ
柳

柳姓历史人物有柳恽，南朝梁诗人。少好学，长于文辞，棋艺精湛又善弹琴。其诗清新秀逸，善为游子思妇之辞，尤工写景。柳冕，唐代文学家。博学富文辞，是韩柳古文运动的先驱者之一。柳宗元，唐代文学家、哲学家。因曾任柳州刺史，故世称柳柳州。工诗，尤擅散文，与韩愈皆倡导古文，同被列入"唐宋八大家"，并称"韩柳"。柳公权，唐代书法家，擅楷书。初学王羲之，受颜真卿影响较大。书风遒劲刚健，可与颜真卿的雄浑雍容书风相媲美，被后人誉为"颜筋柳骨"。柳开，北宋文学家。他反对宋初浮靡文风，提倡古文，主张作文阐明儒道以教民，为北宋古文运动先驱。柳永，北宋词人。因其长期生活于市民阶层，受歌妓、乐工影响很大，创作了大量的慢词，为词家提供了在小令之外可以容纳更多内容的新形式，在宋词方面有着重要贡献。柳亚子，现代著名民主人士，同盟会会员，抗日战争期间与何香凝、宋庆龄积极开展抗日民主活动，影响很大。

柳姓在《百家姓》中排在第六十位。

Bào

鲍

　　鲍姓的来源主要有三个。一是以采邑为姓氏，源于姒姓。春秋时杞公子仕宦挤，食采于鲍，其后代遂以"鲍"为姓氏。二是以国名为姓氏，为夏诸侯国鲍国的后代，其后因以国为姓。三是少数民族姓氏，北魏代北地区少数民族俟力伐氏改姓"鲍"，称为鲍氏。

　　鲍姓发源于今山东历城，战国时迁往今河北、河南、山东、江苏等地。秦汉之际，鲍姓已分布于黄河中下游地区，并有一支进入安徽。魏晋南北朝时，鲍姓繁衍于山东、江苏间，东海郡之地的鲍姓也人丁兴旺。后进入今浙江、江苏、湖北等地。唐末五代时期，鲍姓在今江西、湖南、四川等地定居。两宋时，繁衍于今安徽、江苏、浙江等南方省份的鲍姓十分兴旺。元代，鲍姓向今福建、广东、广西等地徙居。明初，山西鲍姓作为洪洞大槐树迁民姓氏之一，被分迁于今安徽、江苏、河北、河南等地。明中叶以后，鲍姓进入台湾。如今，鲍姓尤以青海、江苏、山东、湖北、浙江等省为多。

鲍姓历史人物有鲍叔牙，春秋时期齐国大夫。与齐国政治家管仲交往甚密。管仲家贫，鲍叔牙常给予资助。后来齐桓公囚禁并欲杀管仲，鲍叔牙力加劝阻，认为桓公如欲成就霸业，非用管仲不可。桓公遂厚礼以待管仲，并任管仲为大夫。在管仲辅佐下，齐桓公终于成为春秋霸主。鲍照，南朝宋文学家。他长于乐府，尤擅七言歌行，风格俊逸，对后来唐诗人李白、岑参等影响很大。

鲍姓在《百家姓》中排在第六十二位。

史姓的来源主要有两个。一是以官名为姓氏。相传黄帝有史官仓颉、周有太史史佚。他们的子孙以官名为姓，即为"史"姓。二是隋唐时代"昭武九姓"之一。古西域有国为史国，居史城，为"昭武诸国"之一，史国有人迁居中原，遂以国名为氏。

传说仓颉为今陕西陈仓人，一说今河南人，故此二地可能为史姓最早发祥地。西汉时，南方广西、广东已有史姓。东汉时，又有史姓迁居今四川。汉至魏晋南北朝时期，形成了史姓历史上六大郡望。隋唐时期，有西域史国人入居中原，以史为氏。宋元时，史姓大举南迁。明代史姓作为山西洪洞大槐树迁民姓氏之一，分迁于今河南、山东、陕西、安徽、湖北各地。清代史姓有迁往海外、侨居新加坡等国者。今日史姓尤以湖南、山东为多。

史姓历史人物有史游，西汉人。撰写《急就篇》，大抵按姓名、衣服、饮食、器用等分类编成韵语，句式为三、四、七字句，以教学童识字。史思明，唐叛将。英勇善战，与安禄山起兵叛唐，后于范阳称大燕皇帝，年号顺天，后被其子朝义所杀。史达祖，南宋词人，其词多抒写闲情逸致。著有《梅溪词》。史可法，明抗清名将，崇祯初进士。明亡，拥立福王建都南京。镇扬州，清军破城，被俘虏，英勇不屈，凛然赴死。后葬扬州城外梅花岭，乾隆时追谥忠正。史震林，清代文学、书画家，能诗文，善画兰竹木石，书精八分，喜摹《曹全碑》。

史姓在《百家姓》中排在第六十三位。

Táng
唐

　　唐姓的来源主要有四个。一是以国名为姓氏。周武王子叔虞封于唐，其后代以唐为姓氏。二是尧之后有唐氏。三是伊祁姓燮父之后封于唐，后为楚所灭，子孙以唐为氏。四是少数民族姓氏，三国时陇西羌族有唐姓。

　　唐姓发源地至少有四处：陕西、山西、豫鲁（今河南、山东间地）、湖北。上述地区后来成为唐姓繁衍的中心地带，也是唐姓主要望族所在地。秦汉时，唐姓分布于今江苏、江西、四川、广东、安徽、浙江、山西、陕西、河南、山东、湖北等地。魏晋南北朝时，唐姓南迁，广泛分布于南方各地。隋唐时，唐姓入闽。宋元时又有唐姓迁居南方，由北方而来的唐姓已大量居于南方。明清时，又有唐姓人移居台湾，远徙海外。今日唐姓尤以四川、湖南、贵州、山东、安徽、广西等省区居多。

　　唐姓历史人物有唐慎微，北宋医药学家。他

在《补注神农本草》和《图经本草》的基础上，结合自己的实践经验，写成《证类本草》，总结了宋以前的药物学成就。唐寅，字伯虎，明画家、文学家。他生性放浪不羁，时用"江南第一风流才子"印。擅画山水、花鸟、人物，笔墨秀润峭利，景物清隽生动，工笔、写意俱佳。与祝允明、文徵明、徐祯卿并称"吴中四才子"。又与文徵明、沈周、仇英合称"明四家"。唐顺之，明文学家，学术精深，知晓天文、地理、兵法、音乐、数学等。崇尚唐宋散文，被称为"唐宋派"，主张诗文要有继承和发展，直抒胸臆，不落俗套。

　　唐姓在《百家姓》中排在第六十四位。

费姓的来源主要有四个。一是以祖辈名字为姓氏，源于嬴姓。颛顼后人有大费，其子以祖名为姓氏。二是以国名为姓氏，夏禹之后。三是以封邑名为氏，春秋时楚国大夫费无极之后。四是源自其他民族变姓。

早期费姓分布于今河南等地，春秋时，所居区域已经扩展至今山东、湖北境内。两汉时，费姓徙居犍为郡、吴兴郡。三国时江夏郡费姓在蜀地声名显赫。唐末五代时期，费姓入迁今安徽、江苏、

浙江等地，并有一支进入福建。宋末时期，费姓南迁于今两广之地。明初，山西费姓作为洪洞大槐树迁民姓氏之一，被分迁于今山东、江苏、天津、河北、河南等地。清中叶以后，费姓人有赴台湾者。如今，费姓尤以河北、上海、江苏、安徽、浙江、湖北等省市为多。

费姓历史人物有费直，西汉古文易学"费氏学"开创者。治古文《易》，长于占卜，无章句，

专以《易传》解说经文，初在民间流传。东汉时郑众、马融、郑玄等皆习其学；三国魏王弼注《易》，亦用其说。费丹旭，清画家。其擅画仕女，笔法秀润，设色素淡，讲求布景，但风格柔弱。偶尔也画花卉、山水，又善书法，并能作诗词，著有《依旧草堂遗稿》。费孝通，著名的社会学家、人类学家、社会活动家、中国社会学和人类学的奠基人之一、中国民主同盟的卓越领导人。

费姓在《百家姓》中排在第六十五位。

廉
Lián

廉姓的来源主要有两个。一是以祖辈名字为姓氏。颛顼之孙秦大廉之后，以祖父字为氏。二是以官名为姓氏。元时，布鲁海牙拜廉访使，奉命之日，正值其儿子出生，喜曰："吾闻古以官为姓，天其以廉为吾宗之姓乎?"故子孙皆姓廉。

先秦时廉姓已分布于今河南、河北等地。廉颇子孙进入了山西，逐渐兴旺发达，发展壮大为廉姓河东郡望。西汉时右将军廉褒子落籍京兆杜陵（今陕西西安），其孙显达。廉姓最迟在西汉时已落籍今江苏省境。魏晋南北朝时期，廉姓逐渐播迁今安徽、浙江、江西等省，同时北方廉姓分布到黄河中下游各省及湖北、湖南以及其他江南地区。唐宋时，廉姓播迁到今四川、重庆等地，宋元时期，今福建、广东已有廉姓居住。明初，山西廉姓作为洪洞大槐树迁民姓氏之一，被分迁于今甘肃、宁夏、陕西、北京、天津等地。明中叶以后，廉姓入台。清康乾年间及其以后，廉姓闯关东到东北三省。如今，廉姓尤以河南等省为多。

廉姓历史人物有廉颇，战国后期赵国名将。英勇善战，一生战功显赫。曾对蔺相如位居己之上不服，后负荆请罪，与之结成生死之交，协力抗秦，传为美谈。廉希宪，元臣，通儒典，好经史，世人称之为"廉孟子"，又善弓箭，文武双全。

廉姓在《百家姓》中排在第六十六位。

岑姓主要是以国名为姓氏，源于姬姓。周朝时，周武王将其异母弟耀之子渠封于岑（今陕西韩城一带），建立岑国，其后代以国名为姓。另外，少数民族中也有岑姓。如秦、汉之际百越族中就有俚族人改姓为岑。

岑姓发源于今陕西韩城，后一支迁居南阳郡。东汉岑彭壮大了南阳岑姓名声。魏晋南北朝至隋唐，岑姓以南阳郡为中心，有徙于山西、山东、河北、安徽、江苏、浙江、湖北、湖南等地者。五代十国至宋元时期，两湖等地岑姓有迁于今四川、重庆、广东、广西、云南、江西之地者。明初，山西岑姓作为洪洞大槐树迁民姓氏之一，被分迁于今湖南、陕西、甘肃、宁夏、河北、北京等地。明中叶后，岑姓在全国分布更加广泛，福建、海南等地均有岑姓入籍。如今，岑姓尤以安徽、广东、广西等地为多。

岑姓历史人物有岑彭，东汉名将。辅助刘秀

开国立下赫赫战功。岑文本，贞观元年经李靖推荐，为中书舍人，起草文稿，既快又好。如果有策令大量积压，等待处理，他就命令人各执笔墨以待，他分别口授以记，一气呵成。岑参，唐诗人。世称岑嘉州，天宝进士。曾为安西节度使高仙芝幕府掌书记，后任安西北庭节度判官，往来于北庭、轮台间。长于七言歌行及七言绝句。因从军多年，对鞍马风尘的征战生活和雄奇壮丽的塞外风光有深切感受，所作诗善描绘边塞奇景和战争场面，气势豪迈，语言多变，独具风格。诗风与高适相近，并称"高岑"，为盛唐边塞诗派杰出代表。后人辑有《岑嘉州诗集》。

岑姓在《百家姓》中排在第六十七位。

Xuē
薛

薛姓的来源主要有三个。一是以国名为姓氏，源于任姓。黄帝后裔奚仲居薛国，历夏、商、周三朝，共六十四世，至战国时为齐国所灭，薛国公子登到楚国为官，因以国名为氏。二是以封地为姓氏，源于田姓。孟尝君的父亲田婴受封于齐，孟尝君袭封，后失其祀，子孙以封地为姓氏。三是改姓。北魏鲜卑族复姓叱干氏改为薛氏。

薛姓发祥于今山东薛城，后迁江苏邳州，战国时已迁徙到今湖北、湖南、江苏、河南、河北境内。三国时，薛姓徙居今甘肃。晋"永嘉之乱"，薛姓徙居福建。明初，薛姓作为山西洪洞大槐树迁民姓氏之一，被分迁于今江苏、河南、陕西、山东、北京等地。明清两代，薛姓渡海到台湾者，以福建籍居多。此后，有的又远播海外。如今，薛姓以江苏、山西、陕西、河北、福建等省为多。

薛姓历史人物有薛道衡，隋著名诗人。专精

好学，边塞诗雄建有名。薛仁贵，唐代著名将领。善骑射，高宗时，破突厥九姓于天山，时军中有歌曰："将军三箭定天山，壮士长歌入汉关。"薛据，唐代官员、诗人。为人耿直，文章气魄宏大。与著名诗人杜甫、王维等友善，常相聚切磋文艺。善诗，行文造句多模仿鲍（照）、谢（灵运）。薛稷，唐书画家。曾于外祖魏徵家见虞世南、褚遂良书法，精勤临仿，遂以工书名世。后人把他与欧阳询、虞世南、褚遂良并称为唐初四大书法家。兼画人物、佛像、鸟兽、树石，画鹤尤为驰名。薛涛，唐女诗人。能诗善乐，多才艺，时称女校书。曾居浣花溪，创制深红小笺写诗，人称"薛涛笺"。

薛姓在《百家姓》中排在第六十八位。

雷姓的来源主要有三个。一是以国名为姓氏，源于方雷氏。古诸侯方雷氏，以国名为氏，后一支改为单姓雷。二是以祖名为姓氏，黄帝有臣子雷公，后世以祖名为姓氏。三是少数民族姓氏，东汉末以及魏晋南北朝时期，有"澅山蛮"和"南安羌"改姓为雷。

雷姓最初以中原为其繁衍地，后雷姓迁居于古时的楚汉之地，即今天的江西、湖北、安徽、四川等地。晋朝时雷姓形成江西境内的一大望族，后有

一支迁往冯翊（今陕西大荔），成为当地一大名门望族。唐宋以后，今内蒙古、广东、陕西、江西、湖南、山西均有雷姓人的身影。明初洪武年间，雷姓作为山西洪洞大槐树迁民姓氏之一，被分迁于今陕西、甘肃、湖南、山东、河南、河北等地。明中期至清代中叶，雷姓有部分人移居海外。如今，雷姓尤以四川、湖北、陕西等省为多。

雷姓历史人物有雷义，东汉名臣。为人谦让，

曾举茂才，他欲让同郡陈重，最后二人同时并举，被誉为交友的典范，人称"胶漆自谓坚，不如雷与陈"。雷万春，唐张巡所部偏将。安史之乱时，从张巡守雍丘（今河南杞县），抵抗安禄山军，在城上身中六箭，屹立不动，城陷后遭杀害。雷发达，清建筑设计家。曾参与皇宫设计，圆明园、颐和园中大部分建筑为他设计。雷锋，全心全意为人民服务的楷模，热心助人，在他短暂的一生中助人无数。他因公殉职后，毛泽东号召全国人民"向雷锋同志学习"。

雷姓在《百家姓》中排在第六十九位。

Hè
贺

贺姓的来源主要有两个。一是改姓。春秋时齐桓公有孙名公孙庆克，其子庆封以父名命氏，称庆氏。西汉末子孙徙会稽山阴，东汉时传至庆仪为汝阴令，其曾孙庆纯官拜侍中，为避汉安帝父亲刘庆名讳，改为同义"贺"字。二为少数民族改姓。北魏复姓贺兰氏、贺赖氏、贺敦氏皆改为汉姓贺氏。

贺姓得姓在今浙江绍兴一带，魏晋时，会稽贺姓与同郡的虞、魏、孔三姓并称为"会稽四姓"。后来，贺姓南迁，南方贺姓家族分布更广。鲜卑所改贺姓，逐渐在北方形成河南郡、广平郡两大郡望。唐朝，会稽之贺姓已呈大批北上之势。唐宋之际，贺姓已分布于我国东部广大地区，在北方以今河南、河北、山西、山东、陕西分布最为集中。明初，贺姓作为山西洪洞大槐树迁民姓氏之一，被分迁于今江苏、河南、山东、湖北、河北等地。明清贺姓有远播海外者。如今，贺姓尤以湖南、山西两省为多。

　　贺姓历史人物有贺循，东晋名臣。与顾荣同为支持司马睿的江南士族领袖。贺若弼，隋将。有大志，骁勇善射骑，博涉书史。献灭陈十策，为文帝所重。贺知章，唐著名诗人。自号"四明狂客"。好饮酒，工书法，与李白、张旭等相友善，时称"醉中八仙"。贺铸，北宋词人。其生性豪爽，不畏权贵，好论时政、人物及理财之道。工诗文，尤长于词。其《青玉案》名句"一川烟草，满城风絮，梅子黄时雨"为人赞赏，世称"贺梅子"。贺龙，中国无产阶级革命家、军事家、中国人民解放　军的创建人和领导人，中华人民共和国十大元帅之一。领导过南昌起义，参加过多次战役，骁勇善战。

　　贺姓在《百家姓》中排在第七十位。

倪姓的来源主要是改姓。相传春秋时，在今山东境内的郳国后人郳黎来之后，避仇改为倪氏。另外，少数民族中也有倪姓。

倪姓的最初发源地在今天的山东，战国时，倪姓人在河南落籍。两汉时，倪姓仍主要繁衍于今山东境内，并有入安徽北部一带者。魏晋南北朝时期，倪姓播迁江南。隋唐之际，倪姓在北方的分布渐广，今河北、河南、山西等境均有倪姓人居住。唐末，有倪姓大批迁往江南。两宋时，倪姓

Ní
倪

已分布今江苏、安徽、江西、福建等地。宋末，倪姓渐分衍于今湖北、湖南、广东、广西等地。明初，倪姓作为山西洪洞大槐树迁民姓氏之一，被分迁于今山东、河南、江苏、安徽、河北等地。清代倪姓迁居入台。如今，倪姓尤以江苏、湖北、上海等省市为多。

倪姓历史人物有倪瓒，元代画家、诗人。擅画山水、竹石、枯木等，其山水师法董源、荆浩、

关仝并有所发展，画法疏简，格调天真幽淡。论画主张抒发主观感情，认为绘画应表现作者"胸中逸气"，不求形似。其绘画实践和理论观点，对明清文人画家有很大影响，享誉极高，画史将他与黄公望、吴镇、王蒙并称"元四家"。有《雨后空林》《渔庄秋霁》等图和诗文《倪云林先生诗集》等。

倪姓在《百家姓》中排在第七十一位。

Tāng
汤

  汤氏起源主要有三。一是以谥号为氏，源于子姓。成汤是帝喾之子契十四世孙，姓子，名履，死后谥号为成汤。他的子孙中有一支以谥号为姓，成为汤氏。二是商末宋国君偃之后，出自子姓，因避祸而改。三是出自少数民族姓氏及改姓。

  汤姓最早发源于今河南境内。商朝自商汤至纣王亡国，其国都先后多次迁徙。汤氏在商朝就遍布全国各地。唐朝初期，有汤姓前往福建定居。宋代，汤姓主要分布于今江苏、浙江、福建等地。清朝初期，汤姓有迁徙海外者。今日汤姓尤以福建、湖南、江苏、湖北等省居多。

  汤姓历史人物有汤惠休，南朝宋诗人，山东临沂人。早年为僧，人称"惠休上人"。因善于写诗被徐湛之赏识。孝武帝刘骏命其还俗，官至扬州刺史。诗学谢灵运，与鲍照并称为"休鲍"。汤正仲，宋代著名画家，江西南昌人。善画梅、竹、松、石，清雅淡远。其作品别具新意，享誉画坛。

汤显祖，明戏曲作家、文学家，临川（今属江西）人。万历年间进士，曾做南京太常博士、礼部主事、遂昌知县，后因贬抑豪强触怒权贵被劾，居家二十余年，精研词曲与传奇，以著述为事。所著《紫钗记》《还魂记》《南柯记》《邯郸记》，合称"临川四梦"，或称"玉茗堂四梦"。其中尤以《还魂记》（全名《牡丹亭还魂记》）最负盛名。

汤姓在《百家姓》中排在第七十二位。

滕氏起源主要有二。一是据说为黄帝后裔姓氏之一。据《史记》记载："黄帝二十五子，其待姓者十四人。"滕姓便是其中之一。二是以国名为氏，出自姬姓。西周初年，周武王封自己的弟弟错叔绣于滕地，建立滕国，后国灭，原滕国王族遂以国名命姓，成为滕姓。

滕姓早期主要分布于今山东一带，后经历代迁徙，已分布于江西、江苏、四川等地。滕姓望族多居于河南南阳郡。如今滕姓尤以广西、黑龙江、辽宁、湖南为多。

Téng
滕

滕姓历史人物有晋代名将滕修，初仕吴为将帅，历广州刺史，武帝时任安南将军、广州牧，封武当侯。滕元发，宋朝人。神宗即位，召元发询问治乱之道。元发以为"黑白东西所以变色易位"，是因为"朋党之乱"，神宗以为名言。进知制诰，授御史中丞。河北大地震，元发为安抚使，收敛逝者，救济灾民，减轻徭役，修坝筑堤，督捕盗贼，广受各界赞誉。曾担任过龙图阁学士，知开封府。淮南京东饥荒时，其组织人马在城外搭建临时房屋，井、灶、器用皆备，收容灾民五万多。继调真定、太原，治边严正，威行西北，号称"名帅"。

滕姓在《百家姓》中排在第七十三位。

Yīn
殷

　　殷姓的来源主要有两个。一是以国名为姓氏，源于子姓。周武王灭纣，封纣王庶兄微子启于宋，商朝其他贵族子孙不得封者，以故国名为氏，称为殷姓。二是以水名为姓氏。因临殷水居住，其居民遂以水名为氏。

　　殷姓主要繁衍于我国的北方，河南西华境内是殷姓望族所在地。周灭商后，殷商王朝的遗族被分迁于各诸侯国。三国时期，今江苏、四川一带均有殷姓人居住。宋元之际，为逃避战乱，殷姓部分迁入今广东、福建、山西、甘肃等地。明初，殷姓作为山西洪洞大槐树迁民姓氏之一，被分迁于今河南、河北、山东等地。至此，殷姓广布全国。清代始有殷姓人迁居台湾，后又有人远迁南洋。

　　殷姓历史人物有晋代殷羡，字洪乔，陈郡长平（今河北西华）人。其为成语"付诸洪乔"的当事人。说的是殷羡去豫章郡做太守。临行前，京城有很多人托他捎信，据说"附百许函书"，殷羡到了石头城（石头渚，江西赣水西口），悉掷水中，并念念有词地说了一段著名的话："沉者自沉，浮者自浮，殷洪乔不能作致书邮。"其子殷浩，是东晋有名的清谈人物，是成语"咄咄怪事"的当事人。据说殷浩被废后，天天以手当空写字，周围人很奇怪，偷偷观察，乃是"咄咄怪事"四字。殷仲容，唐朝著名书画家，陈郡长平人。官至工部郎中、申州刺史。善画人物貌，尤其擅长用墨色，浅深浓淡，如兼五彩，为水墨画之先驱。

殷姓在《百家姓》中排在第七十四位。

罗姓的来源主要有两个。一是源于妘姓，颛顼帝孙祝融氏后裔。祝融的后裔被分为八姓，史称"祝融八姓"。周朝时，八姓中有子孙被封宜城，建立罗国，后为楚国所灭，其后人遂以"罗"为姓。二是改姓。北魏鲜卑族复姓破多罗氏、叱罗氏改为汉字单姓罗。清代爱新觉罗氏也有人改姓罗。

罗姓最早起源于中原地区。罗国被灭后，一部分逃往四川，一部分逃往湖南。逃往四川者又有一支迁入贵州。逃往湖南者在历史上有一支迁往江西，还有两支迁居广东。另外，罗国亡国后，还有部分人从云南迁往湄公河下游。唐朝时，罗姓有人入闽，定居于福建。清代，罗氏向台湾迁徙，还有一些人迁往南洋的文岛（印度尼西亚）等。如今罗姓主要分布在四川、广东、湖南、江西、贵州和湖北等省。

罗姓历史人物有罗裒，西汉时成都大商人。

在长安、巴蜀经营商业，几年之间，集聚钱财达千余万。罗隐，唐文学家。工诗善文，作品充满愤懑之情，同情人民疾苦。其诗多用口语，流传较广，与罗邺、罗虬合称"三罗"。擅长杂文，笔锋犀利，所著《谗书》较有名。罗邺，唐诗人。一生落魄，纵情诗酒。擅作七律，多怨愤之作。与方干、栖白为诗友，与族人罗隐、罗虬合称"三罗"。罗贯中，元末明初小说家。传为施耐庵弟子，撰有《三国志通俗演义》《隋唐志传》《三遂平妖传》《残唐五代史演义》。罗荣桓，中国无产阶级革命家，十大元帅之一。他参与指挥过辽沈战役、平津战役，对夺取战争胜利起了重要作用。

罗姓在《百家姓》中排在第七十五位。

毕
Bì

毕姓的来源主要有三个。一是以国名为姓氏，源于姬姓。周武王将弟弟姬高封于毕，建立毕国，人称姬高为毕公高。后有子孙以国名为姓，称为毕氏。二是少数民族姓氏。北魏孝文帝时改鲜卑族出连氏为单姓毕。三是由任姓所改。据《世本》记载，任姓有改姓毕者。

毕姓发源地约在今陕西西安、咸阳两地之北。春秋时，毕姓主要居住在山西。战国时，毕姓进入山东。先秦时期，毕姓主要繁衍于今河南和山西境内黄河以北一带。西汉时，毕姓已扩展至今河北，广西也有毕姓。魏晋南北朝时期，居于东平郡的毕姓日盛，太原郡望、河内郡望、河南郡望日益壮大。唐末，毕姓向南迁徙到两湖一带。北宋时，毕姓避居今江西、浙江、安徽等地。明初，山西毕姓人作为洪洞大槐树迁民姓氏之一，被分迁于今陕西、山东、河南、河北、北京、天津等地。清乾隆以后，毕姓迁东北三省。此间亦有赴台湾或东南亚和欧美各地者。如今，毕姓尤以山东、河南、黑龙江等省为多。

毕姓历史人物有毕昇，泥活字印刷术的发明者。庆历年间，其用胶泥刻字，每字一印，以火烧硬后制成活字。活字可以多次使用。毕昇是世界上用活字印书的第一人。毕朗，清才女。幼工诗文，兼善鼓琴，又精绘事，尤其擅长画美人、兰菊。毕沅，清代文学家、学者。他学识渊博，精通经、史、金石等。曾组织人员编《续资治通鉴》，该书是与《资治通鉴》相衔接的编年体的宋、辽、金、元史。

毕姓在《百家姓》中排在第七十六位。

郝姓的来源主要有两个。一是以封地为姓氏。传说殷帝乙封自己的儿子期于郝乡，其后子孙以地为氏，称郝氏。二是少数民族姓氏。东汉时乌桓人有郝姓。

郝姓以太原一带为其繁衍中心。秦汉之际，郝姓向今山西以及陕西、河南、河北境内繁衍播迁。晋末，郝姓一支徙居润州丹扬（今安徽当涂东北），南朝又徙至安陆（今属湖北）。两晋南北朝时期，郝姓有迁今山东、安徽者。隋唐之际，有郝

Hǎo
郝

姓徙今湖北、四川者。北宋灭后，郝姓有南迁江南、阆州（今四川阆中）者。明初洪武年间，郝姓作为山西洪洞大槐树迁民姓氏之一，被分迁于今河北、北京、山东、天津等地。明清之际，郝姓在南方各地的分布渐广，湖南、福建等省都有郝姓。清代时，郝姓有迁内蒙古、甘肃者，有赴台湾进而再入新加坡等南洋地区者。如今，郝姓尤以河南、山西、河北三省为多。

郝姓历史人物有郝昭，三国魏将，守河西十余年，百姓敬服。郝经，元臣。自幼家境贫寒，酷爱读书。为人尚气节，为学务求有用。撰有《续后汉书》《易春秋外传》等。郝懿行，清经学家、训诂学家，嘉庆进士。其为人谦和，廉洁自守，淡于名利，以著述为乐。所著"精而不凿，博而不滥"。善于训诂，有《尔雅义疏》《春秋说略》《山海经笺疏》等。他的妻子亦精通经史诗文，时称"栖霞郝夫妇"。

　　郝姓在《百家姓》中排在第七十七位。

Wū
邬

邬姓的来源主要有两个。一是以采邑为姓氏。晋大夫邬臧的后代，食邑于邬，子孙遂以邑名为姓氏。二是以封地为姓氏，源于妘姓。春秋时期，陆终第四子名叫求言，受封于邬，他的子孙以封地为姓，称为邬氏。

邬姓起源于今山西介休。秦汉之际，有邬姓迁居到今河南禹州一带。魏晋时邬姓逐渐散居于黄河中下游各省。南北朝时期，邬姓南迁者遍及今安徽、江苏、浙江、湖北、湖南、江西，尤以江西为主迁地。唐末邬姓进入福建，历五代十国，子孙渐次移居广东的循（今惠州）、梅（今梅州）等地。宋元两代，邬姓之主源繁衍于今安徽、江西、浙江、四川、重庆、广西、贵州。明初，山西邬姓作为洪洞大槐树迁民姓氏之一，被分迁于今安徽、江苏、浙江、山东、河北、北京等地。明中叶以后，邬姓迁台湾，清康乾年间及其以后进入东三省。如今，邬姓尤以江西、安徽、内蒙古、四川、浙江等省为多。

邬姓历史人物有邬肜，唐书法家，人称"寒林栖鸦"，能与之比肩者极少。他也擅写草书。邬大昕，宋官吏。任职广州时，发现东洲与黄木湾之间交通不便，立即组织人马将鹿步湖岸凿开，使两地十余里的水路畅通，便利来往行人交通运输，后当地居民在鹿步湖建大昕庙以示纪念。

邬姓在《百家姓》中排在第七十八位。

安姓的来源主要有三个。一是以国名为姓氏。古代安息国人或安国人来中国留居者，以安为姓氏。二是以祖辈名字为姓氏，源于姬姓。三是少数民族姓氏。后魏时有鲜卑安迟氏改为安姓者。

安息国的安姓入居中原，分居于河南洛阳、甘肃民勤和武威、湖南溆浦和常德等地。三国两晋南北朝时期，安姓南迁。唐朝安禄山叛乱被镇压后，安禄山一支安姓分逃于各地。宋元时期，安姓南徙于今安徽、江苏、浙江等地。明清时期江苏无

锡、金匮多安姓。明初洪武、永乐年间，安姓作为山西洪洞大槐树迁民姓氏之一，被分迁于今山东、河南、浙江等地。清代安姓入台湾，进而徙居新加坡等国家。今日安姓尤以河北、安徽、河南三省为多。

安姓历史人物有安世高，东汉佛经翻译家，安息国太子。其出家学佛，致力于佛经翻译。安禄山，唐叛将。其本姓康，随母改嫁后改姓安。

骁勇善战，通九蕃语。先讨好谄媚于杨贵妃，后以讨伐杨国忠为名起兵谋反，自称雄武皇帝，国号燕。后为其子庆绪所杀。安庆绪，安禄山次子。善骑射，安禄山叛乱称帝时，封晋王，后杀父自立为帝，后为史思明所杀。

安姓在《百家姓》中排在第七十九位。

Cháng
常

常姓的来源主要有三个。一是以采邑为姓氏，源于姬姓。周武王灭商后，封其弟于康邑，世称康叔，其支孙食采于常，后人以为姓氏。此为山东常姓。另外，春秋时吴王封其后代于常（今江苏常州），其后人遂以封邑名为姓氏，这一支被称为江苏常姓。二是改姓。北宋真宗名赵恒，古时"恒""常"同义，因避讳，改恒姓为常。三是传说中黄帝臣子常仪和大司空常先的后代。少数民族如水族、蒙古族、满族均有常姓。

山东、江苏为早期常姓发源地。战国时北方河南、河北南部地区以及南方吴、楚等国均有常姓。西汉时，今太原常姓显赫，山东常姓亦形成望族。汉末三国时期，四川常氏名家辈出。魏晋南北朝时期，河南、甘肃常姓形成望族。隋唐时，常姓名人多出自京城长安（今陕西西安）和陕西新丰（今临潼东北）两地。后新丰人常衮徙居闽（今福建）地，后人于是就在闽、粤一带繁衍。宋代，常姓自今江苏、浙江、江西、湖北等地迁往今福建、广东一带，后入今云南、贵州等地。清代常姓有入台湾、定居新加坡等地者。今日常姓以河南、山西、黑龙江、吉林、河北等省居多。

常姓历史人物有常璩，东晋史学家。今存其所著《华阳国志》，该书是研究中国西南地方史和少数民族史的必备书籍。常建，唐诗人，开元进士。长于作五言诗，多以山林、寺观为题材，笔墨简洁，意境清寂幽邃，代表作为《题破山寺后禅院》。常遇春，明开国将领。归顺太祖，平陈友谅，擒张士诚，转战江、浙、皖、赣，为明朝建立立下功勋。尝自言能将十万众，军中称为"常十万"。

常姓在《百家姓》中排在第八十位。

乐姓的来源有三个。一是源于姬姓。据《左传》记载，晋国有大夫乐王鲋，他是晋平公的宠臣，为姬姓人。其后人以他的名作为姓氏。二是源于官位。西周时期有乐正一职，负责礼乐，其后人遂以"乐"为姓。三是以祖辈名字为姓氏，源于子姓。分为两支：一支是宋国国君宋戴公，本为子姓，他的儿子名衍，字乐父，其后人以祖字为姓，成为乐姓。

另一支是乐莒之后。乐莒在宋国任大司寇，掌管刑狱、纠察等事。乐莒子孙引以为荣，以祖上名字命姓，即为乐姓。

乐姓起源于今河南商丘。战国时名将乐羊，被封于灵寿（今河北平山一带），子孙因而定居于此；名将乐毅封于观津（今河北武邑东南），乐毅族人亡命于齐之高密（今属山东）。后汉时乐姓已入居今陕西，亦有播迁于今河南南阳一带者。东晋前乐姓南迁。唐末五代十国，今湖北、湖南、浙江、安徽、江西、四川均有乐姓入居。南宋时，今广东、福建等地成为乐姓新的入居地。明初，山西乐姓作为洪洞大槐树迁民姓氏之一，被分迁于今陕西、甘肃、宁夏等地，其迁民后裔后有人居东北三省者。明清两代，乐姓入居台湾以及东南亚等地。如今，乐姓尤以浙江等省为多。

乐姓历史人物有乐毅，战国时名将。其是魏国名将乐羊后代，有贤才，好兵法，甚为赵人器重。后来乐毅离赵至燕，被任为亚卿。他曾建议昭王联络赵、楚、魏等国共同对付强齐，遂被派往诸国行合纵之事。乐广，西晋名士。性情平和恬淡，善于言谈，为时人所推重，著有文集二卷，今亡佚。

乐姓在《百家姓》中排在第八十一位。

Yú
于

于姓的来源主要有三个。一是以国名为姓氏，源于姬姓。周武王封第三子于邘，后来邘叔的子孙就以国名为姓氏，即邘姓，有的则去阝旁姓于。二是改姓。淳于氏唐代时避讳宪宗李纯改姓为于。三是出自赐姓或少数民族改姓而来。

于姓的发祥地为今河南沁阳北部一带。秦汉时，于姓北迁今山西、河北，东迁今安徽、山东，西迁今陕西、甘肃。魏晋南北朝时期，于姓南下今湖北，后辗转于今四川、湖南。北宋末，有于姓人迁黑龙江，南宋末，于姓入闽，后由闽入粤。明初，于姓作为山西洪洞大槐树迁民姓氏之一，其分别迁往今山东、河南、河北、陕西、江苏等地。如今，于姓以山东省为多，黑龙江、辽宁、吉林、湖南、陕西亦多此姓。

于姓历史人物有于公，汉代人，曾官廷尉。执法公正，他所洗雪的"东海孝妇"一案，明辨是非被传为千古美谈。于谦，明朝大臣，成祖年间进士。后在宫廷政治斗争中被处死，史称"行路嗟叹，天下冤之"。于慎行，明朝文学家。明习典制，贯通百家，与冯琦并为文学名臣。其诗文弘丽，被人赞为大手笔。著有《读史漫录》等。于右任，著名书法家、诗人。早年追随孙中山从事民主革命，是国民党元老之一。

于姓在《百家姓》中排在第八十二位。

时姓的来源主要有四个。一是以祖辈名字为姓氏。春秋时楚大夫申叔时之后，为了区别于他族，以祖父字为氏。二是源于子姓。春秋时宋国有大夫来，受封于时邑，子孙以邑为氏。三是出自嬴姓。据记载，古代有时国，后被楚国灭亡。其国人遂以国名为姓。四是出自他族。少数民族如满、苗等族中均有此姓。

时姓发源于今河南南部。战国时，已有时姓人落籍。汉代时，今河北已有时姓居住。魏晋南北朝及隋唐时期，今江苏、安徽、湖北、陕西、山西等地都有时姓人迁入。宋时，由北方迁居江南之地者多起来，江浙一带的时姓名人亦渐多。明初，山西时姓作为洪洞大槐树迁民姓氏之一，被分迁于今山东、河南、河北、北京、天津、江苏、安徽等地。清康乾以后，时姓有闯关东而定居于东北三省者。如今，时姓在全国分布较广，尤以河南、山东为多。

时姓历史人物有时苗，东汉时人。其为官清正廉洁，初任寿春令时，乘车自带一母牛。一年后，母牛生一小牛，离任时执意留下小牛。时少章，南宋经学家，拜吕祖谦为师。博览群书，谈经多有新意，尤精于史学，著有《易诗书论孟大义》《所性集》等书。时光，宋代画家。善画山水，学贺真笔法，笔迹细碎，喜绘矮松怪石、密林高树。时大彬，明末宜兴人。陶壶制作名家，他所制作的陶壶朴雅坚致。他原致力于作大壶，后改作小壶。时氏陶壶，工艺精美，无能出其右者，被誉为"陶神"。

时姓在《百家姓》中排在第八十三位。

皮 Pí

皮姓主要是以祖辈名字为姓氏。一是出自周天子卿士樊仲皮之后，以祖字为姓氏；二是出自春秋时郑国大夫子皮之后，以祖名为姓氏。

皮姓发源于河南的济源，早期主要居于山西境内。到了汉、晋、南北朝之时，皮姓开始崭露头角，出了不少杰出人物。皮姓的望居在下邳、天水，并逐渐扩散到全国各地。

皮姓历史人物有后汉著名的谏议大夫皮究，三国时期备受刘备和曹操赞扬的皮容，南北朝时北魏的名将皮豹子，北齐时善于骑射的皮景和，以及著有《春秋意》十五卷的学者皮元等。皮日休，唐代文学家。自号鹿门子、间气布衣、醉吟先生。出身贫苦，早年立志于功名，曾游历各地。黄巢称帝后任翰林学士。他的诗有两种完全不同的风格，一种继承白居易新乐府传统，语言平易近人；另一种走韩愈逞奇斗险之路，以在苏州时与陆龟蒙唱和描写吴中山水之作为代表。现襄樊市郊鹿门山上，有为纪念皮日休而修建的"三高祠"部分建筑。皮锡瑞，清经学家。他的经学造诣很深，所著《五经通论》《经学历史》是经学的入门书。他主张解经当实事求是，应当有门户之见，对各家持论公允。亦工诗及骈文。

皮姓在《百家姓》中排在第八十五位。

卞姓的来源主要有两个。一是以采邑为姓氏，源于曹姓。周文王第六子叔振铎的支庶子孙曹庄，在鲁国做官，被封于卞邑，时称卞庄子，他的后代就以"卞"为姓氏，相沿至今。以封邑名为姓氏。二是出自姬姓。相传黄帝的孙子名叫吾融，吾融的儿子姬明被封在卞国，史称卞明。后世就以国名为姓，即有卞氏。

卞姓早期即散布于今河南、河北、安徽、江苏四省。秦汉之际，卞姓有徙居今山东北部及江苏南部者。魏晋南北朝时期，卞姓大批迁往今江苏、浙江、安徽、湖北、湖南、江西等地。唐末五代已有卞姓迁居四川。宋元，卞姓向今福建、广东等地迁徙。明初，山西卞姓作为洪洞大槐树迁民姓氏之一，被分迁于今河南、山东、河北、北京、天津、江苏、安徽等地。清康乾年间及以后，卞姓入居东北三省。卞姓如今尤以江苏、四川、黑龙江、河南、山东等省为多。

卞姓历史人物有卞和，春秋时楚国人。相传他在荆山得一璞玉，两次献给楚王，都被认为是石头，以欺君之罪被砍去双脚。楚文王即位后，他怀抱璞玉，坐在荆山下痛哭。文王知后，令工匠剖开卞和之璞玉，果然是一块宝玉，遂称此玉为"和氏之璧"。卞壶，西晋大臣。为官廉洁简朴，勤于吏事。领兵讨苏峻、祖约叛乱，死于战乱。卞彬，南朝齐文学家。有文才，好饮酒，以蚤、蜗、虾、蟆等为题作赋，又作《禽兽决录》，指刺权贵。卞敏，明画家，善画兰，常画竹枝兰草二三朵。亦善鼓琴。

卞姓在《百家姓》中排在第八十六位。

Qí
齐

齐姓的来源主要有两个。一是以国名为姓氏，源于姜姓。姜太公被封于齐，子孙以国为氏。二是以祖辈名字为姓氏。春秋时卫国大夫齐子之后，以祖字为氏。三是出自是姓。据《元和姓纂》记载，唐代宣城郡司马齐光，本姓"是"，其后代改为齐姓。

齐姓源起周代的齐国。春秋后期，齐姓开始向河南、河北等地播迁。秦汉之际，齐姓逐渐形成了齐姓高阳郡望、中山郡望、汝南郡望。魏晋南北朝，齐姓南迁。唐代，高阳、中山二郡齐姓昌盛，前期播迁到今四川、湖北、安徽、江苏、浙江等地的齐姓也发展起来。明初，山西齐姓作为洪洞大槐树迁民姓氏之一，被分迁于今河北、河南、北京、天津等地。清乾隆以后，河北、河南、山东之齐姓闯关东者颇多，齐姓进入东北三省。如今，齐姓在全国分布较广，尤以东北三省和河北、河南为多。

齐姓历史人物有齐盖，西汉名臣。汉平帝以之为社稷之臣，赐字曰"汉贤"。王莽叛汉时，力保汉室，战死沙场，刘秀光复汉室后，追赠谥号"礼"。今河北鑫县有齐盖墓。齐己，唐末诗僧。父母早卒，生性聪颖，常以竹枝画牛并作小诗，为老僧所赞赏，遂剃度为僧。他作诗精妙，妙解音律，诗书俱佳，风雅俊逸，名动湖湘，为晚唐五代之交著名诗僧。齐白石，现代著名画家。早年为木工，后专职画画、刻印。他笔下的花鸟虫鱼细致生动、极富情趣。

齐姓在《百家姓》中排在第八十七位。

康姓的来源主要有四个。一是以国名为姓氏。汉代时，康国和康居国的王子到中原定居，后代以康为姓。二是以谥号为姓氏，源于姬姓。文王幼子初受封于康，称康叔，后又称卫康叔，死后谥号"康"。其王族有以祖上谥号命姓者，称康氏。三是改姓。宋代开国皇帝赵匡胤，为避讳，诏天下匡姓人改姓康。四出自其他少数民族。古时突厥、女真以及今瑶、土、羌均有康姓。

Kāng
康

康姓最早发源于卫国，辖今河南东部、山东西部、河北西南部一带。秦时，康姓主要徙居今陕西、山东二地。魏晋南北朝时期，甘肃康姓，徙居蓝田（今陕西蓝田西），后渐向东南迁移。唐代，康日知被封会稽王，康姓在今浙江绍兴繁衍昌盛，发展成望族。明代，康姓作为山西洪洞大槐树移民姓氏之一，分徙于今河北、河南、山东、安徽、江苏、湖北等地。清代开始，康姓有人迁至台湾，后又移居海外。今日康姓尤以安徽、四川、甘肃、山东、陕西等省居多。

康姓历史人物有康泰，三国吴人，为中国早期去海外的旅行家之一。曾出使扶南（今柬埔寨）等国，并曾在扶南会见天竺（即今印度）使臣。撰有《吴时外国传》。康进之，元戏曲作家。曾作《水浒》杂剧，今存《李逵负荆》。康海，明文学家、戏曲作家。为弘治间文坛十才子之一，又为"前七子"之一。康有为，近代资产阶级改良派领袖。博通经史，探索西学。与梁启超、谭嗣同等全力推动新政。曾参与"张勋复辟"事，很快就失败了。擅长书法，字体豪放，自成一家。其诗风格雄健，意境宏阔，反映了时代的重大历史事件。有《新学伪经考》《孔子改制考》《大同书》等著作数十种。

康姓在《百家姓》中排在第八十八位。

Wǔ
伍

　　伍姓的来源主要有两个。一是为伍胥之后。黄帝为部落首领时，有大臣伍胥，为后来伍姓始祖。二是出自楚国大夫伍参。楚庄王封伍参为大夫，其后代以先祖名字为姓，成为伍氏。

　　秦汉之际，今安徽、湖北、陕西等地已有伍姓。魏晋南北朝时期，伍姓已分布于今河南、四川、湖南一带。唐安史之乱后，伍姓有迁往今福建、江苏、浙江者。明初，山西伍姓作为洪洞大槐树迁民姓氏之一，被分迁于今陕西、甘肃、河北等地。清代，闽、粤地区有伍姓渡海赴台，进而播迁新加坡等东南亚国家。如今，伍姓尤以湖南、湖北、广东为多。

　　伍姓历史人物有伍子胥，春秋后期吴国大臣，原为楚人。富有谋略，胆识过人。楚平王杀其父伍奢，伍子胥逃到吴国，多次率吴军攻楚伐越，后攻破楚国郢都，助吴成为一方霸主。伍乔，五代时南唐诗人。年少时隐居庐山勤苦读书，与张泊为友。有《伍乔诗集》。伍遵契，清伊斯兰教学者。出身于伊斯兰教经学世家，就学于山东经师门下。曾著《修真蒙引》，讲述伊斯兰教的基本信仰、宗教功课、婚姻丧葬礼俗及宗教伦理等当行当止之道，被誉为"暗室之灯，迷津之筏"，是以汉文宣传伊斯兰教的基本启蒙读物。伍崇曜，清商人、藏书家。喜购书刊收藏古籍，撰有《远爱楼书目》。所刊《粤雅堂丛书》一百八十种，校雠精审，其中有很多秘本。

伍姓在《百家姓》中排在第八十九位。

余姓的来源主要有三个。一是以祖辈名字为姓氏，春秋时秦由余之后。春秋时秦国有臣名由余，为穆公谋划征伐西戎，使秦国成为西方霸主。其后代子孙以其名字为姓，有由姓，有余姓。二是出自姒姓。夏禹封小儿子姒罕姓余。其后代遂相沿为余姓。三是出自他族和他族改姓。

由余后裔春秋时应繁衍于秦国一带。秦汉以

后，余姓一支迁入陕州（今河南三门峡陕县），一支迁居江南，主要繁衍于今安徽。魏晋南北朝时期，余姓进入今湖北、湖南、江苏等地。唐初，余姓落籍福建，唐末，有部分迁入韶州曲江县（今属广东）武溪。明代，余姓作为山西洪洞大槐树迁民姓氏之一，被分迁于今陕西、甘肃、河南、山东、江苏、浙江、河北、安徽等地。清代，余姓迁至台湾，又有移居海外者。如今，余姓尤以四川、广东、江西、云南、河南、湖北、安徽等省为多。

余姓历史人物有余靖，北宋大臣。反对祥瑞

说，认为："国之兴也在乎德，不在乎瑞；国之亡也在乎乱，不在乎妖。"善诗文。余阙，元末将领。为政严明，因不愿依附权贵，弃官归家。后又被召为翰林修撰，参与编修辽、金、宋三史。余象斗，明通俗小说编著者和刊行者，有作品《四游记》《列国志传》等。余怀，明末清初文学家，工诗文，擅写戏曲评论，为王士禛、吴伟业等所推重。与杜濬、白梦鼐齐名，时称"余杜白"。余三胜，清京剧演员，擅长昆曲。他是把汉调、昆曲、徽调融合于京剧的奠基人之一。

余姓在《百家姓》中排在第九十位。

Yuán

元

元姓的来源主要有三个。一是以地名为姓氏。魏武侯公子元之邑，其后为元氏。二是改姓。后魏本姓拓跋，至孝文帝更为元氏。北宋时赵匡胤父名玄朗，下令天下玄姓改元姓。三是出自殷商元铣之后。殷商时有名臣元铣，他的后代即以元为姓氏。

元氏的最初发祥地是在今河南、河北一带。望族居于河南郡，就是现在的河南洛阳。此外，在湖南、江西等地也有元姓家族的分布。

元姓历史人物有元宏，即北魏孝文帝拓跋宏。其致力于汉化，改姓元氏，诸鲜卑姓均改为汉姓。元结，唐文学家。反对形式主义诗风，抨击绮靡浮华而提倡质朴淳厚，主张发挥文学的"救世劝俗"作用。其诗注重反映社会现实和人民疾苦，谴责官吏的横征暴敛。其文全用散体，多讨论时政，文风古朴。元稹，唐著名诗人。与白居易并称为"元白"。他早期刚直敢谏，不惮权贵，文学观点亦与白居易一致，强调诗歌的政治讽喻作用，推崇杜甫"即事名篇，无复倚傍"的创作经验，最先注意到李绅《新题乐府》，并起而和之，为中唐新乐府运动的积极倡导者之一。元好问，金末文学家。工诗文，在金元之际颇负重望。其诗词风格沉郁，并多伤事感世之作。晚年致力于收集金君臣遗言往事，多为后人纂修金史所参考。

　　元姓在《百家姓》中排在第九十一位。

卜姓的来源主要有两个。一是以职业或官名为姓氏。商周有太卜，卜人的职责专管占卜。他们的后裔有以卜为姓氏者，即为卜姓。二是出自他族有卜姓或他族改姓卜氏。如北魏孝文帝改革时将须卜氏改为卜氏。回族中也有卜姓。

卜姓起源繁杂。先秦时，卜姓人已分布于鲁（今山东西南）、秦（今陕西）、晋（今山西）、楚（今湖北）等地。西汉时，今两湖之地已有卜姓人入迁。魏晋南北朝时期，卜姓在今山西离石、湖南溆

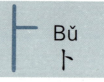

Bǔ
卜

浦、河南洛阳分布居集，并且已有卜姓定居今江苏、浙江等江南之地。隋唐之际，中国的大西北已有卜姓人定居。两宋时期，今四川、江西、安徽等地均有卜姓人定居。宋末元初，卜姓徙居广东。明初，山西卜姓作为洪洞大槐树迁民姓氏之一，被分迁于今陕西、河南、宁夏、北京、天津等地。清代以后，卜姓迁于蒙古。如今，卜姓尤以安徽、广西、广东、内蒙古为多。

卜姓历史人物有卜商，孔子弟子，字子夏，春秋卫国人。与子游并列入孔门四科中的文学科。孔子死后，他居西河讲学，李克、吴起皆其弟子，魏文侯也尊他为师，向他咨问国政。卜静，三国吴官吏。因博览群书而闻名江东，与同郡陆逊，名士顾邵、张敦齐名。卜世臣，明学者。卓尔不群，终日闭户著书，有《乐府指南》《卮言》《山水合谱》等。

　　卜姓在《百家姓》中排在第九十二位。

Gù
顾

　　顾姓的来源主要有两个。一是以国名为姓氏。夏朝时有顾国，夏末顾国被商汤攻灭，散居各地的顾伯子孙便以国名为姓，称为顾氏。二是以封地为姓氏。越王勾践后裔，在汉代时被封于顾邑，子孙以封地为姓氏，即为顾氏。

　　顾姓分为两支，一支发祥于今河南范县，另一支发祥于今浙江绍兴。南方顾姓后来成为会稽一带大姓，汉魏六朝时与陆、朱、张合称为会稽四姓。三国至唐代，顾姓一直是江东四大姓之一。明初，顾姓作为山西洪洞大槐树迁民姓氏之一，被分迁于今河北、河南、山东、安徽、江苏等地。明代中叶时，顾姓不仅分布于今安徽、湖北、湖南、福建、广东、四川等地，而且在北方今山东、山西、陕西、河北、内蒙古等地也有顾姓人居住。明末至清中叶，顾姓赴台湾，后播迁海外。如今，顾姓尤以江苏、浙江等省为多。

　　顾姓历史人物有顾恺之，东晋著名画家、文学家。工于诗赋，尤善绘画，他的瓦棺寺壁画《维摩诘像》曾轰动一时。他认为画人重在传神，强调"以形写神"，其画法与画论，对中国绘画艺术影响甚大。顾况，唐诗人。善画山水，工于写诗。诗质朴平易，喜用口语，句法长短错杂，活泼流动，对白居易新乐府有一定影响。他的诗作多针砭时弊，同情下层人民。顾宪成，明政治家、东林党创始人。他与高攀龙，弟允成讲学东林书院；与赵南星、邹元标号为三君。他们讽议朝政，品评人物，学时名士云集响应，遂结成东林党。顾炎武，明末清初思想家。少年时参加"复社"反宦官权贵斗争，后参加抗清起义。工于诗文。对国家典制、郡邑掌故、天文仪象、音韵训诂之学等，都有研究。晚年治经，侧重考证，开清代朴学风气。

　　顾姓在《百家姓》中排在第九十三位。

　　孟姓的来源主要有两个。一是以排行次第为姓氏，源于姬姓。鲁恒公的庶子庆父因弑君被逼自杀后，因其在庶子中排行老大（"孟"字在兄弟排行里代表最大），他的子孙改称孟孙氏。后来，又简化为孟氏。二是以祖辈名字为姓氏。春秋时，卫襄公之子孟挚（字公孟）子孙以公孟为姓，称为公孟氏，后简化为孟姓，称为孟氏。

Mèng
孟

　　孟姓发源地为今山东、河南二地，早期播迁于邻近今山西、河北等地。东汉时，有孟姓迁于今江苏苏州、浙江。魏晋南北朝时期，孟姓徙吴越（今江苏、浙江一带）、楚汉（今湖北、江西北部一带）。唐时，孟姓名人众多。五代时，孟姓在今四川繁衍发展，盛况空前。宋元时，北方孟姓二次大举南迁，主要集中在长江中下游地区。明代有孟姓由山西洪洞大槐树移居今河南、河北、东北、天津等地。清代孟姓入台，后来又有人迁居海外。今日孟姓尤以山东为多，河南、辽宁、黑龙江、吉林、河北等省亦多此姓。

　　孟姓历史人物有孟子，战国时思想家。他提出"仁政"的主张，强烈反对兼并战争，力图把现实政治引到"保民而王"的轨道上来。公开提出"民为贵""君为轻"的口号。孟光，东汉时人。汉隐士梁鸿之妻，据传她相貌丑陋，但品德高尚，不慕利禄，与丈夫隐居霸陵山中，以耕耘织作为生。后移居吴地会稽。尽管生活贫困，但夫妻俩志同道合，互敬互爱，孟光每给梁鸿进食，必举案高与眉齐。她的贤德受到时人称颂，后人便以"举案齐眉"喻夫妇和谐。孟浩然，唐著名诗人。其为初、盛唐过渡期中最有成就的诗人，与王维齐名，同为盛唐田园山水诗派的主要代表，世称"王孟"。孟云卿，唐诗人。他的诗歌创作以陈子昂为宗，风格高古。诗人韦应物曾赠诗，有"高文激颓波"之句。孟郊，唐诗人。韩愈一见，引为挚友。长于五言古诗，其诗感伤遭遇，多寒苦之音。与贾岛齐名，有"郊寒岛瘦"之称。

　　孟姓在《百家姓》中排在第九十四位。

黄 Huáng
黄

　　黄姓的来源主要有四个。一是以国名为姓氏，源于嬴姓。陆终之后，受封于黄，为楚所灭，其后人以国为氏以示不忘亡国之恨。二亦是以国为姓氏。相传春秋时，台骀的后人曾建立沈、黄等邦国，后来都被晋国灭掉了。其中黄国公族子孙以国为姓，成为黄姓。三是中国古代南方少数民族黄洞人，后演变成黄氏。四是出自他族改姓。王、陆、巫、金、丁皆有改姓黄者。

　　黄姓最早发源于今河南潢川西部一带，国灭后，族人有的逃至河南中部，大批则迁入今黄冈、黄陂、黄安、黄梅、黄石等市县，当地也因黄姓而得名。其中一支内迁到今湖北云梦东南，后发展成为汉代最著名的江夏黄姓。西晋末，黄姓南迁入闽。唐宋时期，黄姓在今福建、江西、广东等地繁衍旺盛。北宋末，黄姓南徙杭州，后成为杭州著姓。宋元之际，黄姓称盛于闽、粤，至明末清初，开始移居台湾，后来又有不少人播迁海外。

现今，黄姓以广东、四川、湖南、广西和江苏比较多。

黄姓历史人物有黄巢，唐末农民起义领袖。王仙芝率众起事，黄巢起兵响应，王仙芝败死，黄巢被推举为冲天大将军，后称帝，国号大齐。战败后自刎而亡。黄庭坚，宋朝诗人、书法家。与张耒、晁补之、秦观合称苏门四学士。工诗，为江西诗派的开创人，并擅行、草书。黄道婆，元朝女纺织技术革新家。曾随崖州黎族学习纺织技术，学成后返乡着手纺织技术改革，促成棉纺织业的进步，使元明以后的松江细布闻名四方。纺织业者遂立祠祭之，以感其功。

黄姓在《百家姓》中排在第九十六位。

和姓的来源主要有三个。一是以官名为姓氏。传说尧时管天文历法的和仲、和叔的后代以祖上职官为荣，因以为姓氏。二是以祖辈名字为姓氏，源于春秋时楚国献和氏璧的卞和。三是改姓，北魏有素和氏，入中原后改为单姓和。

和姓起源古老，后在代郡发展成望族，世称代郡望。随着战争迁徙和移民，和氏也逐渐遍布全国各地，现在尤以河南为多。

Hé
和

和姓历史人物有和峤，字长舆，西晋汝南西平（今河南西平）人，西晋中书令。和峤年少时便有大志，因钦佩他舅舅夏侯玄的为人，十分注重自己的修行节操，为时人所称誉。后来，他继承了父亲上蔡伯的爵位，为政清简，甚得百姓欢心。后迁中书令，武帝十分器重，平吴时，有谋议之功。和凝，五代词人。少年时好为曲子词，流传汴洛，号为"曲子相公"。长于短歌艳曲，有集百余卷，自行雕版，印数百套，分送于人。也写诗，然诗多为粉饰太平之作。和岘，北宋人，善音乐，太宗时为太常博士。和斌，北宋将领，斌谨守边防，清正廉洁，于民秋毫无所取。以恩信得边民爱戴。卒赠宁州防御使。和坤，清朝著名大贪官。执政二十余年，累官至文华殿大学士。任职期间，结党营私，大肆贪污受贿。后被嘉庆帝法办。

和姓在《百家姓》中排在第九十七位。

Mù
穆

穆姓的来源主要有三个。一是以谥号为姓氏，源于子姓。春秋时宋国国君宋宣王死后由其弟和继位，和死后谥号"穆"，史称宋穆公，其支庶子孙以祖上谥号命姓，称穆氏。二为改姓，北方鲜卑族复姓丘穆陵氏定居中原后，改为汉字单姓穆氏。三是源于姜姓，据说为炎帝之后。

穆姓春秋战国时播迁于今山东、河南、湖北等省一带。秦汉之交，穆姓主要居住在彭城（今江苏徐州）一带，后裔向今山东、江苏、河南、安徽等省播迁。魏晋南北朝时期，穆姓南迁至今江南各省和湖南、四川一带。改穆姓的鲜卑人在今陕、甘、青、晋、豫兴盛起来，形成河南郡望。元时，穆姓迁往贵州。清时，沈阳的满人改穆姓者，有向黑龙江、吉林等地迁徙者。当今中国穆姓主要分布在北京、天津、河北、山东、山西、内蒙古、湖南、广东、云南、四川等地。

穆姓历史人物有穆宁，唐朝名臣，生性刚正。

安禄山谋反，他联合各州县兴义兵阻拒。好学，教育自己的儿女以严著称，前有韩休家训至严，时称韩穆二门。穆修，北宋散文家，世称穆参军。提倡韩柳古文，推崇"古道"，反对宋初华靡文风，作文颇有深度。他的诗歌，有晚唐风格。著《河南穆公集》。

穆姓在《百家姓》中排在第九十八位。

萧姓的来源主要有三个。一是以国名为姓氏，源于子姓。春秋时宋乐叔有功，封于萧，为附庸国，后国灭，子孙因以为姓氏。二是源于嬴姓，为伯益后裔。伯益后裔孟亏，受封于萧，后人以萧为姓氏。三是出自少数民族改姓或赐姓。契丹族中萧姓众多。

萧姓发源于今山东。自战国以来世代居住于丰沛间。西汉之初在长安定居，后在兰陵形成望族。西晋，萧氏南迁，后相继建立齐梁两朝，萧姓在南方显赫一时。

Xiāo
萧

隋唐时期，萧氏活动区域主要在今陕西、河南、山西等地。宋元时，契丹萧氏融入。明清时期，萧氏子孙遍布全国各地。

萧姓历史人物有萧何，汉朝政治家，秦末随刘邦起义，知人善任，辅佐刘邦建立汉朝，功不可没，后因功被封为酂侯。刘邦任用韩信和后来的吕后诱杀韩信，据说都与萧何有关，所以流传着"成也萧何，败也萧何"的说法。萧衍，南朝齐时著名大将，后废齐称帝，建立梁朝，定都建康（今江苏南京）。萧统，南朝梁著名的文学家，梁武帝之子。遍读儒家经典，长于辞赋，辑《文选》30卷，为我国现存最早的文章总集，对后世文学创作有很大影响。萧照，宋代山水画家。擅长山水、人物、松石，墨色浓重而笔力雄健。萧楚女，参加过武昌起义，1922年参加中国共产党。曾任农民运动讲习所专职教员、黄埔军校政治教官。在广州"四一五"反革命大屠杀中，被逮捕杀害。

萧姓在《百家姓》中排在第九十九位。

尹

Yǐn

尹

　　尹姓的来源主要有三个。一是以官名为姓氏。尹为商、周时官名，职位相当于宰相，他们的后代有以尹为姓者。二是以封地为姓氏。少昊之子为工正，封于尹城，世称尹殷。子孙世掌其官职，其后代多用封邑名为姓。三是少数民族改姓。明清时白族、傣族等族有改姓尹者。

　　尹姓主要发源于今河南一带。西汉时，尹姓已遍布今陕西、山西、河北、山东等地。魏晋南北朝时期，尹姓在天水（今属甘肃）、西州（今甘肃中部和西北部一带）繁衍旺盛。隋唐时，尹姓发展至今江苏、云南、辽宁等地。宋元时，尹姓迁徙广布于南方地区。明初，尹姓由山西洪洞大槐树迁徙于今河南、河北、江苏、天津等地。清代，有尹姓渡海入台湾，进而迁居海外者。今日尹姓以湖南、四川、湖北等省为多。

　　尹姓历史人物有尹喜，春秋末人。精通历法，善观天文，习占星之术。老子西游，尹喜知为真人，请老子授《道德经》五千言，后尹喜与老子一同西去，不知所终。尹源，北宋学者，进士。少好学，博闻强记。以文学知名，世称"河内先生"。尹洙，北宋文学家，尹源弟。博学，尤深《春秋》，好为古文，简而有法，世称"河南先生"。著有《五代春秋》《河南集》。尹焞，南宋臣、哲学家，拜程颐为师。尹会一，清臣、学者，字元孚，号健余，博野（属河北）人。提倡理学。任河南巡抚，倡耕田植树，关爱百姓，体恤民情，民多受益。为人忠厚谨慎，治学严谨。

尹姓在《百家姓》中排在第一百位。

姚姓的来源主要有三。一是以地名为姓氏。传说舜因生在姚墟，其后世子孙便以该地为姓氏，称为姚氏。二是出自子姓。相传春秋时有姚国，是商族的后代，他们便以国为氏，称为姚氏。三是源自其他民族改姓。

东汉以前，姚姓已有徙居今河南、山西、广西、四川、浙江等地者。魏晋南北朝时期，姚氏成为今浙江吴兴和甘肃陇西一带望族。唐初，姚姓入闽，唐时除遍及大江南北外，还有姚姓前往今辽宁

Yáo
姚

及入迁今云南、四川。两宋时期，姚姓已分布于今河北、河南、山西、山东、四川、江西、江苏、浙江、福建、广东、辽宁等地。明初，姚姓作为山西洪洞大槐树迁民姓氏之一，被分迁于今山东、河南、河北、东北等地。明末，有姚姓自湖广填四川。清初，有姚姓赴台湾，进而迁居海外者。如今，姚姓尤以四川、江苏、浙江、安徽为多。

姚姓历史人物有姚苌，十六国时后秦建立者。

羌族首领之子，初投靠前秦。苻坚淝水之战大败后，率羌人独立。后杀苻坚，称帝。姚兴，姚苌子，继父为帝，注意吏治，平理刑狱；提倡儒学，崇尚佛教；出兵灭苻秦，使苻秦的军队全部转归农业，又放免大批奴婢从事生产，使关中地区的农业生产逐渐得到恢复。姚合，唐诗人，世称姚武功。所作诗篇风格相似于贾岛，故"姚贾"并称。他的诗歌成为宋朝江湖派诗人效仿对象。姚际恒，清学者、经学家。博古究经，苦耕14年，著《九经通论》，指出《古文尚书》为伪书。姚鼐，清散文家。治经学兼及子史诗文，曾受业于刘大櫆，为桐城派重要作家之一。先后讲学于江南紫阳、钟山各书院凡四十余年，著有《惜抱轩全集》。

　　姚姓在《百家姓》中排在第一百零一位。

Shào
邵

　　邵姓的来源主要有三。一是以采邑为姓氏，源于姬姓。周初大臣召康公因食邑于召，被称为召公或召伯。周室东迁后，召公的采邑也随之东移。秦并六国，召公的子孙以原封地"召"为姓，称召氏。召与邵，春秋本一姓，后分为二。二是出于地名。春秋时楚国有邵陵，居于此地之人遂以"邵"为姓氏。三是出自他族改姓。

　　两汉时，散居于河南的燕国王族子孙，多改为邵姓，在安阳、汝南、南阳等地形成望族。三国魏晋时期，邵姓主要聚居于河北安平及河南安阳、汝南一带。西晋末年，邵姓开始南迁，后辗转到达今福建、广东等地。宋代时，今浙江、安徽、江苏、福建、山西、湖北、湖南都有邵姓人居住。南宋邵姓广布于江南各地，还有一支迁入豫西山区。山西洪洞大槐树迁民，邵姓被分迁于今河南、安徽、江苏、浙江、山东等地。清朝时，有邵姓迁至台湾，后来有的又移居海外。如今，邵姓尤以江苏、山东、甘肃、安徽、湖北等省为多。

邵姓历史人物有邵雍，北宋哲学家。一生淡泊名利，为理学象数学派的创立者，著有《皇极经世》等。邵博，南宋学者，能文，著有《邵氏闻见后录》。邵弥，明画家。工诗文，善书法，尤长于绘画，擅画山水、水仙兰竹，他的山水画既继承了元人绘画的技巧，又融入了宋人书画的意趣，笔墨疏简秀逸，名重一时。邵长蘅，清诗人，诗文俱佳，风格典雅。

邵姓在《百家姓》中排在第一百零二位。

汪姓的来源主要有两个。一是以采邑为姓氏，源于姬姓。春秋时期，鲁国国君成公支庶儿子被封到汪邑，其后世子孙有以邑为姓氏者。二是汪芒氏之后。汪芒氏又称汪罔氏，为夏朝诸侯之一防风所改。后代改为单字汪氏。

汪姓发祥地南方北方都有。大约在东汉献帝间，有会稽（今浙江绍兴）令汪文和举家迁居新安，后发展成为新安旺族。南朝时有汪姓从新安迁居今安徽歙县，隋初有一支迁河北河间，唐初入闽。

Wāng
汪

唐代，汪姓入今江西、贵州、福建、广东、广西等地。两宋时，汪姓繁盛于黟（今安徽黟县）、歙（今安徽歙县）、婺源（今属江西）等地。明初，汪姓作为山西洪洞大槐树迁民姓氏之一，被分迁于今湖北、湖南、河南、山东、河北、天津、东北等地。清康熙时，汪姓有人移居台湾。如今，汪姓尤以安徽、湖北、四川、江苏、湖南、浙江等省为多。

汪姓历史人物有汪藻，南宋文学家。其诗初学江西派，后学苏轼。对金主张退让苟安。汪元量，南宋诗人，其诗词多记国破家亡、王民流离，慷慨悲咽，后人视之为诗史。汪大渊，元末航海家。前后两下东西洋，撰《岛夷志略》，记所闻见海外诸国山川方域、物产风俗、海道航线。此书为我国古代航海家亲历手记之始。汪士慎，清画家，为扬州八怪之一。工诗画，书法篆刻俱佳。善画花卉，尤擅水仙、梅花。所画梅花，清妙独绝。汪中，清代经学家、文学家。博览群书，贯通经学，兼工文学、史学，对古今沿革、民生利弊皆有探讨研究，自成一家。

　　汪姓在《百家姓》中排在第一百零四位。

祁

Qí

祁姓的来源主要有四个。一是源自姬姓，黄帝之后。黄帝有一子祁豹，子孙以祁为姓。二是伊祁氏之后。是黄帝之子十二姓中伊祁部落的首领，所以尧姓伊祁，祁氏或出于伊祁氏。三是以邑名为姓。春秋时晋献侯的后代祁奚为晋大夫，以祁为食邑，其后代遂以祁为姓氏。四是出自他族，部分少数民族中也有祁姓。

祁姓发源于今山西晋中，三家分晋后，发源于此地的祁姓在今山西、河北、河南等省散居开来。西汉时，祁姓定居陕西。魏晋南北朝时期，祁姓郡望一为太原郡，一为扶风郡。隋唐时，祁姓在北方分布更广，部分祁姓人已入居今山东、甘肃。南宋以后，南方之祁姓逐渐兴旺，今安徽、江苏、浙江、江西等地都有祁姓人居住。明初，山西祁姓作为洪洞大槐树迁民姓氏之一，被分迁于今河南、河北、山东、安徽、江苏、陕西等地。清中叶以后，祁姓远渡台湾，还有一部分迁居南洋诸国。如今，祁姓尤以江苏为多。

祁姓历史人物有祁奚，春秋时晋国大夫，他"外举不避仇，内举不避亲"的推举人才举动在历史上传为美谈。祁承，明藏书家。万历年间进士，建"澹生堂"藏书楼，藏书数万卷。有藏书印"山阴祁氏藏书之章""子孙永珍""旷翁手识"。祁韵士，清地理学家。喜好史学，尤长于边疆地理。曾任国史馆纂修，参与创修《蒙古王公表传》。著有《西陲要略》等。

祁姓在《百家姓》中排在第一百零五位。

毛姓的来源主要有两个。一是以国名为姓氏，源于姬姓。周文王第八子郑封于毛（今陕西岐山、扶风一带），其后人遂以国为姓氏。二是少数民族姓氏，如古代氏族部落首领有毛氏。

毛姓发源于今河南宜阳和陕西岐山、扶风一带，汉代以前以此为源地，逐渐向山西的西河（今山西离石一带）、河南的荥阳两地发展。唐以前，今山西、河南、宁夏、甘肃、内蒙古等地的毛姓繁衍得最盛。唐末，毛姓南迁，有迁居今江西吉

Máo
毛

州龙城（今江西吉水）者。唐末五代，毛姓开始称盛于南方。元朝时，有一部分毛姓人徙居云南。明朝，这一支毛姓又有人徙居湖南韶山。后来，毛姓作为山西洪洞大槐树迁民姓氏之一，被分迁于今湖北、湖南、河南、山东、江苏、北京等地。清雍正年间有人迁居台湾，进而播迁海外。如今，毛姓尤以浙江、广西、四川、湖南为多。

毛姓历史人物有毛遂，战国赵平原君的食客。

"毛遂自荐"的典故说的就是他帮助平原君劝说楚国联盟救赵的故事。毛晋，明末清初藏书家，他好抄录罕见秘籍，缮写精良，被人称为"毛抄"。毛宗岗，清初文学批评家，曾评论《三国演义》，对罗贯中原本加以修订，成为至今流行的一百二十回本。毛奇龄，清经学家、文学家。通经史，精考据学，工诗文，诗词理论批评也颇有成就。治学主张独慎，好持异说，抨击宋儒朱熹等。毛泽东，中国无产阶级革命家、政治家、军事家。中国共产党、中国人民解放军和中华人民共和国的主要缔造者和领导人，毛泽东思想的主要创立者。他也是一位诗人、书法家。

毛姓在《百家姓》中排在第一百零六位。

Dí
狄

　　狄姓的来源主要有三个。一是以封地为姓氏。周成王封他的舅舅姜孝伯于狄城（今山东高青南），其后人以封地为姓氏。二是以族命氏，源于周代。周时狄族活动于齐、鲁、晋、卫之间。后世子孙以族名姓，称为狄氏。三是改姓，古时中国西北部有回鹘族，有一支叫高车氏，后来分化出来改姓狄。契丹族也有改为狄姓者。

　　狄姓起源于我国北方地区，主要分布在今山东、辽宁、吉林和黑龙江等省。后向外迁徙，在甘肃天水郡发展成望族，世称天水望。今江苏溧阳、浙江温岭狄姓分布较多。

　　狄姓历史人物有狄仁杰，唐朝名臣，并州太原（今山西太原南郊区）人，著名政治家，武则天当政时期宰相。武则天即位，任地官侍郎同凤阁鸾台平章事，为来俊臣诬害下狱，后转魏州刺史，神功初年再任宰相。敢于正谏直言，体恤百姓、不畏权势，百姓为之立生祠，后人称之为

"唐室砥柱"，所举人物如张柬之、敬晖、姚崇等，都是中兴名臣。曾任大理丞，判决积案、疑案，纠正冤案、错案、假案，无人上诉申冤，名留青史。狄青，宋朝名将。擅长骑马射箭，作战勇猛，善谋略，极受范仲淹赏识。

狄姓在《百家姓》中排在第一百零八位。

米姓的来源主要有三个。一是以国名为姓氏。隋唐时，西域有一个米国（在今新疆北部与乌兹别克交界一带），唐时其子孙内迁中原，世代繁衍，有以国名为姓氏者，形成米氏。二是源于芈姓。北宋米芾自称是先秦时楚国后裔，本姓芈，后改为同音字米。三是源于少数民族改姓。回族、满族中皆有改姓为"米"者。

Mǐ 米

据米姓的来源看，北宋画家米芾考证说米姓最早起源于春秋时的楚国。隋唐时西域有米国，后归附内地，其中有"米"氏。米姓后来在陇西郡发展成望族，世称陇西望。

米姓历史人物有米芾，北宋书画家，徽宗时召为书画学博士，官至礼部员外郎，人称米南宫。他的行草得王献之笔意，用笔俊迈，与蔡襄、苏轼、黄庭坚并称"宋四大家"。他的画也别具一格，画山水人物多用水墨点染的泼笔法，存世书法有《苕溪诗》《蜀素》《虹县诗》《向太后挽词》等，著有《书史》《画史》《宝章待访录》《宝晋英光集》等。米友仁，米芾子，人称小米，南宋书画家，其画继承米芾传统，用泼笔法画烟峦云树，别具风格，运笔草草，自称"墨戏"。

米姓在《百家姓》中排在第一百零九位。

Míng
明

明姓的来源主要有三个。一是以祖辈名字为姓氏。百里奚为秦国大夫，生子视，字孟明，其支孙以祖父的字"明"为氏。二是改姓。南北朝时，北魏有代北三字姓壹斗眷氏，进入中原后，改为汉字单姓"明"氏。三是出自谯明氏。相传燧人氏有部下名明由，是谯明氏的后裔。明由的后代便以先祖名字为姓氏，称明氏。

明姓的望族主要分布在吴兴、平原（今山东平原）一带。如今江西、湖北、广东、四川、甘肃张掖等地多有明姓人家居住。

明姓历史人物有明克让，隋朝人。其儒雅有德行，博通经史。著有《孝经义疏》《古今地带记》《续名僧记》等。明辰，清代僧人，字问樵，扬州建隆寺方丈。琴艺高超，声名远扬，擅长画梅花，但不拘泥于古人，自成一家，草书亦为时人所重。明安图，清代蒙古族杰出数学家、天文学家和地理测绘学家。两次参加对新疆西北地区的地理测量工作，获得大量科学资料，为绘制《乾隆内府舆图》和《皇舆西域图志》提供了重要依据，对天文、历法、气象进行观测并进行科学研究，成绩卓著。以中国传统的数学，结合西方数学的成果，论证了三角函数幂级数展开式和圆周率的无穷级数表示式等九个公式，成功地解析了九个求圆周率的公式，写成《割圆密率捷法》一书。在清代数学界被誉为"明氏新法"，在我国数学史上占有重要地位。

明姓在《百家姓》中排在第一百一十一位。

臧姓的来源有两个，一是以祖辈名字为姓氏。源于姬姓。春秋时鲁孝公之子彄，食采于臧（故城在今山东栖霞东北），是为臧僖伯，子孙以祖父名为姓氏。二是源于职位。臧是古代对奴婢的贱称，这些人的后代有以臧为姓氏者，即成臧姓。

臧姓始于鲁国公族。鲁亡后，臧姓始散居于齐鲁大地，并逐渐在今山东莒县、郯城和江苏涟水间地形成大的聚落，后来昌盛为臧姓东莞郡望和东海郡望。秦至西汉间，臧姓播迁今河北、河

臧 Zāng

南、山西、陕西、甘肃等北方省份，并且在今河南禹州、甘肃天水一带形成望族。东汉时，臧姓逐渐散居今江苏各地。两晋南北朝时，臧姓南下，散居今江苏、浙江、安徽等地。唐末五代，今湖北、湖南、四川、江西等地均有臧姓入迁，宋元渐迁入今福建、广东、广西等地。明初，山西臧姓作为洪洞大槐树迁民姓氏之一，被分迁于今河南、河北、山东、北京、天津、江苏等地。清康

乾年间，入迁东北三省。如今，臧姓尤以浙江等省为多。

臧姓历史人物有臧荣绪，南朝齐史学家。好学能文，笃爱"五经"。曾综合王隐、何法盛等人所著晋史，撰成《晋书》一百一十卷，史料颇丰富，在唐初流行的十八家晋史中，号为最完善的一部。唐太宗时房玄龄等重修《晋书》，即以臧书为蓝本。臧懋循，明戏曲家、文学家。与王世贞、汤显祖相友善，改编刊刻了汤显祖的《玉茗堂四梦》，编有《元曲选》等。臧琳，字玉林，清经学家、训诂学家。生平博览群书，经史、百家、释道、稗官、野记均有涉猎，尤精音韵训诂之学。他主张治经应据汉注唐疏，由字、词训诂以明道。

臧姓在《百家姓》中排在第一百一十二位。

計
Jì
计

　　计姓的来源主要有三个。一是源自姒姓，为大禹的后代。二是以地名为姓氏，西周初年，周武王封少昊之后于莒，建都计斤，王族后裔以祖上建都地命姓为计。三是源自官职名称。西周时期设六计，负责监察各级官员，其后代遂以计为姓氏。

　　计姓祖居山东胶县，春秋战国时播迁于临淄，在秦汉时成为望族。两汉时期，计姓逐渐散布于今黄河中下游诸省。三国时计姓已分布于今江浙一带。两晋南北朝隋唐时期，计姓主要繁衍于北方各省，唐末五代后发展重心始向江南转移，今湖北、四川、湖南、江西、安徽等地均有计姓入居。到宋元之际，计姓已在今四川邛崃、江西浮梁、浙江秀水、江苏苏州等地形成大的聚落。宋元，今广东、福建、广西等地均有计姓入迁。明初，山西计姓作为洪洞大槐树迁民，被分迁于今陕西、甘肃、河南、山东等地。如今，陕西、上海等省市多此姓。

　　计姓历史人物有计有功，南宋文学家。采摘唐代诗人一千一百五十家，编为《唐诗记事》八十一卷。计成，明末造园家。少年即以善画山水知名，属写实画派。后定居镇江，专事造园，于崇祯七年写成中国最早的造园著作——《园冶》，被誉为世界造园学最早的名著。计楠，清画家。工诗画，曾拜奚冈、方薰为师。他笔下的竹石草虫，清雅脱俗。尤善画梅，有"计红梅"之称。

　　计姓在《百家姓》中排在第一百一十三位。

伏姓的来源主要有两个。一是祖辈名号为姓氏，源于风姓，伏羲后裔。伏羲氏苗裔，有用"伏"作为自己姓氏者，遂成伏姓。二是改姓。北魏俟伏斤氏改为伏氏。

伏姓春秋战国时主要分布于山东章丘一带，两汉及曹魏时期有移居今山东安丘、山西太原、河北高阳的。南北朝至隋唐以后，今安徽、江苏、

Fú
伏

江西、浙江、湖北、湖南等地均有伏姓入居。宋元之际，伏姓在今湖南繁衍得格外兴旺，并在今四川、重庆以及两广之地散布。明初，山西伏姓作为洪洞大槐树迁民姓氏之一，被分迁于今山东、河南、河北、陕西、甘肃、北京等地。明末湖广填四川，伏姓有入居今四川、重庆的。如今，伏姓尤以湖南等地为多。

伏姓历史人物有伏胜，一名伏生，西汉经学家。早年任秦博士，专治《尚书》，是西汉今文《尚书》最早的讲授者。伏羲娥，伏胜女，才女，

世称伏女。文帝时伏胜九十余岁，行动艰难，不能正言，使女传《尚书》于晁错，得二十八篇。伏恭，东汉经学家，曾任常山太守。敦修学校，教授不辍，北州多为"伏氏学"。伏湛，东汉臣，名儒。少传父业，教授数百人。为人笃信好学，时称师表。

伏姓在《百家姓》中排在第一百一十四位。

Chéng

成

　　成姓的来源主要有四个。一是以国名为姓氏，源于姬姓。西周初年，周武王封其弟叔武于郕，建立郕国，其后代以国名为姓，后去邑为成姓。二是以祖辈名字为姓氏，源于芈姓。春秋时楚国君主若敖有子名成虎，其孙成得臣以祖父之字为姓。三是以采邑为姓氏。春秋时周、鲁都有成邑，曾有大夫食采于上述两地，子孙或以成为姓。四是少数民族姓氏。宋时南方少数民族有成姓。

　　成姓支脉众多，春秋战国时周都（今河南洛阳）附近、秦（今陕西）、晋（今山西）、齐（今山东）、吴（今江苏南部）、楚（今湖北）等地都有成姓人居住。魏晋南北朝时期，成姓在今河北怀来、河南濮阳一带聚居，后昌盛为成姓上谷郡望和东郡郡望。这一时期的成姓人不但分布于黄河中下游的广大省份，而且已有部分进入甘肃，或南下江东。隋唐至五代十国时，成姓在南方已播迁到了今江西、浙江、四川、湖南等地，广东也有成姓分布。

明初，山西成姓作为洪洞大槐树迁民姓氏之一，被分迁于今山东、河南、河北等地。如今，成姓尤以湖南为多。

成姓历史人物有成公绥，西晋文学家。年轻时便有俊才，辞赋清丽，被张华誉为"绝伦"，后被召为博士。他雅好音律，善于长啸，所作《啸赋》以夸张手法，极言长啸的奇妙，是描写音乐的名篇之一。明人辑有《成公子安集》。成玄英，唐初道士。通儒学经典，对文字训诂学也有研究。贞观五年被召至京师，赐号"西华法师"。对老庄之学颇有研究，致力于文理注疏，继承和发挥了"重玄"思想，使重玄之道成为唐朝初年道教哲学思想一大主流。著有《庄子注》（又名《南华真经注疏》）等。

成姓在《百家姓》中排在第一百一十五位。

戴姓的来源主要有三个。一是以谥号为姓氏，源于子姓。春秋宋国国君戴公的后人，戴公为死后谥号，其子孙遂以谥号为姓氏。二是殷氏改戴姓而来。周武王灭商，有不少殷遗族以国为姓氏，称殷氏，其后有改姓戴的。三是出自姬姓。春秋时期有戴国，灭亡后，其国人遂以戴人姓。

先秦时，戴姓主要在豫东一带繁衍，后迁居谯郡亳州，形成谯郡郡望。西汉时，有部分戴姓人从豫东迁往豫南，也有部分从亳南迁往广陵（今江苏

Dài
戴

扬州）者。三国至南北朝时期，戴姓在江浙一带分布广泛，且有徙居今安徽、湖北者，唐初入闽，盛唐之际，戴姓在今陕西、山西、湖南、江西等地均得以发展繁衍。宋元之际，戴姓人有南迁今福建、广东者。明洪武年间，戴姓作为山西洪洞大槐树迁民姓氏之一，迁于今陕西、安徽、山东、河北、东北、江苏等地。清代时有迁往台湾者。如今，戴姓主要以江苏、浙江两省为多。

戴姓历史人物有戴德，西汉今文礼学"大戴学"的开创者。宣帝时，立为博士，称"大戴"，编有《大戴礼记》，为古代各种有关礼仪论述的集录。戴圣，西汉今文礼学"小戴学"的开创者。宣帝时，立为博士，世称"小戴"，选集古代各种有关礼仪等的论述，编成《小戴礼记》，即今本《礼记》。戴逵，东晋学者、雕塑家、画家。博学儒雅，言谈高妙，多才多艺，琴书画均有很高造诣。擅长雕塑及佛像铸造，首创干漆夹绽雕塑法。戴震，清思想家。少时勤学好问，成年后，对经学、天文、历算、地理、音韵训诂等均有深入研究，为乾隆时期"皖派"考据大师。治经反对师法汉儒，主张以原经典本身为主，属古文经学。学者段玉裁、王念孙父子皆从其学。著述丰厚，所著多入《戴氏遗书》。

戴姓在《百家姓》中排在第一百一十六位。

Tán
谈

谈姓的来源主要有三个。一是以国名为姓氏。周封殷帝乙长子微子启于宋，传国三十六代至谈君，后为楚所灭，子孙以国为姓，相传姓谈。二是以祖辈名字为姓氏。周有大夫籍谈，其后亦有谈氏。三是源于己姓。相传少昊的后裔被封于郯，建立郯国，后被越国灭亡，其后代遂以郯为姓，上古"谈""郯"通用，因此即有谈姓。

谈氏起源于今河南。秦汉时期，部分谈氏北迁到今河北，后来谈氏在广平形成大族，另有部分谈氏西迁至河南灵宝。三国两晋南北朝时期，谈氏有南迁至今安徽、江苏、浙江等地者。唐末五代，谈氏繁衍中心由北方转移到了南方，散布于今湖北、湖南、四川、江西等地。宋元时期，谈氏入迁今福建、广东、广西、云南。如今，谈氏以江苏最多。

谈姓历史人物有谈迁，明清之际人，清朝建立后，隐居山林，熟悉历代典故，长于论议古今治乱。有《国榷》《枣林集》《北游录》《西游录》《枣林杂俎》《枣林外索》《海昌外志》等书。谈寿龄，清末人。倡导实业救国，嘱子孙学习实业，反对后人科举进入仕途。曾捐资创办"谈氏东文学馆"，专程赴沪诚聘日籍教员教授日文和新学。学馆的学员除招收谈氏子弟外，兼收外姓青年，培养了一批实业人才。

谈姓在《百家姓》中排在第一百一十七位。

宋姓的来源主要有三个。一是以国名为姓氏，源于子姓。周武王封子启于宋，后子孙以国为氏。二是源姬姓。春秋时期郑国有大夫名姬宋，其后世子孙遂以先祖名字为姓，即姓宋。三是为少数民族姓氏。五代时辰州（今湖南沅陵）少数民族首领有宋姓。

宋姓的发源地为河南商丘。秦汉前，宋姓已散居今江苏、河北、陕西、湖北等地。汉后，敦煌、虢州（治今河南卢氏）、江夏安陆（今属湖北）、广平（今河北鸡泽）、弘农（今河南灵宝）都有宋姓分布。唐安史之乱后宋姓入闽，五代时，有辰州少数民族改姓宋姓。宋代以后，宋姓开始遍及大江南北。如今，宋姓分布尤以山东、四川、河南、河北等省为多。

宋姓历史人物有宋玉，战国辞赋家，楚国人。有人认为他是屈原弟子，好辞赋，流传下来的作品有《风赋》《登徒子好色赋》等。宋之问，唐诗人。年少时已有声名，五言诗创作成就很高，当时无人能及。与沈佺期齐名，并称"沈宋"。作品以歌功颂德者多，文辞华丽，形式上讲究声律，对格律诗的定型影响很大。后因媚附权贵，赐死钦州。宋祁，北宋文学家、史学家。能诗文，诗多应酬送别之作。与欧阳修等合修《新唐书》。宋应星，明末科学家，著有《天工开物》一书。该书从科学技术和生产实践出发，总结了工农业生产方面长期积累的经验和知识，被视为中国古代科技史上一部里程碑式的名著。宋庆龄，孙中山先生的夫人。早年留学美国，结识孙中山先生后投入中国民主革命运动。一生致力于世界和平、妇女儿童卫生保健和文化教育福利工作。

宋姓在《百家姓》中排在第一百一十八位。

Máo
茅

茅姓，一是以国名为姓氏，源于姬姓。周公第三子茅叔封于茅，并建立茅国，后茅国灭亡，公族子孙遂以国名为姓。二是以先祖名字为姓氏，春秋时期有邾国大夫茅夷，其后代遂以其名为姓，即茅姓。

茅姓出自姬姓，发源地在今天的山东金乡西南，后来在陈留、晋陵发展成望族。今江苏、浙江、山东、福建等地均有茅氏分布。

茅姓历史人物有茅焦，战国秦臣。秦王政以事迁太后于雍（陕西凤翔），下令有敢谏者死，茅焦冒死入谏，认为秦正进行统一天下的大业，此举会使各诸侯背离疏远秦国。于是秦王迎还太后，拜茅焦为上卿。茅坤，明文学家、藏书家。嘉靖十七年（1538年）进士。提倡学习唐宋古文，反对"文必秦汉"的观点。曾编选《唐宋八大家文钞》，影响较大。茅鸿儒，又名兆儒，清画家，浙江钱塘人。工于诗词，喜欢游山玩水，画山水花鸟，有文人气。有《东篱草堂诗钞》。茅以升，中国著名桥梁专家、教育学家。主持修建了中国首座跨度较大的钱塘江公路铁路两用大桥及南京长江大桥。

茅姓在《百家姓》中排在第一百一十九位。

庞姓的来源主要有三个。一是以封地为姓氏，源于姬姓。周文王子毕公高后代受封于庞，子孙以封地为姓，相传姓庞。二是出自高阳氏，相传是黄帝之孙颛顼的后代。据说颛顼八子之一为庞降，其后代子孙遂以庞为姓氏。三是出自他族或改姓。今蒙古族、瑶族、土家族中均有此姓。

魏晋以前，庞姓人已广泛分布于今河南、河

Páng
庞

北、山西、陕西、山东、湖北、重庆、辽宁等地。三国时庞姓有部分迁居今四川、甘肃等地。两晋南北朝时期，庞姓形成南安郡望、南阳郡望、始平郡望、谯郡郡望。隋唐之际，庞姓播迁至今陕西、山西、山东、江苏、安徽、浙江等地。宋元之际，庞姓一支在广西北流成为望族。明初，山西庞姓作为洪洞大槐树迁民姓氏之一，被分迁于今河南、江苏、湖北、山东、河北等地。明末湖广庞姓入填四川。如今，庞姓尤以山东、广西为多。

庞姓历史人物有庞涓，战国魏将。与孙膑同

学兵法于鬼谷子。后在魏国得到重用，屡建奇功，但庞涓心胸狭窄，嫉妒心强，他嫉恨孙膑的才能而屡加迫害，后终于在齐魏两国战争中中孙膑之计而兵败自杀。庞统，东汉末年刘备谋士。与诸葛亮齐名，人称凤雏。庞统论军国大事，讲究果断，不可优柔寡断，故刘备总是有选择地采纳其建议。后随军进攻雒县，中流矢而死。

庞姓在《百家姓》中排在第一百二十位。

Xióng
熊

熊姓的来源有三个。一是以祖辈名字为姓氏，源于芈姓。鬻熊为周文王之师，曾孙熊绎被封于楚，其后人遂以祖父字为姓氏。二是以祖辈名号为姓氏，为黄帝有熊氏之后。三是由他族改姓而来。

熊姓发源于今湖北、湖南、江西等省，秦汉时熊姓以上述几个地方为中心发展繁衍。还有少数散居于今河南、河北、山东等地。魏晋南北朝，熊姓已迁入江南广大地区，逐渐在今湖北江陵、江西南昌发展壮大，后陆续向今江苏、浙江地区迁移。宋初熊姓有人移居福建。明初，熊姓作为山西洪洞大槐树迁民姓氏之一，被分迁于今河南、山东、河北、北京、天津、江苏、安徽、陕西等省市。明代以后，熊姓子孙陆续向广西、贵州、云南、四川、海南各处迁徙。如今，熊姓以湖北、江西、四川、湖南等省为多。

熊姓历史人物有熊安生，北朝经学家，北学

代表人物之一。精"三礼"，通五经，继承东汉儒家经说，撰有《周礼》《礼记》《孝经》诸义疏。熊朋来，元朝文学家、音乐家，能文，又通音律，尤善鼓瑟，著有《五经说》《瑟谱》。熊十力，近代著名学者。早年参加过武昌起义，任都督府参谋。后到北京大学任教，融会儒释思想，发挥《周易》、宋明理学和佛教法相唯识之学，提出"新唯识论"。著有《新唯识论》《十力论学语要》《原儒》等。

熊姓在《百家姓》中排在第一百二十一位。

纪姓的来源主要有两个。一是以国名为姓氏，源于姜姓。炎帝之后封为纪侯（故城在今山东寿光南），后为齐灭，子孙以国为姓氏。二是改姓。由舒姓改姓而来，唐时纪迈本姓舒，后改姓纪。

纪姓发源于今山东寿光一带，后散居于齐地。战国至秦，纪姓子孙相继迁入今河北、江苏、安徽、山西、陕西等地。秦末汉初，纪姓仍主要繁衍于齐鲁大地。东汉至三国，纪姓迁居今辽宁、山东南部。有一部分纪姓过长江进入江东，或渡黄河进入今山西，或进入今甘肃。

两晋南北朝隋唐时期，居住于今甘肃天水、河北盏县、山西临汾、辽宁辽阳一带的纪姓繁衍迅速。北宋亡于金后，北方之纪姓避难迁往江南。元灭南宋，纪姓有人逃难到两广一带。明初，山西纪姓作为洪洞大槐树迁民姓氏之一，被分迁于今河北、河南、山东、北京、天津、东北等地。明中叶以后，纪姓有迁居台湾者。如今，纪姓尤以北京、山东、江苏等省市为多。

纪姓历史人物有纪唐夫，唐诗人，宣宗时进士，官至中书舍人。温庭筠被贬为方城尉，文士诗人争赋诗送别，纪唐夫所作压倒众人，其中"凤凰诏下虽霑命，鹦鹉才高却累身"一联，当时被传为名句。纪君祥，一作纪天祥，元戏曲作家。著《韩退之》《松阴梦》《驴皮记》《铧锹赃》《赵氏孤儿》等六种。今仅存《赵氏孤儿》及《松阴梦》曲词一折。《太和正音谱》称其词"如雪裹梅花"。纪昀，清代学者、文学家。乾隆十九年（1754年）进士，官至礼部尚书。纪昀博览群书，工诗及骈文，尤长于考证训诂。任官五十余年，以学问文章名重朝野，学者咸与之往来，托庇门下。纪昀性情坦率，好滑稽，初闻其语，近于诙谐，过而思之，回味悠长。乾隆年间辑修《四库全书》，纪昀任总纂官，主持写定《四库全书总目提要》200卷，为清代目录学巨著。

纪姓在《百家姓》中排在第一百二十二位。

Shū

舒

舒姓的来源主要有三个。一是以国名为姓氏，周代有舒国，为楚所灭，后代就以原国名为姓，称舒姓。二是源于己姓，以邑名为姓。春秋时莒国有寿舒一地，莒国被齐灭亡后，居于寿舒的国民有的以舒为姓，相沿至今。三是源自其他民族改姓。

早期舒姓很长的时间以今安徽庐江为其繁衍的中心，后舒姓逐渐播迁于今湖南、湖北一带。秦汉时，舒姓有迁居长安者。三国两晋南北朝时期，舒姓避居江南者渐多，与原居于南方舒姓融合，成为南方大姓之一。两宋时期，舒姓已播迁繁衍于今浙江、安徽、江西等地。元时，今福建、云南、贵州、广东、广西、四川等南方各地都有舒姓人定居。明初，山西舒姓作为洪洞大槐树迁民姓氏之一，被分迁于今湖北、江苏、安徽、河南、山东等地。清时，舒姓有远渡台湾乃至迁徙海外者。如今，舒姓尤以四川、湖南、江西、湖北为多。

舒姓历史人物有舒邵,东汉末年名士。其兄伯膺的亲友被人所杀,舒邵为之复仇。后事发,舒氏兄弟争死,均免刑役,为人称颂。舒雅,宋代官吏、画家。南唐时举进士。善写文章,尤其擅长绘画,有《山海经图》。舒清,明成化进士。为官期间曾创立递减法,大大减轻百姓负担。为人刚正不阿,清正廉洁,深受百姓爱戴。舒庆春,字舍予,笔名老舍,现代小说家、戏剧家、杰出语言大师。中华人民共和国成立后,曾任中国文联副主席、中国作协副主席、北京文联主席等职。主要小说作品有《骆驼祥子》《四世同堂》,话剧有《龙须沟》《茶馆》等。

舒姓在《百家姓》中排在第一百二十三位。

　　屈姓的来源主要有三个。一是以采邑为姓氏，源于芈姓。春秋时楚武王子瑕食采于屈（故城在今湖北秭归东五里），后人以邑为姓氏。二是改姓。北魏时改屈突氏为屈姓。另外，满族、突厥族也有改姓屈者。三是以先祖名字为氏，出自黄帝后裔狂屈竖。相传狂屈竖是黄帝属下武将，在黄帝平定蚩尤时立下大功，其后代沿用其名字为屈姓。

Qū
屈

　　屈姓源于楚，楚被秦灭后，楚姓子孙一部分避难于今湖北、湖南等地。汉灭秦，迁六国贵族后裔于关中，屈姓亦在其中。西汉后，两湖之地屈姓有一部分迁居今浙江临海，一部分迁居今江苏泗洪、盱眙等地。两汉之交，关中屈姓有进入今山西、河北、山东者，其中一支迁居今河南洛阳。魏晋南北朝时期，有屈姓迁居今江苏。北魏屈突氏改屈姓，壮大了屈姓家族。宋元时屈姓主要在南方扩展，播迁于南方广大省份，今江西、福建、广东、广西均有屈姓人定居。

明初山西屈姓作为洪洞大槐树迁民姓氏，被分迁于今河北、北京、江苏、河南、山东等地。如今，屈姓尤以湖南、陕西等省为多。

屈姓历史人物有屈原，战国末楚国政治家、诗人。学识渊博，明于治乱，娴于辞令。主张任人唯贤，明晰律令，富国强兵，联齐抗秦，进而统一中国。后遭小人谗害，被排斥放逐汉北、江南，流浪于沅、湘一带。郢都被攻破，楚国濒于危亡，屈原深感理想破灭，大概在这一年夏历五月五日投汨罗江而死。屈原在中国文学史上地位很高，影响很大。《诗经》中的《国风》和屈原的《离骚》合称"风骚"，两千多年中一直是我国古典诗歌的最高典范，对我国诗歌的发展有着特殊的重要意义。屈大均，明末清初著名学者、诗人。"岭南三家"之一，有广东徐霞客的美誉。曾参加反清活动。擅长写诗作词，诗有李、杜遗风。

屈姓在《百家姓》中排在第一百二十四位。

項
Xiàng
项

项姓主要是以国名为姓氏，源于姬姓。周朝有项国，其地在今河南项城一带。后为楚国所灭，国君的子孙便以国名为姓，称项氏。另外，还有一说认为项姓出自芈姓，为楚国王族后裔。

项姓主要发源于春秋鲁国一带。项氏族人后来在辽西郡、零陵郡发展成望族，世称辽西望、零陵望。今浙江、湖南、山东、江苏、安徽、福建、河北、湖北、江西、辽宁、贵州、北京、上海等地均有项氏族人分布，尤以湖南、浙江、湖北、贵州等为多。

项姓历史人物有项羽，秦末农民起义领袖，楚贵族出身。力能扛鼎，智勇双全。他追随叔父项梁在吴中起兵反秦，项梁败死后领其军。后于钜鹿之战击败秦军主力。入关后，自立为西楚霸王，与刘邦争天下。公元前202年，兵困于垓下，后突围至乌江，自刎而死。项昕，元朝著名医生。勤奋好学，喜辞章，工绘画。因母病为庸医误投药而死，十分悲痛，乃立志学医，医术高超。从医四十余年，救治人无数。项元淇，明代文学家、书法家，工诗、古文辞。小楷严整，尤其擅长草书。项英，中国共产党著名将领，曾任新四军副军长兼政委，在"皖南事变"中被叛徒杀害。

项姓在《百家姓》中排在第一百二十五位。

祝姓的来源主要有四个。一是以官名为姓氏，古有巫、史、祝之官，其子孙以官为姓氏。二是以封地为姓氏。黄帝之后，周武王封其于祝（故城在今山东长清东北），后来就有了祝国，子孙以地为姓氏。三是出自祝融之后。祝融是远古时代火神，其后代有以祝为姓者。四是出自他族改姓。

祝姓发源于今山东长清，后逐渐进入今陕西、

河南等省。西汉时，齐（今山东）、南郑（今属陕西）、九江（今属江西）均有祝姓。东汉时祝姓已为北方著名姓氏，且有落籍今湖南者。魏晋南北朝时期，今河南、太原两地之祝姓繁衍旺盛，同时有祝姓徙奔今安徽、江苏、浙江、江西等地。唐时祝姓由今河南避居湖北，或由陕西越秦岭进入四川。两宋时，祝姓昌盛于南方，此际祝姓有落籍福建、定居今广东者。明初，山西祝姓作为洪洞大槐树迁民姓氏之一，被分迁于今山东、陕西、湖北、湖南等地。明中叶后祝姓赴台湾。清初，

祝姓伴随湖广填四川的风潮入迁四川。如今，祝姓尤以安徽、四川等省为多。

祝姓历史人物有祝英台，东晋人。相传她曾女扮男装，与梁山伯同学三年。后梁山伯知其为女儿身，欲娶为妻，而英台已许配他人，梁山伯遂郁悒而终。次年，英台出嫁经过梁山伯墓地，临墓恸哭，墓地忽裂，遂与山伯同穴。宰相谢安上奏朝廷，封为义妇冢。祝允明，明朝文学家、书画家。他博览群书，为文纵横有奇气；尤工书法，小楷、狂草无一不精。与唐伯虎、徐祯卿、文徵明并称吴中四才子。祝嘉，清代诗人、画家。善画梅花，工于写诗，有《西涧诗钞》。

祝姓在《百家姓》中排在第一百二十六位。

Dǒng

董

　　董姓的来源主要有三个。一是以世职为姓氏。周朝有大夫辛有二子在晋国任职太史，董督晋国典籍史册，子孙世袭官职，并以官为姓氏，称为董氏。二是赐姓，源于己姓。据说帝舜时有董父精于饲龙，很得赏识，故赐董父以董为姓，其后代亦以赐姓董为氏。三是出自颛顼后代。颛顼后代子孙姓董，名参胡，遂相沿至今。

　　董姓发源于今山东定陶北部、山西西南部、山东平原县一带。秦汉时，董姓在今山西、甘肃、河北、河南分布较为集中。另外，今陕西、山东、广东、四川、浙江、湖北、福建、河南等地也有董姓散居。魏晋南北朝时期，今安徽、江西、江苏、湖北及长江中下游地区均有董姓迁徙而来。明清之际，我国台湾、南洋群岛及欧美一些国家和地区已有董姓迁入。今日董姓以河北、山东、山西、云南、辽宁、浙江等省最为集中。

　　董姓历史人物有董仲舒，西汉哲学家、今文

238

经学大师。汉武帝举贤良文学之士，他提出"天人三策"，主张"罢黜百家，独尊儒术"，为汉武帝采纳，为后两千余年封建社会以儒学为正统的先声。他的学说以儒家宗法思想为中心，杂以阴阳五行说，把神权、君权、父权、夫权综合在一起，形成封建儒学体系。董其昌，明代著名画家，以他为代表的"华亭派"在山水画方面影响尤大。他还是书画收藏、鉴赏方面的大家。他的画法自成风格：柔弱中有骨力，转折灵动，层次分明，拙中带秀，清隽雅逸。他在篆刻、书法上也有很高造诣。董必武，中国无产阶级革命家，中国共产党的创始人之一，中华人民共和国领导人之一。

董姓在《百家姓》中排在第一百二十七位。

梁姓的来源主要有三个。一是以封地为姓氏，源于嬴姓。秦仲有功，周平王封其少子于梁，建立梁国，子孙因以为姓。二是以封地为姓氏，源于姬姓。周平王之子唐被封于南梁，后被楚所灭，其子孙以梁为氏。三是改姓。北魏时代北拨列兰氏改为梁姓。

梁姓最早发源于今陕西一带。秦汉时，梁姓散居于今山西，汉末迁往今陕西耀县、富平一带。汉平帝时，梁姓迁居安定（今甘肃东部及宁夏大部分

Liáng
梁

地区）、扶风（今陕西关中西部一带）地区。魏晋南北朝，梁姓遍布南方的今四川、安徽、江西、湖北、浙江、广东、福建一带。隋唐时，梁姓在南方又有了大的发展。宋元时期，梁姓在南方有了进一步的发展。明清时，梁姓已遍布全国，且以广东、福建、浙江为主要聚居地。今日梁姓以广东为多。

梁姓历史人物有梁鸿，东汉隐士，文学家。

娶同郡孟光为妻，隐居霸陵山中，以耕织为业，后复隐齐、鲁间，夫妻"举案齐眉"而食，被后世传为佳话。有作品《五噫歌》。梁鹄，东汉书法家，以善八分著称。曹操非常喜欢他的书法，宫殿题署，多出自他手。梁辰鱼，明戏曲作家。工于写诗、精通音律。同邑魏良辅创昆腔，他作《浣纱记》传奇付之，始创昆曲，对昆腔的发展和传播有相当影响。梁启超，中国近代维新派领袖，学者。和其师康有为一起，提倡变法维新；追随康有为发动"公车上书"。曾倡导文体改良的"诗界革命"和"小说界革命"。著述涉及政治、经济、哲学、历史、宗教和艺术等领域。

梁姓在《百家姓》中排在第一百二十八位。

杜姓的来源主要有三个。一是以封地为姓氏。陶唐氏后裔在西周时建唐国，称唐杜氏。后周成王灭唐，封弟弟虞于唐，而把唐国国君迁到杜，称杜伯，子孙居杜城，因以为姓氏。二是杜康之后。相传杜康是上古黄帝时期的人，善于造酒，后成为杜姓始祖。三是出自其他民族和氏族改姓。

杜姓以今陕西西安为发祥地，春秋战国时期，杜姓已有徙居楚、鲁等国者。先秦至汉，杜姓主要繁衍于今陕西，后从陕西迁至山东，再至河南，终又复归陕西。魏晋南北朝时期，杜姓南迁今湖北、四川、浙江。明初杜姓作为山西洪洞大槐树迁民姓氏之一，分迁于今河南、河北、山东、江苏、安徽等地。明清之际，杜姓已遍布全国各地，且远播海外。

杜姓历史人物有杜预，西晋名将、学者。因灭吴有大功，封当阳县侯，多谋略，善处事，时人谓之"杜武库"。博通经史，著有《春秋释例》

《春秋长历》《春秋左氏经传集解》等。《集解》被收入《十三经注疏》。杜如晦，唐初将领、政治家。与政治家房玄龄共掌朝政，订制各种典章制度。杜如晦长于决断，房玄龄善于谋划，两人契合，时人合称"房杜"。杜甫，唐诗人。其自幼好学，知识渊博，颇有政治抱负。杜诗一向以反映现实和忧国忧民而备受推崇，有诗史之誉。代表作有《望岳》《兵车行》"三吏""三别"等。世称杜少陵、杜工部。杜牧，唐诗人。诗文中多指陈讽喻时政之作，与李商隐齐名，时号"李杜"；又别于杜甫，称为"小杜"。著有《樊川文集》。

杜姓在《百家姓》中排在第一百二十九位。

　　阮姓的来源主要有三个。一是以国名为姓氏。殷有阮国，在泾渭之间，后为周文王所灭，子孙以国为氏。二是源于地名。秦朝时有九阮郡，当地居民遂以阮为姓氏。三是改姓。东晋末期有石姓人改姓阮。

　　阮姓发源于甘肃泾川，在周代到秦这一历史时期内，逐渐向今陕西、河南、山东、山西、河北等地播迁。"永嘉之乱"，阮姓避乱南迁，到达今江苏、浙江，并有一支阮姓远徙于广西合浦。南北

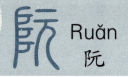

Ruǎn
阮

朝时，阮姓逐渐在今安徽、江西、湖北、湖南等地落籍，并有阮姓进入越南。隋统一后，有南朝阮姓回迁北方。唐时阮姓入迁今福建，唐末五代时有阮姓入居今四川、广东。明初，山西阮姓作为洪洞大槐树迁民姓氏之一，被分迁于今山东、河南、江苏、安徽、湖北等地。明中叶后，有渡海赴台湾者。清康乾后，有阮姓闯关东到东北三省定居。如今，阮姓尤以浙江、福建、山东、湖

北等省为多。

阮姓历史人物有阮瑀，汉末文学家，"建安七子"之一。善作章表书记，也长于写诗。阮籍，三国魏文学家，世称阮步兵。能诗善文，与嵇康齐名，为"竹林七贤"之一。崇尚老庄玄学，蔑视礼教，旷达不羁，尝以"白眼"看待"礼俗之士"，后期则"口不臧否人物"。常纵酒昏酣，在当时复杂的政治斗争中以此保全自己。后人辑《阮嗣宗集》。阮咸，西晋名士、音乐家。与叔父阮籍并称"大小阮"，为"竹林七贤"之一。官至散骑侍郎。主张越名教而任自然。阮瞻，西晋官吏，阮咸子。清静寡欲，自得于怀。读书不甚研求，而默识其要，以主张无鬼论而名重一时。善弹琴，人多往求听，不问贵贱长幼，皆为之弹奏。阮元，清学者。主编《经籍纂诂》，校刻《十三经注疏》，汇刻《皇清经解》等。

阮姓在《百家姓》中排在第一百三十位。

Lán

蓝

　　蓝姓的来源主要有三个，一是以封地为姓氏，源于嬴姓。梁惠王三年，秦子向受命为蓝（即蓝田，今陕西蓝田县）君，他的后代遂以封邑地名为姓，称蓝姓。二是出自芈姓。楚国有贵族食采于蓝邑，其后代遂以蓝为姓氏。三是少数民族姓氏。今壮、满、瑶、回等民族中均有此姓。

　　蓝姓起源于今陕西蓝田，秦汉之际，主要繁衍于中山郡、东莞郡与汝南郡。汉魏之后，蓝姓逐渐播迁于黄河中下游诸省，并有南徙于今安徽、湖北、江苏、浙江等地者。隋唐年间蓝姓大举南迁。宋元时期，蓝姓除繁盛于福建外，今广东、广西、湖南、四川都有蓝姓繁衍生息。明初，山西蓝姓作为洪洞大槐树迁民姓氏之一，被分迁于今陕西、甘肃、河南、天津、北京、江苏等地。明中叶后，蓝姓有赴台湾者，此间亦有播迁云南、贵州以及越南等东南亚国家。今东北三省亦有蓝姓入居。如今，蓝姓尤以广西、广东等地为多。

蓝姓历史人物有蓝玉，明代名将，勇敢善战，积功甚多，被封为凉国公。后居功骄横，所为不法，为朱元璋所杀，牵连致死者达一万五千人。蓝瑛，明画家。以画为生，尤其擅长画山水，初师黄公望，后又师法郭熙、李唐以及米芾等，功力深厚。曾游历大江南北。其画笔墨爽劲疏宕，气势博大，画风苍秀；以石色写山石树木，而不勾勒，色彩浓丽夺目。亦能画花卉，兼工带写，颇富生趣。蓝瑛在明末影响很大，师承者甚众，为武林派之创始人，亦有人称其为浙派殿军。有《秋山红树图》《江皋话古图》等传世。

蓝姓在《百家姓》中排在第一百三十一位。

　　闵姓的来源主要有两个。一是以谥号为姓氏，源于姬姓。春秋时鲁闵公之后，以其谥号为姓氏，即有闵氏。二是出自鲁国公族，为鲁大夫闵子马之后。

　　闵姓发源于春秋时鲁国，后逐渐在今山东大地散播开来。秦汉之际，闵姓散居于今陕西、河北、河南、山西等省。东汉中叶，闵姓西迁甘肃，并在陇西郡繁衍生长，后昌盛为闵姓陇西郡望。三国两晋南北时，闵姓避乱进入今安徽、江苏、江

Mǐn
闵

西、浙江、湖北等南方省份。唐宋之际，闵姓渐在长江中下游地区播迁开来。宋末元初，闵姓为避乱迁移今广东。明初，山西闵姓作为洪洞大槐树迁民姓氏之一，被分迁于今甘肃、山东、河南、宁夏、北京、天津、陕西等地。明末，闵姓播迁于台湾，也有一部分漂洋过海，远徙东南亚及欧美各地。东北三省、内蒙古、云贵高原等地均有闵姓人入迁。如今，闵姓尤以陕西为多。

闵姓历史人物有闵子骞，春秋末鲁国人，孔子学生，为七十二贤人之一，世称"笃圣"。他生性善良、宽容，崇尚节俭，刚正不阿，深受后人尊重。闵贡，东汉官吏。后客居安邑，贫病交加，日买猪肝一片为食。屠夫嫌利薄，有时不肯卖，县令命属吏保证供给，他得知后不愿以此惊动众人，遂移客沛国，时称节士。闵齐汲，明文字学家。精通文字学，多有建树，著《六书通》。为雕版套印之先河，刊刻善本秘籍。与族人闵齐华、闵象泰等三十余人历时二十余年，刊刻印刷书籍计117部145种。其双色、三色、四色、五色套印之经、史、子、集被视为书中精品，士民争购，风靡天下，为一时之冠。世所传朱墨字版、五色版谓之"闵本"者，多为其所刻。

　　闵姓在《百家姓》中排在第一百三十二位。

席 Xí 席

席姓的来源主要有两个。一是改姓，出自籍姓。战国时晋国大夫伯黡，负责管理晋国典籍，以籍为姓，其后人为避项羽讳改为席。二是席师后代。据说尧为部落首领时，遇席氏老翁击壤而歌，尧听后很佩服，乃拜其为师。

汉朝建立后，刘邦迁六国贵族后裔和关东豪族于关中，席姓被强迁到安定（今宁夏固原）、临泾（今甘肃镇原）两地。东汉时席姓进入今河南、陕西等省。南北朝时席姓迁入今江苏、安徽、四川、湖北等南方省份，也有进入今山西、河北等北方省份者。隋唐时，席姓依旧以今河南、陕西、甘肃、宁夏等北方省份为主要聚居地，宋靖康之耻后，席姓南迁者逐渐多起来，今浙江、江西、福建等地均有席姓人入迁。元代以后，今广东、广西、云南等地也有席姓入迁。明初，山西席姓作为洪洞大槐树迁民姓氏之一，被分迁于今河南、河北、江苏、安徽、山东等地。如今，席姓尤以河南、陕西等省为多。

席姓历史人物有席豫，唐诗人。开元初，升任监察御史，后又任考功员外郎，善于选拔人才，为时所称。后为吏部侍郎，任职六年，所拔寒士多至台阁，时人尊为"席公"。玄宗曾登朝元阁赋诗，群臣奉和，玄宗以豫诗最工，下诏褒美。席佩兰，清女诗人，因善画竹，自号佩兰。自幼聪颖过人，文思敏捷，善于写诗。嫁给同郡人进士孙原湘，志趣相投，可谓风雅伉俪。后受业于袁枚，深得赏识，并引为知己。

席姓在《百家姓》中排在第一百三十三位。

季姓的来源主要有四个。一是源于姬姓。春秋时，鲁桓公之子季友的后代为季孙氏，后来简称季氏。二是以排行为姓氏。春秋时齐、楚、魏等国皆有季氏。三是源自季札。春秋时，吴国公族季札贤明仁德，其后人遂入以季为姓氏。四是少数民族姓氏。唐时西赵渠帅有季姓。

季姓来源较繁杂，西汉时今湖北、江苏等地已有季姓人。东汉到魏晋南北朝时期，季姓曾经昌盛于今河北、山东、安徽一带。两宋时，江南之

季姓名人渐多，季姓主要聚居于今江苏、浙江，此时北方之季姓则处于分散、小规模的聚居状态。宋元时期，部分季姓迁往今广东、福建、江西、湖北等地。明初，山西季姓作为洪洞大槐树迁民姓氏之一，被分迁于今河北、河南、山东、湖南、湖北等地。如今，季姓尤以江苏、浙江为多。

季姓历史人物有季布，楚汉战争中为项羽部将，数次围困刘邦。汉朝建立后，被刘邦追捕，

由著名游侠朱家通过夏侯婴向刘邦进言，得赦免。后任河东守。他本为楚地著名"游侠"，十分信守诺言，时人称："得黄金百斤，不如得季布一诺。"季振宜，清藏书家。家资豪富，藏书成痴，江南故家之书多归之。藏书家钱曾的"述古堂"珍本亦多归之。黄丕烈为其刻《季沧苇书目》。季羡林，中国著名文学家、语言学家、历史学家、教育家和翻译家等，精通多国语言。在梵学、佛学、中国文学、文艺理论等多个领域有较深的研究，主要作品有《印度古代语言论集》《东方语言史》《大唐西域记校注》《季羡林文集》等。

　　季姓在《百家姓》中排在第一百三十四位。

Qiáng

强

　　强姓的来源主要有四个。一是源于姬姓，是黄帝玄孙禹彊的后代。二是郑国大夫强钼之后。三是源于姜姓，齐国公侯公孙强之后。四是少数民族姓氏。如十六国时前秦苻坚后代姓强。

　　强姓起源于今河南新郑，历秦汉两代，强姓在今安徽宣城一带形成大族，昌盛为强姓丹阳郡望。魏晋南北朝时期，强姓已分布于今甘肃、陕西、河南、湖北、安徽等地，丹阳郡强姓也有入迁今江苏、浙江者。唐时强姓播迁到南方各地，元灭宋时，强姓遍布今福建、江西、广东、四川等南方省份。明末，山西强姓作为洪洞大槐树迁民姓氏之一，被分迁于今河北、山东、江苏、陕西等地。自清代至今，强姓遍及东北、西北、西南各地。如今，强姓尤以安徽为多。

　　强姓历史人物如强蒙，唐大历中江南隐士，在湖州参与颜真卿、皎然等数十人之联唱，后结集为《吴兴集》。强蒙精通《论语》，善医术。强至，字几圣，杭州人。宋仁宗庆历进士。善诗文，其子浚明集其所遗诗文为《祠部集》四十卷，曾巩作序，已佚。强行建，清朝人。家贫好学，工诗书，善篆刻，著有《印管》《印论》等书。

　　强姓在《百家姓》中排在第一百三十六位。

贾姓的来源主要有两个。一是以国名为姓氏，源于姬姓。周康王封唐叔虞少子公明于贾（今山西襄汾西南），号为贾伯。春秋时，贾国为晋所灭，贾伯公明的后裔以国为姓氏，称贾氏。二是以采邑为姓氏，为狐偃之后。狐偃之子狐射食采于贾，后为贾氏。

贾姓最初发源于今山西襄汾西南，先秦时开始进入今河南、山东等省。三国两晋南北朝时期，贾姓南迁，辗转分布于江浙各地。唐末，贾姓再次

Jiǎ
贾

南迁，进入今福建、广东、湖北等省。元明清时期，贾姓人不断迁徙、发展播迁，后来有人移居海外。如今，贾姓尤以山西、河北、四川为多。

贾姓历史人物有贾谊，西汉政论家、文学家。勤奋博学，善文章，文帝初招为博士。任长沙王太傅时渡湘水而作《吊屈原赋》。所著政论文《过秦论》《陈政事疏》《论积贮疏》等世代传诵。贾逵，东汉经学家、天文学家。一生著述颇多，

后世称为"通儒"。贾思勰，北魏农学家，他的《齐民要术》一书，系统地总结了汉以来北方农业生产经验和技术知识，为我国现存最早的完整的农业著作。贾岛，唐诗人。作诗刻苦求工，注重锤炼词句，有"二句三年得，一吟双泪流"之说。相传他欲改"僧推月下门"句的"推"为"敲"，苦思时以手作推敲之势，闯入京兆尹韩愈的仪仗，韩愈为之商酌，决用"敲"字。"推敲"一词，即由贾岛而来。

贾姓在《百家姓》中排在第一百三十七位。

路 Lù

路姓的来源主要有四个。一是以地名为姓氏。路，原为水名，作潞。初汉置路县，东汉改为潞县，该县有许多人以潞命氏，称潞姓，后复为路姓。二是以爵号为姓氏。唐尧时，帝喾后裔玄元因功封为路中侯，其子孙以爵号为姓。三是出自妘姓，陆终后裔。陆终有六子，第四子求言受封于路，子孙以路为姓。四是改姓。北魏时代北三字没路真氏改姓路。

两汉时路姓已分布于今河北、北京、河南、山西等北方地区，并已有落籍今四川者。魏晋南北朝时期，路姓在今河南省境内形成五个郡望：襄城郡、陈留郡、河南郡、内黄县、颍川郡。此外，路姓人在今河北大名、宁夏固原、陕西西安一带也形成大的聚落，一直延续到隋唐。隋唐时路姓扩展至今山东境内，宋时有人徙居潭州湘潭（今属湖南）。明初，山西路姓作为洪洞大槐树迁民姓氏之一，被分迁于今河南、河北、山东、天津等地。如今，路姓尤以河北、山东、安徽、河南等省为多。

路姓历史人物有路温舒，西汉臣。少家贫好学，曾上书反对刑讯逼供，主张废除诽谤罪，以便广开言路。今存文《尚德缓刑书》一篇，语言精练，文中用语如"画地为牢""死有余辜"等，成为后世常用的成语。路振，北宋学者。长于赋颂，文辞温丽，为名家所称，尤长诗咏。曾采五代九国君臣事迹，撰为《九国志》，可补正史之缺。

路姓在《百家姓》中排在第一百三十八位。

娄姓的来源主要有三个。一是以国名为姓氏，源于曹姓。春秋时邾娄国（今山东邹城东南）子孙有以国为姓氏者。二是以祖辈名字为姓氏，为离娄后裔。据说离娄为黄帝时圣人，能视百步之外，察秋毫之末，其后人有以娄为姓者。三是改姓，北魏改代北匹娄氏、伊娄氏、乙那娄氏为娄姓。

娄姓在战国、秦代时主要繁衍于今山东大地。西汉时有徙居今河南南阳、杞县等地者。并有一部分娄姓落籍今安徽亳州，后经繁衍，昌盛为娄姓谯郡郡望。三国两晋南北朝时期，娄姓落籍于今江苏、浙江，并且在今浙江金华一带形成大的聚落。唐时，北方娄姓大量迁入今江西。宋元时期，今湖北、湖南、四川、福建、广东等省均有娄姓人居住。元末以后，今广东、四川、湖南等地的娄姓有入迁今云南、广西、贵州者。明初，山西娄姓作为洪洞大槐树迁民姓氏之一，被分迁于今河北、河南、甘肃、陕西等地。清朝时，娄姓有人迁入东三省。如今，娄姓尤以贵州、江西、黑龙江、河南等省为多。

娄姓历史人物有娄敬，西汉名臣。早年帮助刘邦入都关中，赐姓刘。后刘邦攻打匈奴失败，他主张与匈奴和亲结好，高祖采纳其建议，并派他出使匈奴缔结和亲之约。娄师德，唐高宗、武则天时大臣。前后在边要为将相三十余年，以谨慎忍让闻名。娄坚，明诗人。其诗歌风格清新，时人合刻唐时升、程嘉燧、李流芳及娄坚诗，名《嘉定四先生集》。

娄姓在《百家姓》中排在第一百三十九位。

江
Jiāng
江

　　江姓的来源有三个，一是以国名为姓氏，源于嬴姓，伯益之后。伯益的后裔受封于江陵，成立江国。春秋时江国被楚国所灭，江国子孙以国名江为姓，遂有江姓。二是出自翁姓。宋初，福建人翁乾度生子6人，分姓洪、江、翁、方、龚、汪六姓，其子处恭分姓江。三是源自改姓。有鲁姓、萧姓改为江姓。

　　江姓发源于今河南正阳。江国灭亡后，江氏有部分北上淮阳（今属河南），再北迁至陈留圉县（今河南杞县于镇），后又迁到济阳考城（今河南兰考）。又有一部分逃至齐（今山东临淄一带）、陵阳（今安徽石棣东北）以及郧阳。西汉时有江姓迁往今山东济水之南。晋时有迁居凉土（今属甘肃）者。唐时江姓已遍布北方地区。唐初江姓迁入今福建。明初，江姓作为山西洪洞大槐树迁民，被分迁于今江苏、浙江、山东、河南、湖南等。明清时期，江氏入台湾，后又移居海外。如今江姓尤以江苏、广西、安徽、四川、广东、湖北、福建等省区为多。

江姓历史人物有江统，西晋人。有文才，著有《徙戎论》。江淹，南朝梁文学家。早年便以文章扬名，晚年所作诗文不如前期，故人说"江郎才尽"。其诗歌多为拟古之作，赋以《恨赋》《别赋》最为出名。江永，清经学家、音韵学家。通天文、地理，专心《十三经注疏》，而于"三礼"用功尤深。精于音律、校勘。江藩，清经学家。博通群经，精训诂，工诗赋，家藏万卷书。曾被阮元聘为丽正书院山长。著《国朝汉学师承记》《国朝宋学渊源记》，把经学分为汉宋两大派，宗汉抑宋。

江姓在《百家姓》中排在第一百四十一位。

　　童姓来源主要是以祖辈名字为姓氏。源于上古时期黄帝的后裔，黄帝有个儿子叫颛顼，他的儿子名老童，其后人以祖上名字中的字为氏。

　　童姓发源于今山东北部。魏晋南北朝时期，向南迁到今安徽、河南等地，也有定居于今江苏、江西者。唐末五代时期，今浙江、湖南、湖北、四川等地俱有童姓，并有一支入迁福建。至宋元

时期，童姓已成为南方重要姓氏。明初，山西童姓作为山西洪洞大槐树迁民姓氏之一，被分迁于今山东、江苏、浙江、河南、河北等地。如今，童姓尤以云南、浙江等省为多。

　　童姓历史人物有东汉人童仲玉，山东富豪，乐善好施，灾荒年间开仓救济灾民。因其教子有方，其子女也是爱子如民的贤吏。童佩，明代藏书家。拜归有光为师，以诗文往来于士大夫间，诗风清峻。善于考证书、画、金石。童钰，清书画家、藏书家。少年时善于画山水、梅兰竹。其

常在月下绘梅，有"疏影横斜"之妙。爱书如命，无钱则典当衣服而购书，所藏书籍超过几万卷。

童第周，现代生物学家、实验胚胎学家，主要研究文昌鱼等鱼类胚胎，在脊索动物、鱼类和两栖动物方面的研究尤为突出。

童姓在《百家姓》中排在第一百四十二位。

Yán
颜

颜姓的来源主要有两个。一是以祖辈名字为姓氏，源于曹姓。颛顼之玄孙陆终第五子名安，周武王时封于邾（今山东邹县东南）。邾国被楚国所灭，子孙以祖辈字为姓氏。二是以采邑为姓氏，源于姬姓。《通志·氏族略》记载，鲁侯伯禽之支庶食采于颜邑，其后以邑为氏。

颜姓发祥于今山东境内。先秦时已有颜姓入居今河南。东汉时颜姓人散居于今湖北境内。魏晋南北朝时，颜姓发展成为琅琊、鲁国郡望。隋前，颜姓入迁今陕西，并有分居于福建南部及江浙等地者。唐时已有颜姓入川。北宋末年，颜姓播迁江南，南宋末，颜姓有迁两广、两湖之地者。明初颜姓作为山西洪洞大槐树迁民姓氏之一，被分迁于今河南、河北、山东、陕西、湖北等地。清初较多的颜姓入居四川，远迁云贵。康乾年间，颜姓闯关东入东北三省。如今颜姓尤以山东为多。

颜姓历史人物有颜渊，春秋末鲁国人，孔子

学生。贫居陋巷，生活清苦，而不改其乐。孔子也称赞他的德行。颜延之，南朝宋诗人，世称颜光禄。少年家境贫寒，勤奋读书。进入仕途后，直言敢谏。诗与谢灵运齐名，并称颜谢。其诗重雕琢，喜用事，文辞艰深绮密。颜之推，北齐文学家。有《颜氏家训》，以传统儒家思想为立身治家之道。颜师古，唐代经学家、历史学家、训诂学家。撰《汉书注》《急就章注》及《匡谬正俗》。颜真卿，唐代书法家。自幼学书，受家庭影响，又得张旭亲授，并师法蔡邕、王羲之、王献之、褚遂良等人，将诸家风格融会贯通，加以发展，形成独特风格。其楷书一改初唐瘦硬之风，气势庄严雄浑，行草纵横跌宕中具凝练浑厚之势，人称颜体，与柳公权并称"颜柳"。

颜姓在《百家姓》中排在第一百四十三位。

郭姓的来源主要有三个。一是以居住地为姓氏。古代将居住之地作为姓氏的，有城、郭、园、池等。郭为外城，因为住在城外而以郭为姓氏。二是以封邑为姓氏，源于姬姓。周文王之弟封于虢，或称"虢公"，因虢、郭音同，所以也称"郭公"，其后代遂有郭姓。三是夏代郭支和商代郭崇的后裔。

Guō
郭

郭姓发源于今天的河南、山西、陕西等地。先秦两汉时期，郭姓逐渐在阳曲、冯翊、华阳、京兆（今陕西西安）、中山（今属河北）、彭城（今江苏徐州）、馆陶（今属河北）、广平、邯郸、敦煌等地形成望族。魏晋南北朝时期，郭姓人为了躲避战火开始在浙江、江苏等地散居。至宋元时期，郭姓人遍布大江南北。如今，郭姓以河南、河北、山东、湖北、四川等省为多。

郭姓历史人物有郭隗，战国燕人。昭王计

划招贤纳士以报齐仇，问于郭隗。他说："王欲致士，先自隗始，隗且见事，况贤于隗者乎？"于是，昭王为隗筑宫而师事之。乐毅、邹衍、剧辛等名士闻风而至，争相来到燕国。燕国逐渐富强，最终攻破了齐国。郭璞，东晋文学家、训诂学家、博物学家。曾注释《尔雅》《山海经》《方言》《穆天子传》等。其中《尔雅注》含有丰富的动、植物知识。郭子仪，唐将领。曾出任天下兵马副元帅，封汾阳郡王，安史之乱时率唐军收复长安、洛阳，屡建奇功。曾提出削减冗官、选贤任能和轻徭薄赋的主张，并注意与少数民族修好，善待回纥，共破吐蕃。他历事四朝，勤于职守，对巩固唐朝封建统治起了重要作用。

郭姓在《百家姓》中排在第一百四十四位。

Méi
梅

　　梅姓的来源主要有两个。一是以国名为姓氏，源自子姓。殷商时期，君王太丁封其弟于梅（今安徽亳县南），为伯爵，世称梅伯。后来梅伯冒死直谏被纣王所醢，后世子孙遂以国为氏。二是为古代少数民族姓氏。汉代南方有梅姓，北狄夷酋长有梅姓。

　　梅姓发祥于今湖北黄梅一带，后大批迁徙至河南汝南。先秦时有梅姓生活在今安徽、湖南。魏晋南北朝时期，梅姓在汝南形成郡望。隋唐以前，梅姓已分布于今湖南、湖北、江苏、安徽、浙江等江南广大地区。隋末，梅姓避居南方，并有一支入川。宋元时，梅姓在江南各省繁衍。明初，梅姓作为山西洪洞大槐树迁民姓氏之一，被分迁于今河南、山东、河北、江苏等地。清以后，梅姓有渡海赴台、侨居海外者。如今，梅姓尤以云南、浙江、江西、安徽、江苏、河南等地为多。

　　梅姓历史人物有梅尧臣，北宋文学家。其诗

意境含蓄、清新朴素。在平淡中追求细腻，写村居生活幽美如画，一矫宋初空洞靡丽之风。有作品《宛陵先生文集》。梅鼎祚，明代著名曲作家。追求古雅清丽的风格，终生以书为友。长于诗文，王世贞称其诗文为当时之冠。梅清，清代黄山派画家、诗人。笔法挺秀，墨色苍浑，画松别有风致。梅兰芳，现代京剧表演艺术家，开创梅派艺术。与尚小云、程砚秋、荀慧生并称"四大名旦"。梅兰芳还是一位抗日的人民艺术家，他在抗战期间蓄须明志，誓不为侵略者演出。代表作有《贵妃醉酒》《霸王别姬》等。

梅姓在《百家姓》中排在第一百四十五位。

盛姓的来源主要有三个。一是以国名为姓氏，源自姬姓。周武王灭商后，分封了许多同姓诸侯国，其中就有盛国，后为齐国所灭。盛国公族子孙遂以国名为姓。二是为改姓，汉元帝名刘奭，因避讳，奭姓人改为盛姓。三是少数民族改姓。清朝满族有盛佳氏，进入中原后改为盛姓。

盛姓发源于河南，先后在汝南（今河南上蔡）、梁国（今河南商丘）形成望族。东汉时期盛姓迁徙至四川、云南等地。目前盛姓在全国各地均有

分布，尤以北京、河北、山东、湖北、江西、四川、云南等地为多。

盛姓历史人物有盛度，宋朝人。自幼聪明勤奋，当年边境遭契丹侵扰，他多次上书朝廷，陈述守边之策。奉使陕西，途中实地考察地理水文，并参照《汉书》绘制西域图献给真宗。盛度一生好学，手不释卷。曾奉诏编续《通典》《文苑英华》。盛懋，元代末年著名画家，嘉兴武塘（今浙

江嘉兴）人。其父擅长作画，盛懋受其影响而长于山水，也精通人物花鸟。当时吴镇的墨竹、岳彦高的草书、章文茂的文笔以及盛懋的山水，被人们誉为"武塘四绝"。

盛姓在《百家姓》中排在第一百四十六位。

Lín
林

林姓的来源主要有三个。一是以祖辈名字为姓氏，源于姬姓。东周周平王之子姬林开，其子孙以他的字为姓。二是以居住地为姓氏，源于子姓。商纣时期比干的儿子避难居于长林，后世子孙因以为姓。三是改姓。北魏孝文帝迁都洛阳时，鲜卑族有丘林氏改为林姓。

林姓发祥于河北境内。春秋时期，林姓散居于周、鲁、齐、卫等地。战国时期，林姓迁至西河。汉时，林姓在济南成为望族。东汉末三国时，林姓大批南迁至江浙一带。西晋末年，林姓进入福建。明清之际，福建、广东沿海地区林姓开始移居台湾。目前林姓在福建、广东、台湾三省分布较多。

林姓历史人物有林默娘，真名林默，北宋人。默娘自幼聪颖过人，读书过目成诵，传说能通天佑民、驱邪治病、祈雨济世。父兄遇海难，默娘于大海遍寻父尸，时称孝女。后坐化。乡里人感其恩德，立庙祭祀，后世尊称为妈祖，历代皇帝均有封赠。林则徐，清大臣，一生清正廉洁，忧国忧民。严令禁烟，多有成效。以禁毁鸦片的爱国之举而留名青史。林徽因，建筑学家、诗人。中华人民共和国成立前与梁思成一起研究中国古代建筑，成为中国建筑学的奠基者。中华人民共和国成立后为保护文化古迹作出了重要贡献。文学方面的代表作有《你是人间四月天》《九十九度中》。

林姓在《百家姓》中排在第一百四十七位。

刁姓的来源主要有四个。一是以祖辈名字为姓氏，春秋时齐国大夫竖刁之后。二是由雕姓所改。周文王时，有同姓国雕国，其国人多姓雕，后更改为刁姓。三为貂姓所改，春秋时齐国有貂勃，齐国皇后也姓貂，为了避讳，貂勃改为刁姓。四是为刀姓所改，明时云南刀氏有改姓刁者。

刁姓最早发源于今山东。魏晋南北朝时期，刁姓在渤海郡和弘农郡繁衍得十分兴旺。晋室南渡，刁姓迁徙至江南。隋唐时期，刁姓仍以北方为主要

Diāo
刁

聚居地。但在今江苏、浙江、安徽、湖北等南方开始有刁姓入居。宋元时期，今福建、广东、广西、云南、贵州均有刁姓人入迁。明初，山西刁姓作为洪洞大槐树迁民姓氏之一，被分迁于今河北、东北、甘肃、天津等地。如今，刁姓尤以贵州、湖南等地为多。

刁姓历史人物有刁韪，东汉大臣。桓帝时为侍御史，与陈蕃为莫逆之交，因为朋党之罪而被

禁锢。后来为鲁、东海二郡郡守。生性耿直，料事如神。刁光胤，五代画家，性情高洁，善画湖石、花卉、鸟雀。作画勤勉，"非病不休，非老不息"。

刁姓在《百家姓》中排在第一百四十八位。

钟 Zhōng

钟姓的来源主要有两个。一是以采邑为姓氏。宋桓公曾孙伯宗为晋国大夫，因直言被害。儿子州犁逃至楚国，食采于钟离，后人于是以地名为姓氏或单称钟姓。二是为钟离氏所改。项羽手下有钟离昧，他的儿子钟接，就改为单姓钟。

钟姓发源于今安徽境内。三国时，钟姓以今河南为其繁衍中心。晋时渡江，钟姓迁入江南。唐朝，钟姓分布于今四川、山西、广东、安徽一带。宋、元、明时期，今福建、广东等地多有钟姓的聚居点。清朝乾隆年始，福建、广东钟姓陆续有人迁至台湾，进而远居海外。

钟姓历史人物有钟子期，春秋时楚国人。俞伯牙琴技高超，却无人能赏。钟子期能分辨他的琴声是志在高山还是志在流水，所以被伯牙引为知音。钟子期死后，伯牙摔琴绝音。钟繇，三国魏大臣、大书法家。东汉末举孝廉。曹操执政，任侍中、司隶校尉。曹丕代汉，其任廷尉，封崇高乡侯。明帝即位，迁太傅，人称"钟太傅"。他的书法，博采众长，自成一家，尤精于隶、楷。书若飞鸿戏海，舞鹤游天，与王羲之并称"钟王"。

钟姓在《百家姓》中排在第一百四十九位。

徐姓的来源主要有三个。一是以国名为姓氏，源于嬴姓。伯益辅助大禹治水有功，其子若木被封于徐国，后世子孙遂以国为姓。二是徐偃王的后代。徐，古族名，为东夷之一，后建立徐国，子孙以徐为姓。三是李姓所改。如五代时李昪改姓徐，其后代遂以徐为姓。

先秦时期，徐姓活跃于今安徽、江苏、河南、山东等地。魏晋南北朝时期，徐姓已经迁徙至今河北、山西、甘肃、江西、广西、四川、湖北等地。唐时，徐姓始入居今福建和广东，明末迁入台湾。宋、元、明时期，徐姓在今江西、浙江、江苏、福建四省繁衍最盛，尤其在江苏，形成了五大望族。

Xú
徐

徐姓历史人物有徐干，东汉末年文学家，建安七子之一。诗赋俱佳，后人辑有《徐伟长集》。徐陵，南朝文学家。他是宫体诗的代表作家，其诗歌骈文，轻靡绮艳，与庾信齐名，编有《玉台新咏》，后人辑有《徐孝穆集》。徐霞客，明代杰出的旅行家和游记文作家，《徐霞客游记》既有地理学价值又有文学价值。徐光启，明代科学家，官至礼部尚书兼东阁大学士，尤以农学、天文学见长，编著有《农政全书》等。徐渭，明代杰出文学家、书画家。擅长水墨花竹，兼善人物、山水。自称书法第一，而长于行草，有《徐文长全集》。徐悲鸿，现代著名画家、美术教育家。少时勤奋学画，留法学成后将中西画法融为一体。长期从事美术教育工作。国画、油画、素描兼善，以画马驰名中外。

徐姓在《百家姓》中排在第一百五十位。

Qiū

邱

　　邱姓的来源主要有两个，一是以封地为姓氏，源于姜姓。姜太公吕尚被封于齐，建齐国，建都营丘（今山东淄博东北），其子孙中后有以地名为姓氏的，称为丘氏。清朝时，避孔子名讳，将"丘"改为"邱"，二姓原为一姓。二是以地名为姓氏，出自妫姓。春秋时期陈国宛丘、邾国若丘的居民都以"邱"为姓氏。

　　春秋时，邱姓聚居于今山东一带。晋代已有邱姓迁至今陕西、浙江、内蒙古等地。南北朝至五代，邱姓除在上述地区发展外，还分布于今江苏、山西、四川等地。唐初又有中原邱姓随陈政、陈元光父子进入今福建。宋代，邱氏称盛于福建，同时已有迁入今江西、安徽、湖南、广东、广西等地者。至明代，今贵州、云南等省也都有邱姓的聚居点。从清初开始，福建、广东邱姓陆续有人迁到台湾，后又有移居海外者。如今，邱姓尤以四川、湖南、广东、湖北为多。

邱姓历史人物有邱处机，也作丘处机，自号长春子，为全真教七子之一，十九岁时拜王重阳为师，出家为全真道士。曾被成吉思汗召见，死后元世祖忽必烈褒赠"长春演道主教真人"封号。邱少云，中国人民解放军烈士。抗美援朝时，为了不暴露自己部队潜伏的位置，他趴在烈火中纹丝不动直至牺牲。

邱姓在《百家姓》中排在第一百五十一位。

　　骆姓的来源主要有三个。一是以祖辈名字为姓氏，源于姜姓。姜太公之后公子骆，后世子孙以祖名为姓。二是殷纣臣子恶来革的玄孙名为大骆，子孙以其名为姓。三是少数民族改姓，北魏代北人他骆拔氏，后改为骆姓。

　　骆姓早期发源于今山东境内。秦汉至魏晋时期，今北方的陕西，南方的浙江已有骆姓人。

Luò
骆

"永嘉之乱"时，骆姓南下，与原居浙江会稽的骆姓相融合，逐渐形成会稽郡望。隋唐时期，骆姓在今河南洛阳、内黄等地繁衍迅猛，成为著姓，并逐渐北迁至今河北、山西等地。宋元时期，江浙一带骆姓，播迁到今福建、广东，后又逐渐远迁云、贵等地。明初，骆姓作为山西洪洞大槐树迁民姓氏之一，被分迁于今浙江、河南、河北、山东、北京等地。明中叶以后，沿海骆姓有渡海定居台湾者。如今骆姓尤以广东、贵州、北京等地为多。

　　骆姓历史人物有骆宾王，唐代文学家。徐敬

业起兵反对武则天，他撰写《伐武曌檄》，武则天见后大加赞赏。徐失败后，他不知所终。其诗擅长长篇歌行，内容多写个人哀怨，为初唐四杰之一。骆绮兰，清代女画家、诗人。早年丈夫去世，潜心于诗文书画创作，抒发自己的孤寂之情。其出众的诗画才情，深得清袁枚、王昶诸等文坛名士的赏识。

骆姓在《百家姓》中排在第一百五十二位。

高 Gāo
高

    高姓的来源主要有三个。一是以采邑为姓氏，源于姜姓。姜太公后人受封于高邑，因以采邑为姓氏。二是以祖辈名字为姓氏，源于姜姓。春秋时齐惠公之子公子祁，字子高，子孙后代遂以祖辈的字为姓氏。三是源自少数民族改姓。如后燕皇帝慕容云自称祖为高阳氏后裔，遂改姓高。

    高姓发源于今河南、山东一带。战国时期，高姓自山东迁入今河北、辽宁。汉代末年，有一支高姓由今甘肃陇西南迁至云南滇中。高姓大批南迁始于西晋"永嘉之乱"时。唐初，有高姓进入今福建开辟漳州。宋绍圣元年间，高升太夺取大理段氏政权。中国历史上，高姓称帝王者14人，曾建立北齐、燕、荆南等政权。如今，高姓尤以山东、河北、江苏、安徽等地为多。

    高姓历史人物有高渐离，战国末年时燕人，擅长击筑，燕太子丹派荆轲谋刺秦始皇，高渐离到易水送行，他击筑，荆轲和歌。荆轲死后高渐离也因刺杀秦始皇被杀。高适，唐朝诗人，与岑参齐名，并称为"高岑"。其边塞诗以描写边塞风光、士兵生活、人民疾苦为主，将主观情感融入景色之中，悲壮雄浑、进取奔放。其代表作有《燕歌行》。高鹗，清代文学家，《红楼梦》后四十回的续写者。其也能写诗作词，代表作有《月小山房遗稿》。

高姓在《百家姓》中排在第一百五十三位。

夏姓的来源主要有三个。一是以国号为姓氏，源于姒姓。周封夏后于杞，其不得封者以夏为姓。二是以祖辈名为姓氏，源于妫姓。陈宣公的儿子子西，字子夏。其孙征舒以祖父之字为姓，称为夏征舒，其后遂有夏姓。三是出自改姓，为夏侯氏所改。

秦代以前，夏姓主要在中原地区生息繁衍，并逐渐迁往今陕西、山东、安徽、山西、河北等地。魏晋南北朝时期，夏姓还主要活跃于我国北方广大

Xià
夏

地区，特别是中原一带，后大举南迁，分布中心移向江南。唐宋后，夏姓主要聚居于今安徽、浙江、湖南、湖北、江苏、福建和广东、广西等地，尤以浙江分布最多。

夏姓历史人物有夏竦，北宋大臣，古文字学家、文学家。他聪敏好学，经史、百家、阴阳、律历至佛老之书，无所不通。文章典雅藻丽，治军赏罚分明。对疾病死丧者，关怀备至。著文集

百卷。夏圭，南宋杰出画家，早年工人物画，后以山水画著称。画风洒脱，糅合李唐、范宽与米芾的画法，善用秃笔，苍劲豪放中见浑融滋润。构图多作半边或一角之景，时称"夏半边"。夏昶，明代著名画家，不仅善画，而且善书能诗，其诗词清丽，书工正楷，其画擅长竹石，气韵生动，当时被推为第一。夏衍，中国剧作家、电影艺术家、社会活动家。长期致力于民族文化事业、统一战线工作和对外文化交流工作，对中国戏剧、电影事业作出了重要贡献。

夏姓在《百家姓》中排在第一百五十四位。

Cài

蔡

　蔡姓的来源主要有两个。一是以国名为姓氏，源于姬姓。周武王分封同姓诸侯，将其弟叔度封于蔡（今河南上蔡西南）。蔡国后被楚国所灭，子孙以国为姓氏。二是少数民族改姓。女真族乌林答氏、满族蔡佳氏进入中原后均改为蔡姓。

　蔡姓早期主要在今河南境内繁衍。先秦时期，蔡姓散居于今湖北、陕西、河南、山西、山东等地。秦汉时期主要在中原地区发展，且以今河南、山东为其繁衍中心。魏晋南北朝时期，蔡姓大举南迁，辗转定居于江浙各地。唐初，蔡姓已入迁今福建、广西，安史之乱爆发后，蔡姓又一次大举南迁，逐渐发展成福建大姓。宋时蔡姓再次大规模进入今江苏、浙江、安徽、福建、广东等地。现今蔡氏尤以广东、浙江、江苏、四川等地为多。

　蔡姓历史人物有蔡伦，东汉人。其改进造纸术，创造用树皮、麻头、敝布、渔网造纸之法，时称蔡侯纸。蔡邕，东汉著名文学家、书法家。

博学多才，通经史、善辞赋、工篆隶，曾创"飞白"书。蔡文姬，蔡邕之女，东汉时著名女诗人，天生丽质，博学多才，精通音律，其代表作品《胡笳十八拍》尤为著名。蔡元培，民国著名教育家，积极倡导科教育人，实行先进办学方针，提倡民主、科学，奠定了我国现代教育制度的基础。他"思想自由、兼容并包"的主张使北大成为新文化运动的摇篮。他曾先后出任北京大学校长、中央研究院院长、司法部长等职。

蔡姓在《百家姓》中排在第一百五十五位。

田姓的来源主要有两个。一是以封地为姓。陈公子完避祸逃至齐国，食采于田，后以封地为姓氏。二是为黄姓所改。据《明史》所载，明初黄子澄，上削藩之策而被怨恨的割据者所杀，其子避祸改姓田。

田姓最初发源于今山东境内。秦始皇灭六国，田姓向西、北迁播。汉初，田姓迁入今陕西阳陵，后又有田姓迁徙至北平（相当于今河北、天津一带）。魏晋南北朝至隋唐时期，田姓主要分布于长江中

Tián
田

下游以北的广大地区。宋时，田姓南迁至今福建、广东等地。明清之际，田姓遍及大江南北。如今，田姓以河南、四川、山东、河北等地为多。

田姓历史人物有田单，战国名将。乐毅伐齐，齐国岌岌可危，只存二城，田单成功使用反间计并用火牛阵大败齐兵而复国。田骈，战国时思想家，齐国人，早年学黄老之术，讲学稷下，善于雄辩。田汝成，明代文学家，博学工文，尤善为

文，撰写有《炎徼纪闻》《西湖游览志》。田汉，剧作家、戏曲活动家、诗人、文艺批评家。一生创作了大量贴近生活的歌曲，代表作《义勇军进行曲》《毕业歌》表现了中华儿女誓死抗战的决心。

田姓在《百家姓》中排在第一百五十六位。

Fán
樊

　　樊姓的来源主要有两个。一是以封地为姓氏，源自姬姓。仲山甫受封于樊（今河南济源东南），其子孙即以封地为姓氏。二是出于子姓，商朝后代有七大姓氏，樊姓即其中之一。

　　传说樊姓最早发源于今河南，后迁至今山西、山东一带。古代樊姓望族多聚居于上党。樊姓当今在全国分布较广，尤以陕西、河南、江西等省为多。

　　樊姓历史人物有樊於期，战国时秦国将领。避罪于燕，得燕太子丹庇护。荆轲欲替太子丹杀秦王，请求将其首级作为信物才能取信于秦始皇，樊遂自刎而死。樊哙，汉初将领。在著名的鸿门宴中，樊哙持盾闯入，斥责项羽，千钧一发之时使刘邦得以脱身，以军功封舞阳侯。樊准，东汉人。少学儒术，和帝时为尚书郎，后历任御史中丞、议郎、巨鹿太守、河内太守、尚书令、光禄勋。在巨鹿时，对内安抚百姓、发展农业，对外抵御外族入侵，使境内得以安定。樊圻，江苏南京人，清代画家。擅画山水、花卉、人物，与龚贤、高岑、吴宏、叶欣等人并称为"金陵八家"。北京故宫博物院收藏其《柳溪渔乐图》。

樊姓在《百家姓》中排在第一百五十七位。

胡姓的来源主要有三个。一是以谥号为姓氏，源于妫姓。帝舜后人胡公满受封于陈，建立陈国，后为楚所灭，子孙有以胡为姓氏者。二是出自少数民族改姓，北魏鲜卑族有纥骨氏，进入中原后改为汉姓，称胡氏。又汉代胡广本姓黄，后改姓胡。三是少数民族姓氏。西域敕勒族有胡姓。

胡姓起源于周初封地陈国（今河南淮阳），后南迁至新蔡，北至山西。汉代胡姓迁入今陕西、甘肃、山西、山东、湖北等地。西晋末年，胡姓从中原渡江南下，先迁到今安徽，至福建，后入居台湾。如今四川、湖北、江西、安徽、浙江、山东等地多有此姓。

Hú
胡

胡姓历史人物有胡瑰，后唐著名画家，尤工画马，用笔清劲细密，而骨骼体状都生动有神。其代表作《卓歇图》，前半幅表现游牧生活的场景，后半幅表现贵族宴饮的场面，现藏故宫博物院。胡应麟，明代诗人、文艺理论家。挚爱古文，兼善各种文体。代表作《诗薮》完整而系统地对自周至明的作家、作品进行探讨，对中国诗学逐渐走向理论化、体系化产生了深远影响。胡适，中国现代学者、新文化运动的著名人物。美国哥伦比亚大学哲学博士，曾获英美各大学名誉博士学位30余种。1917年发表《文学改良刍议》，提倡文学改革，著有《中国哲学史大纲》《先秦名学史》《白话文学史》等。

胡姓在《百家姓》中排在第一百五十八位。

百家姓

凌 Líng

　　凌姓是以官名为姓氏，源于姬姓。卫康叔的儿子在周朝做官，官职为凌人，是周礼天官之属，为掌冰室之官，其后人就以他的官职作为姓氏，产生了凌氏。

　　凌姓发源于今河北、河南一带，早期的凌氏，比较沉寂。

　　凌姓历史人物有凌统，余杭人，三国时吴国名将。曾与周瑜在乌林大败曹操，也曾率三百人从重围中救出孙权。凌统在军中严于律己，宽以待人，重义轻财，有国士之风，深得孙权赏识。凌濛初，明代著名文学家、小说家和雕版印书家。少年勤奋好学，才华横溢。其著作《初刻拍案惊奇》《二刻拍案惊奇》与冯梦龙所著《喻世明言》《警世通言》《醒世恒言》合称"三言二拍"，是中国古典短篇小说的代表。凌瑝，清代画家，江苏如皋人。工人物、仕女。尤其擅长花卉、禽虫。当时人将梁同书的行楷，践维乔的山水，凌瑝的写生，称为三绝。有作品《墨香居画识》。

凌姓在《百家姓》中排在第一百五十九位。

霍姓的来源主要有两个，一是以国名为氏，源自姬姓。周文王的儿子叔处被封于霍（今山西霍县南），建立霍国，后为晋所灭。霍君的后人遂以原国名为姓，称霍姓。二是以封地为姓氏。晋献公灭霍国后，封先且居于霍地，人称"霍伯"。子孙后代遂以封地名为姓氏。

霍姓源于今山西，秦汉之际向今河南、河北、

Huò
霍

山东等地迁徙。至宋代，霍姓迁徙到今广东、海南、江苏和福建等地。明末清初霍姓从福建迁到台湾。

如今，霍姓人遍及全国各地。

霍姓历史人物有霍去病，西汉杰出的军事家，是名将卫青的外甥。18岁就以善骑射闻名，20岁就能带兵打仗，擅长骑射和长途奔袭。多次率军与匈奴交战，使匈奴节节败退，霍去病也留下了"封狼居胥"的佳话。因战功显赫，被汉武帝封为骠骑大将军。霍光，霍去病之弟，河东平阳（今山西临汾）人，是汉昭帝时宰相，三朝元老。执

掌汉室最高权力近二十年，为汉室的安定和中兴建立了功勋，成为西汉历史发展中的重要政治人物。霍元甲，近代著名爱国武术家，为精武门创始人。世居天津，其父是名显一时的秘宗拳师。霍元甲天资聪颖，毅力惊人，武功在同门中出类拔萃。再加上他以武会友，融合各家之长，使祖传拳艺达到了新的高峰。

霍姓在《百家姓》中排在第一百六十位。

Yú
虞

　　虞姓来源于国名。一是源于妫姓。帝舜的后人封于虞，建虞国，其子孙就以虞为姓。二是源于姬姓。虞国为周文王时分封的诸侯国，后虞国人以国名为姓，是为虞姓。

　　虞姓春秋时已分布于今山西、河南一带，战国时迁至今山东。秦汉之际，虞姓繁衍分布于济阳郡（今河南兰考东北）、陈留郡（今河南开封）。另外，在今陕西西安、河南洛阳、山东淄博一带也有分布。两晋时期，有虞姓南迁至今安徽、江苏、浙江、湖南。南北朝至隋唐时期，虞姓逐渐散居于今江西、湖北，并有入居四川者。宋元间有虞姓迁入福建。明初，虞姓作为山西洪洞大槐树迁民姓氏之一，被分迁于今河北、河南、山东、陕西、东北等地。明中叶有入居台湾者。如今，虞姓尤以浙江为多。

　　虞姓历史人物有虞卿，战国时赵国上卿，曾游说赵孝成王，赵王觉得与其相见恨晚，赏赐黄金、白玉。再见时赵王就拜他为赵国上卿，号虞卿。后因仕途不得意转而著书，有《虞氏春秋》。虞世南，生于隋唐之际。隋时为秘书郎，唐时为秘书监。年少时与兄长世基拜顾野王为师。唐太宗夸赞他："德行绝好，忠直绝好，博学绝好，文辞绝好，书翰绝好。"擅长书法，精于行草，晚年专攻正楷，与欧阳询齐名，一起被称为"欧虞"。虞仲文，金代宰相。自幼聪敏，据说几岁就能作诗。擅长绘画，尤工墨竹。虞朗，清代女画家，喜欢画墨兰，著有《桃源春泛图小影》。

虞姓在《百家姓》中排在第一百六十一位。

万姓的来源主要有两个。一是以祖辈名字为姓氏，源于姬姓。晋国有大夫毕万被封于魏，又称魏万，其子孙以祖辈的字"万"为姓。又源于芮姓。春秋时芮国国君芮伯万，其子孙以祖父的字"万"为姓氏。二是少数民族改姓，南北朝北魏有鲜卑族复姓叶万氏，迁入中原后，改为单姓万。

Wàn
万

万姓当发源于今山西、陕西境内。汉代之前，万姓有入今山东者。魏晋南北朝时期，万姓有避居南方者。北魏叶万氏改单姓万，并壮大形成河南郡望。唐时，今浙江、安徽万姓较多。宋元时，万姓族人举族南迁至今江西、湖北、湖南、天津等地。明朝，万姓作为山西洪洞大槐树迁民姓氏之一，被分迁于今河北、河南、山东、安徽、陕西、北京等地。明清时期，四川、江苏、广东、广西亦有万氏。如今万氏尤以江西、江苏、湖北等省为多。

万姓历史人物有万章，齐国人，战国时期孟子高徒，是最早扬名于历史的万姓先人。史书记载："孟子去齐，绝粮于邹薛，退与万章之徒，序诗书，述仲尼之意，作孟子七篇。"《孟子》中有"万章章句"十八章。万斯同，清代著名史学家，博通诸史，尤精明史。拜黄宗羲为师，精熟明代掌故。他讲求志节，坚决不愿在清朝为官。康熙年间，应邀以布衣参修《明史》。万川，清代著名画家兼绘画理论家。博学能文，擅画花鸟，画作含蓄清新。著有《绘事琐言》《绘事雕虫》等。万家宝，笔名曹禺，中国杰出剧作家。他将古希腊悲剧，莎士比亚、易卜生等西方戏剧因素引入中国，使戏剧成为新文学的范式之一。代表作有《雷雨》《日出》《原野》。

万姓在《百家姓》中排在第一百六十二位。

Kē
柯

柯姓的来源主要有三个。一是以祖辈名字为姓氏，源自姬姓。春秋时有吴国公子柯卢，其后代以"柯"字为姓氏。二是北魏柯拔氏改姓柯，其后世子孙遂为柯姓。三是古代羌族、鲜卑族中都有柯姓，其后代子孙亦为柯姓。

柯姓主源有两支，一支源起于今河南，一支源起于今浙江。秦汉魏晋时，柯姓在济阳郡（今山东东明、河南兰考一带）、齐郡（治今山东淄博）、河南郡（治今河南洛阳）、钱塘县（治今浙江杭州）繁衍生息，成为当地名门望族，并以此四地为主源，逐渐散居于今河南、河北、山西、山东、安徽、江苏、浙江、江西等地。唐至宋时期，均有柯姓进入福建。宋元之际，柯姓遍及今江西、广西、广东、四川、湖南、湖北等南方诸省区。明以后，有柯姓移居台湾。如今，柯姓尤以浙江为多。

柯姓历史人物有柯九思，元朝著名书画家。

好学苦读，长于书画，尤精枯木、墨竹，师法宋代文同、苏轼。又善于鉴别金石书画，元朝宫廷所藏珍品鉴定多经其手。柯维骐，明朝历史学家，专心研究宋史。合《宋史》《辽史》《金史》为一书，以宋朝为正统，附以辽、金。埋头著书20年撰成《宋史新编》。柯乔，明代民族英雄。嘉靖八年进士。为政恪尽职守，建集市，设浮桥，办学校。爱民如子，百姓为他立生祠。任职福建时，加强浙闽海防军务，抗击葡萄牙殖民者，打击走私。后因触犯权贵，蒙冤入狱。

柯姓在《百家姓》中排在第一百六十四位。

管姓的来源主要有两个。一是以国名为姓氏，源于姬姓。周文王之子叔鲜被封于管，建立管国，后被杀。其后代就以国名为姓。二是齐桓公宰相管仲的后代，后人以先祖姓氏为姓。

早期管姓主要繁衍于今山东。秦汉之际形成平原郡望。三国时期，管姓在今河南、福建、辽东一带散居。魏晋南北朝时期，管姓有西去秦陇，

南及潇湘者。唐宋时期，管姓在今江西、福建、广东、江西各地都有踪迹。明代，管姓作为山西洪洞大槐树迁民姓氏之一，被分迁于今河南、河北、山东、陕西、天津、江苏、安徽等地。明清时期，管姓有渡海赴台，进而侨居海外者。如今，管姓尤以江苏、山东等省为多。

管姓历史人物有管仲，春秋时期齐国宰相，在他的辅佐下齐桓公称霸。在他执政的四十余年中，齐国通过改革不断富强。据说《管子》为其所著。管宁，三国时学者，游学天下，学问很高。

曾聚众讲《诗》《书》三十年之久，著有《姓氏论》。管道升，元代著名女画家。被封为魏国夫人，也叫作管夫人。善于画梅兰竹，山水也画得很好。她在书法上也很有成就，擅长行楷。管珍，清代画家，工花鸟，得清代著名画家恽寿平神韵，尤善牡丹。

管姓在《百家姓》中排在第一百六十六位。

Lú
卢

卢姓的来源主要有两个。一是以采邑为姓氏，源于姜姓。春秋时齐文公之子名高，他的孙子傒食采于卢，子孙以邑为姓。二为少数民族改姓，如北魏复姓吐伏卢氏、伏卢氏改为汉字单姓卢氏。

卢姓发源于山东长清。田氏代齐，卢姓便散居燕秦之间，繁衍于河北涿郡（今北京西南），其中以范阳最为旺盛。汉代，卢姓迁至今宁夏、甘肃。改姓而来之卢氏，繁衍于今河北大兴县一带，后属涿郡。魏晋南北朝时期，卢姓大举南迁。唐代，北方卢姓以河南为繁衍中心，南迁卢姓主要迁徙至今江西、江苏、四川、福建等地。卢姓于唐末进入福建，宋时进入广东。元明清之际，卢姓遍及全国大部分地区。但仍以北方居多。

卢姓历史人物有卢植，东汉官吏、学者。学贯古今，刚毅有节，常怀济世之志。董卓专权用事，欲废汉献帝，群臣不敢直谏之时，卢植挺身护主。卢照邻，唐朝著名诗人，"初唐四杰"之一。其诗多忧苦愤激之作，以《长安古意》最为有名。卢纶，唐代诗人，所作诗歌多送别酬答之作，也有少数反映边塞军士生活，为"大历十才子"之一，有《卢纶诗集》十卷。卢仝，唐代诗人，苦读书，不愿出仕，其诗多反映民间疾苦，好饮茶，为茶歌。卢鸿，唐代画家，博学多才，隐居于嵩山，拒绝出仕，工籀书，擅山水树石。

卢姓在《百家姓》中排在第一百六十七位。

莫姓的来源主要有三个。一是以官名为姓氏。楚国有莫敖（官名）之职，其后世子孙以官职命氏，称莫姓。二是以地名为姓氏。据说上古之世，帝颛顼造鄚城，他的子孙有定居鄚城者，后人去邑旁（阝）为莫，以地名为姓。三是出自改姓，北魏邢莫氏、莫那娄氏改为莫姓。

莫姓主源有两支，北方一支发源于今河北任丘，两汉以前莫姓仅有吴国人莫邪和汉代学者莫元珍。魏晋南北朝时期，少数民族改为莫姓，使北方莫

姓家族壮大。南方一支发源于古时的楚国，江陵为莫姓世居之地。隋唐时期散居于今河南、河北、山西、甘肃、山东、湖北、湖南、江苏、浙江等地，并逐渐徙居广东。明初，莫姓作为山西洪洞大槐树迁民姓氏之一，被分迁于今河北、河南、湖北等地。湖广填四川时，两湖莫姓亦由此入居今四川。清中期之后，沿海莫姓有渡海赴台和远赴海外者。如今，莫姓尤以广西、四川、广东等

省为多。

莫姓历史人物有莫邪，春秋时期吴国铸剑大师。据说吴王命令莫邪的丈夫干将铸剑，铁汁不流，妻子不知如何是好，干将说"从前先师欧冶子铸剑，铁汁不流，以女子配炉神"。莫邪立即跳入火炉中，铁汁流出，于是铸成两把利剑。雄剑为干将，雌剑为莫邪。后人经常用干将、莫邪来比喻锋利精美的剑。莫蒙，宋代官吏、学者。在太学读书时，其文名动京师。工诗，词尤婉丽。莫胜，明代书画家，工书画，善绘鱼。莫藏，明代学者、书画家。博学多闻，尤长于诗，著有《素轩稿》《五音字书辨讹》。

莫姓在《百家姓》中排在第一百六十八位。

房姓的来源主要有两个。一是以封地为姓氏，源于祁姓。舜封尧的儿子丹朱于房，为房邑侯。丹朱之子陵袭封后以封地为姓，史称房陵，后代遂为房姓。二是源自少数民族改姓。北魏鲜卑族有屋引氏，进入中原后改为房姓。

房姓源起于今河南遂平，早期以今河北灵寿和河南遂平为繁衍中心。西汉时期，房姓开辟今河北、山东间的清河郡望。南北朝时期，清河房姓盛极一时，此时有房姓南迁至今安徽、江苏、浙江等南方省份。北齐时，房法寿四世孙房彦谦因任齐州主簿而落籍于齐州临淄（今山东淄博）。唐末五代时期，房姓有南迁今四川、江西、湖北等地者。宋元时期，房姓进入今福建、广东。明初，房姓作为山西洪洞大槐树迁民姓氏之一，被分迁于今河南、河北、陕西、甘肃、北京等地。清代，有沿海房姓渡海赴台，远赴海外。如今，房姓尤以山东、山西、陕西、江苏等省为多。

房姓历史人物有房彦谦，隋代名官。精通五经，擅长草隶，累迁长葛令，勤政爱民。房玄龄，唐代名相。自幼警敏，博通经史，能书善文。协助李世民谋取帝位，后居相位15年。在职时，夙夜勤勉，任用贤才，不以出身论英雄。房琯，唐代名臣。"安史之乱"时奔赴蜀中从玄宗，奉使至灵武册立肃宗，执掌行在机务。后率兵反攻长安，在咸阳陈涛斜之战中战败，后罢相。

　　房姓在《百家姓》中排在第一百七十位。

缪姓的来源主要有两个。一是以谥号为姓氏，源自嬴姓。春秋时的秦穆公死后谥号为"缪"，因为古代"缪""穆"二字同音，所以秦缪公又常常写作秦穆公。他的庶子孙就以他的谥号为姓，称缪姓。二是廖姓所改。缪姓本为商王所赐，纣王荒淫残暴，缪姓遂隐居并改为廖姓，商朝灭亡后才改回缪姓。

Miào

缪

缪姓起源于今陕西境内。秦时，缪姓基本繁衍于陕西渭河流域，秦朝灭亡后缪姓迁至东海郡兰陵县，后发展为兰陵郡望。东汉时期已有缪姓播迁今河南。魏晋时期，缪姓已经广布于黄河中下游各省。南北朝至隋唐时期，今安徽、江苏、江西、浙江、湖北、湖南均有缪姓入迁。元初又迁徙至今福建、广东、广西、四川、云南、湖南乃至新加坡。明初，缪姓作为山西洪洞大槐树迁民姓氏之一，被分迁于今山东、河北、河南、湖北、江苏等地。明清两代，江苏缪姓最为兴盛。两湖填四川时，缪姓进入今四川、重庆。如今，缪姓尤以江苏、湖南等省为多。

缪姓历史人物有缪袭，三国时魏国文学家，四朝元老。其《魏鼓吹曲》12首大多为歌颂曹操功业的作品。缪瑜，宋代人，一生刚直不阿，擅长写诗，著《嶓峒集》。缪钺，我国著名历史学家、文学家、教育家，致力于魏晋南北朝史和词学研究，师法陈寅恪文史互证的方法，打通文学与史学。其代表作有《元遗山年谱汇纂》《灵溪诗说》。

缪姓在《百家姓》中排在第一百七十二位。

Gān

干

干姓的来源主要有三个。一是以邑名为姓氏。吴有干隧之地，故多干姓，以邑为氏。二是为春秋时宋国大夫干犨的后代，子孙以其名字中"干"字为姓。三是少数民族改姓，如北魏纥干氏改为干氏。

干姓发源于荥阳（今河南郑州）、颍川（今河南许昌）。明初，干姓作为山西洪洞大槐树迁民姓氏之一，被分迁于今江苏、浙江、安徽、河南等

地。今上海、河北、山东、山西、甘肃、湖北、安徽、江西、四川等地都有分布。

干姓历史人物有干将，春秋末年吴国人，著名冶金匠，铸剑天下无双。吴王曾命他铸造宝剑，干将"采五山之铁精，六合之金英"，金铁凝固不流，其妻莫邪舍身投入冶炉，于是金铁相融。三年，剑成，雌雄各一，雄为干将，雌为莫邪。干宝，晋代文学家、史学家。少时勤奋好学，博览群书，所撰《搜神记》为魏、晋志怪小说的代表作，在传统小说发展史上影响极大。

干姓在《百家姓》中排在第一百七十三位。

解姓的来源主要有三个。一是以采邑为姓氏，源于姬姓。西周初年，周武王之孙良受封于解邑，其子孙于是以采邑作为姓氏，成为解姓。二是以地名为姓氏。解，地名，在河东，居住者以解为姓。三是少数民族改姓。南北朝时，北魏有复姓解毗氏，后改为单姓解。

解姓发源于河东地区。两汉以前，解姓有落籍于平阳郡、雁门郡者。两汉之际，在今陕西、河南、河北、山东等地散居开来。晋永嘉乱后，解姓避

乱南迁至今安徽、江苏、湖北等地。北魏汉化改革时少数民族解姓壮大了解姓家族。两宋时期，解姓逐渐播迁于今江西、湖南、浙江、四川等南方省份。宋末元初，解姓在今福建、广东等东南沿海发展生息。明初，解姓作为山西洪洞大槐树迁民之一，被分迁于今山东、河南、河北、北京、天津等地。明中叶以后，解姓有播迁台湾者。清康乾以后，有河北、山东解姓闯关东进入东三省。

如今，解姓尤以河北、辽宁、河南等省为多。

解姓历史人物有解处中，五代时南唐画家，为李煜翰林司艺。擅长画竹，尤其喜欢画雪中的竹子，经常冒着风雪到野外写生。人们对他所画的竹子评价甚高。解缙，明代翰林学士，洪武年间进士。曾上书万言，针砭时弊，得到皇帝赏识升迁为御史。他主编的《永乐大典》是当时世界上最完备的一部百科全书。

解姓在《百家姓》中排在第一百七十四位。

Yīng
应

应姓的来源主要有两个。一是以国名为姓氏，源于姬姓。周武王之子被封于应（今河南平顶山），为应侯，子孙以封国为姓，遂为应氏。二是少数民族姓氏，历史上西域姓氏中有应氏。

应姓发源于今河南。晋"永嘉之乱"后，应姓渡江南下。唐宋两代，应姓广布于黄河中下游，其发展重心已移至南方，今江苏、安徽、江西、浙江成为其繁衍生息之地。湖北、湖南、四川等地也已有了应姓人家散居。元代以后，今福建、广东、海南、广西等地都有应姓人家入居，后还迁徙到了台湾以及东南亚等地。明初，应姓作为山西洪洞大槐树迁民姓氏之一，被分迁于今河南、山东、河北、陕西、湖北等地。如今，应姓尤以浙江、安徽等省为多。

应姓历史人物有应曜，汉初隐士。汉高祖派大臣请他和商山四皓一起到朝廷为官，应曜坚拒。时人说："商山四皓，不如淮阳一老！"应顺，东汉大臣。汝南南顿（今河南项城）人，以廉直著称于世。育有十子，皆有才学，极大地壮大了汝南应姓的声名。应劭，东汉人，少时博览群书，因感叹古代典籍流失，于是立志著书。著有《汉官仪》及《礼仪故事》，又撰《风俗通义》记录汉代礼仪及历史地理。应玚，三国魏文学家，"建安七子"之一，后为五官中郎将。他的诗反映了时代的动荡和百姓对安居乐业的期盼。

应姓在《百家姓》中排在第一百七十五位。

宗姓的来源主要有两个。一是以职官为姓氏。周朝有官职为宗伯，辅佐天子掌管宗室之事，后世子孙以祖上官职命姓，称为宗姓。二是以祖辈名字为姓氏，源于子姓。春秋时，宋襄公母弟敖孙伯宗为三郤所害，伯宗之子州犁逃到楚国，小儿子连居南阳，他们以其祖父名字为姓，成为宗姓的始祖。

Zōng
宗

宗姓先秦时已在今河南南阳，安徽庐江，四川渠县，河南淮阳、淇县以及山东淄博一带繁衍。东汉时期，宗姓在西安落籍，并播迁于今甘肃陇西、兰州一带，三国时进入四川，两晋时进入山西。隋唐时迁徙至蒲州河东（今山西永济），宋以后，宗姓重心渐移到今江苏、江西、浙江、安徽等地，并进入今福建、广东、广西。明初，宗姓作为山西洪洞大槐树迁民姓氏之一，被分迁于今河南、湖南、湖北、山东、河北等地。清时，有山东等地宗姓闯关东入居东北三省。如今，宗姓尤以浙江、江苏、山东、安徽、江西、河北等地为多。

宗姓历史人物有宗炳，南朝宋时杰出的书画家。年少时即聪颖过人。东晋末至南朝宋时，朝廷多次征其为官，皆推辞不就。长于琴书，尤喜书画，精于言理。曾游历名山大川，遂画所游山水名胜。著有《明佛论》和《画山水序》。宗泽，南北宋之交在抗金斗争中涌现出来的杰出政治家、军事家，著名的抗金英雄。他领导的东京保卫战是宋朝军民抗金的重要战争。宗臣，明代文学家，嘉靖进士。曾率领福建军民抗击倭寇。诗文主张复古，文章与李樊龙、王世贞相切磨，为"嘉靖七子"。宗白华，著名文学家、美学家。他是我国现代美学的开拓者和先行者。代表作有《美学散步》《艺境》。

宗姓在《百家姓》中排在第一百七十六位。

Dīng

丁

　　丁姓的来源主要有三个。一是以谥号为姓氏，源于姜姓。姜太公之子伋，谥号为丁公，子孙以其谥号为姓，称为丁姓。二是为丁侯的后裔。丁侯为殷商诸侯，周武王讨伐殷纣时丁侯不从而被周所灭，其祖孙散居各地，部族以丁为姓氏。三是改姓而来。三国时孙权因孙匡犯军法，将其从孙姓中分离出去，改丁姓。

　　丁姓最早发源地为今山东。秦汉时，丁姓聚居地主要在今山东、江苏、河南境内，河北、陕西、广西、湖北、广东等省也有少量丁姓分布。魏晋南北朝时期，南方丁姓以今江苏南部及浙江大部分地区为丁姓繁衍的主要区域，北方丁姓族人仍以今山东、河南为中心繁衍生息。唐时，丁姓有入居今福建、广东者。清时，丁姓有移居台湾者，后徙居泰国、新加坡、美国等地。今日丁姓尤以江苏、福建、湖南、湖北、安徽、山东、江西、浙江、贵州、吉林、辽宁等省为多。

丁姓历史人物有丁谓，北宋真宗时任右谏议大夫，后升至宰相，被封为晋国公。他以怀柔政策对待少数民族，促进了社会稳定。为政轻徭薄役，爱民如子，深受百姓爱戴。丁敬，清代篆刻家，喜好金石文字，善鉴别，尤精刻印，开创了"浙派"篆刻，被誉为"西泠八家"之首。代表作有《武林金石记》《砚林诗集》。丁汝昌，清末民族英雄，北洋水师提督。甲午战争爆发后，在与日军威海卫一役中，他力战不胜，拒降而自杀殉国。

丁姓在《百家姓》中排在第一百七十七位。

邓姓的来源主要有三个。一是以封地为姓氏。商王武丁封其叔父于邓，其子孙以封地为姓氏。二是以国名为姓氏。古有邓国，本曼姓，其后世以国名为姓氏。三是为李姓所改。南唐后主李煜第八子李从镒，受封于邓。南唐为宋灭后，宋太宗缉拿南唐宗室，李从镒之子避祸出逃，以父亲封地为姓，其后世子孙遂称邓姓。

Dèng
邓

今河南邓州为邓姓的发祥地，而后逐渐散居于紧邻的湖北、湖南一带。西汉时期，邓姓以今河南为中心，先东迁于山东高密，再北上山西临汾，南迁四川、广东等地。东汉末年，邓骘曾孙邓芝由上蔡避乱入川。西晋邓姓大举南迁至今江苏、湖南、四川、安徽等地。宋时邓姓南迁今福建、广东。明时，邓姓徙居广西、湖北。如今，邓姓尤以四川、广东两省为多。

邓姓历史人物有邓通，西汉人。受文帝恩宠，赏赐无数，并赐蜀郡严道铜山，许其铸钱。以邓氏钱遍天下而闻名。邓世昌，清末海军名将、爱国将领。在中日黄海战役中，率致远舰奋勇作战，在弹尽舰伤之际，加速撞击日舰吉野号未果，因中鱼雷，全舰官兵壮烈殉国。邓小平，中国无产阶级革命家、军事家。少时赴法国勤工俭学，加入中国共产党。归国后，领导百色起义，参加二万五千里长征，千里挺进大别山，参加淮海战役，居功至伟。他是中国共产党的第一代、第二代领导集体主要成员，是中国改革开放的总设计师。

邓姓在《百家姓》中排在第一百八十位。

Yù
郁

郁姓的来源主要有四个。一是以国名为姓氏。古有郁国，春秋时为吴国大夫采邑，其后裔以国名为姓氏。二亦是以国名为姓氏。历史上西域有郁立国，国人有以郁为姓氏者。三是以地名为姓氏。历史上有郁夷县、郁秩县、郁致县，居住者有以地名为姓者。四是春秋时鲁相郁贡之后。

郁姓起源较多，春秋时鲁国、吴国、楚国均有郁姓人家。唐宋后，郁姓繁衍中心转移至南方，以华东为中心，分布于今安徽、江苏、上海、浙江等地，宋元时期，逐渐迁徙至今福建、江西、湖北、湖南、四川等南方省份。明初，郁姓作为山西洪洞大槐树迁民姓氏之一，被分迁于今江苏、浙江、河南、陕西、甘肃等地。明中叶以后，广东、广西、海南均有了郁姓人家，并有沿海郁姓渡海赴台湾。如今，郁姓尤以江苏、上海、浙江等省市为多。

郁姓历史人物有郁继善，宋代名医，深于医

术。其对医学既有实践，又有理论研究，为时人所敬重。郁贞，清代女诗人。为人醇厚孝顺，能诗善画，所画墨兰清雅远致，著有《吟香阁诗抄》。郁达夫，作家、诗人。早年留学日本，回国后从事新文学创作。代表作有《沉沦》。

郁姓在《百家姓》中排在第一百八十一位。

单姓的来源主要有两个。一是以封邑为姓氏，源于姬姓。周成王封小儿子臻于单邑，子孙便以封地为姓。二是少数民族改姓，北魏复姓可单氏、阿单氏、渴单氏，入中原后改为单姓单氏。

单姓发源于今河南孟津。单姓先秦时散居于今河南、河北、山西、陕西等地。秦汉时一支西迁至今甘肃陇西。魏晋南北朝至隋唐时期，单姓

单 Shàn
单

以北方各省为其主要繁衍发展的中心，也有播迁于今安徽、江苏等南方省份者。安史之乱和黄巢起义后，单姓有南迁至今江苏、浙江、湖北、湖南、四川等地居住者，南宋时有迁徙至今福建、广东者。元末明初，有入迁云贵高原者。明初，单姓作为山西洪洞大槐树迁民姓氏之一，被分迁于今河南、河北、山东、湖北、湖南、浙江、江苏等地。明清以后，单姓渡海赴台，也入迁东北三省。如今，单姓尤以江苏、浙江、山东等省为多。

单姓历史人物有单超，东汉人，桓帝初为中

常侍，因为辅助桓帝铲除异己立功，而被封为新丰侯。获封者有五人，世谓之五侯。单煦，宋朝进士。15岁时替兄长顶罪而感动了知县，知县免除了兄长死刑。其为官勤政为民，成绩显著。单雄信，隋唐之际人，为李密将，能马上用枪，武艺超群，军中号"飞将"。单父，宋代人。所种牡丹千姿百态，人称"花师"。

　　单姓在《百家姓》中排在第一百八十二位。

Háng

杭

　　杭姓的来源主要有两个。一是以国名为姓氏，源于姒姓。大禹封支子于余航国（今浙江余杭），其后人便以国名命姓，称作航姓，后来以木旁代替舟旁，遂成杭姓。二是源于抗姓，抗、杭同源，属于改抗姓为杭姓。

　　杭姓发祥于今安徽宣城一带。东汉东乡侯杭徐的后人为避五代兵革之乱，从云阳迁至余杭泊水湾。此后很长一段时间，杭氏都以今安徽、浙江为聚居之地。后因战乱等原因，逐渐向沿海地区迁徙。当今杭姓主要分布在我国东南和东北地区。

　　杭姓历史人物有杭徐，东汉丹阳人。初任宣城守长，所管地区社会秩序良好，盗贼全无。其政绩卓著，后升为中郎将，因功封东乡侯。杭淮，明朝人。志洁行廉，诗风清峻。与其兄杭济并负诗名，著有《双溪集》。杭世骏，清朝著名学者，雍正年间举人。博览群书，擅长诗文，乾隆年间举博学鸿词，为翰林编修，官至御史。曾校勘武英殿本"十三经""二十四史"，纂修《三礼义疏》，著有《石经考异》《史记考异》《汉书疏证》等。

杭姓在《百家姓》中排在第一百八十三位。

洪姓的来源主要有两个。一是以世官为姓氏。共工氏之后，本为共姓，后加水旁为洪。二是避讳改姓。如唐朝豫章宏姓，为避唐明皇讳而改为洪姓。

自洪姓形成至汉代，主要在今河北、河南、辽宁一带繁衍。三国时洪姓已徙居今安徽，唐时有洪姓落籍今福建。唐代以前，洪姓称盛于今安徽、江西、甘肃。隋唐后，洪姓称盛于今安徽、江西一带。北宋初年，洪姓入迁福建。明初，洪姓作为

Hóng
洪

山西洪洞大槐树迁民姓氏之一，被分迁于今河南、河北、陕西、湖北、江苏等地。清代，洪姓人已经遍及全国各地。如今，洪姓尤以江苏、浙江等省为多。

洪姓历史人物有洪朋，宋代诗人。为黄庭坚外甥，从其舅学习诗律，长于诗，在当时负有盛名，为时人推重。与三个弟弟才气并重，号"四洪"。洪适，南宋金石学家。工文辞，好收藏金石

拓本，并据以证史传讹误，考订颇精。著有《隶释》《隶续》等。洪遵，南宋钱币学家，著有《泉志》，汇集历代钱币图形，分类详细，为现有最早的钱币学专著。洪迈，南宋文学家、学者，以文章取盛名，学识博深，有《容斋随笔》《夷坚志》等著作，选有《万首唐人绝句》。洪秀全，清太平天国领袖。创立拜上帝会，撰有《原道救世歌》，号召人民为实现"天下一家，共享太平"的理想而奋斗。发动金田起义，建国号太平天国，自称天王。

洪姓在《百家姓》中排在第一百八十四位。

Bāo
包

　　包姓的来源主要有两个。一是以祖辈名字为
姓氏，据说为包羲氏之后。包羲即伏羲，传说他
发明了八卦。另说为春秋时楚国大夫申包胥之后。
二是改姓，丹阳包氏，本姓鲍，王莽时避乱改为
包姓，成为包姓的一支。

　　包姓发源于今河南，后有进入今湖北、山西
者。秦末汉初，包姓避难东入今安徽、江苏，南
迁湖北，北徙河北、山东。魏晋南北朝时期，包
姓南迁至今江西、浙江、湖南等地。南宋末年，
包姓开始在今福建、广东、广西、云南、湖南、
四川等地散居开来。明初，包姓作为山西洪洞大
槐树迁民姓氏之一，被分迁于今河南、山东、河
北、陕西、江苏等地。清中叶以后，有包姓渡海
赴台湾、入迁东北三省。如今，包姓尤以江苏、
浙江等省为多。

　　包姓历史人物有包拯，北宋名臣。天圣年间
进士。任开封知府时，执法严峻，不畏权势。在

朝之时，贵戚官宦都不敢为非作歹，当时"包青天"的名号妇孺皆知。他刚正不阿，为民申冤，惩治权贵，树立了清正廉洁的榜样。明人以他断案的民间传说写成《包公案》一书，流传甚广。

包世臣，清代学者、书法家。他关心时政，对农政、漕运、盐政、货币、兵法、鸦片等问题都有论述，主张积极抗英。他善于书法，提倡北碑，兼习二王，对咸丰、同治年间的书法很有影响。著有《艺舟双楫》等。

包姓在《百家姓》中排在第一百八十五位。

　　左姓的来源主要有两个。一是以官名为姓氏，左史，原为周代史官。周穆王时有左史戎父，春秋时楚灵王有左史倚相，后世遂以祖辈官名为姓氏。二是据说黄帝有小臣左彻，为左姓之始。

　　先秦时期，左姓繁衍于今陕西、山东、山西、河北等地。西汉时期，左姓已定居于今安徽南部一带。东汉时期，左姓成为北方著姓之一，此外南方的四川、江苏等地已有左姓人定居。南北朝至隋唐时期，左姓播迁于江东各地。明初，左姓作为

Zuǒ
左

山西洪洞大槐树迁民姓氏之一，被分迁于今陕西、甘肃、河北、河南、东北三省等地。清初，左姓随湖广填四川的风潮入迁四川。如今，左姓尤以河北、山东、江苏、四川等地为多。

　　左姓历史人物有左雄，东汉学者、大臣。刚直敢言，对豪族"贪猾"者敢于揭发检举。他崇经术，修太学，使太学盛极一时。左思，西晋文学家，所作诗文借古抒情，多愤世不平之作。十

年构思方写成《三都赋》，士人竞相传写，一时竟弄得洛阳纸贵。左宗棠，清朝大臣，洋务派和湘军首领。曾镇压太平军、西部捻军等。1876年击败俄、英支持的阿古柏侵略军，收复了乌鲁木齐、和田等地，遏制了俄英对新疆的侵略之举。因功升军机大臣（位同宰相），调两江总督。著作有《左文襄公全集》。

左姓在《百家姓》中排在第一百八十七位。

Shí

石

　　石姓的来源主要有两个。一是春秋时卫国大夫石碏之后。二是少数民族改姓。北魏鲜卑族乌石兰氏改为单姓石，十六国时有张姓、冉姓改为石姓。

　　石姓最早发源于春秋时卫国（今河南北部），后迁徙至今山东。秦汉以前，石姓主要在黄河中下游地区繁衍，少部分人徙居江南。汉时，石姓人家已播迁至今山东北部、河北南部及河南北部地区。魏晋南北朝时期，石姓人家昌盛为渤海、平原两大郡望。唐初，有石姓人进入今福建。宋元后石姓已遍及江南大部。明初，石姓作为山西洪洞大槐树迁民姓氏之一，被分迁于今山东、河北、河南、北京、天津、陕西、甘肃等地。如今，石姓分布以四川、河北、山东、陕西、辽宁、河南等省为多。

　　石姓历史人物有石涛，清代著名的画家，凡山水、人物、花果、兰竹、梅花，无不精妙，且能熔铸千古，独出手眼。其画意境新奇，秀拙相生。为清初画坛革新派的代表人物，为"清初四僧"之一。石达开，清末太平天国杰出的军事将领。"天京事变"后，回京辅佐天王洪秀全，因不被信任，负气出走，带领20万精锐部队转战数省。后兵败大渡河，被清军诱杀。

石姓在《百家姓》中排在第一百八十八位。

崔姓来源主要有二。一是以采邑为姓氏，源于姜姓。春秋时齐国国君丁公伋的后代季子食采于崔，后世子孙以采邑为姓氏。二是少数民族改姓。女真族有崔完氏，满族有崔穆鲁氏、崔佳氏，进入中原后均改为崔姓。

崔姓发源于今山东境内。秦汉时，崔姓门庭显赫，有清河、博陵两大郡望。东汉末年，平州刺史崔毖带领族人避乱逃至朝鲜，后来成为朝鲜大姓。西晋时期，崔姓位居北方士族之首。唐时，崔姓

Cuī
崔

繁衍之地以北方为主，今山东、河北、河南、陕西、山西、甘肃均有崔姓落籍。宋元时，崔姓南迁于今江苏、安徽、浙江、江西等地。明朝初年，崔姓作为山西洪洞大槐树迁民姓氏之一，被分迁于人迹稀疏之地。明清之际又有崔姓族人闯关东迁往辽东一带，多与朝鲜族杂居。今日崔姓尤以山东、河南、黑龙江、辽宁、江苏等省为多。

崔姓历史人物有崔骃，东汉文学家，少与班

固、傅毅齐名，著有《达旨》等。崔颢，唐代诗人，开元年间进士。《旧唐书》将他与孟浩然、王昌龄、高适并举。对他的七律《黄鹤楼》诗，李白有"眼前有景道不得，崔颢题诗在前头"的称赞。崔护，唐诗人，其诗风格精练婉丽，语言非常清新，尤以《题都城南庄》最为脍炙人口，其中"人面桃花"故事广为流传。崔述，清经学家，注重考据，《崔东壁遗书》中有《考信录》20卷。

崔姓在《百家姓》中排在第一百八十九位。

吉 Jí
吉

　　吉姓的来源主要有三个。一是姞姓所改。黄帝有个后裔伯儵，受封于南燕国（今河南延津东北），赐姓姞。后世子孙省去女旁，遂成吉氏。二是以祖辈名字为姓氏。周朝有贤臣尹吉甫，他的支庶后代以祖辈字为姓，世代相传姓吉。三是他族改姓。清朝满族旗人乌苏氏、觉罗氏，进入中原后改为吉姓。

　　吉姓发源于今河南。先秦时，吉姓已在今河南、陕西、山西等省落籍。秦汉之际，吉姓形成冯翊郡望。魏晋南北朝时期，吉姓迁至今安徽寿县、湖北襄樊等地。隋唐时期，吉姓繁衍仍旧以今河南洛阳和陕西临晋为中心。另外，在今山东、山西、河北、甘肃等地也有分布；南方的浙江、湖南、四川等地均有了吉姓人活动。宋元时期，西南、华南等地均有吉姓人迁入。明初，吉姓作为山西洪洞大槐树迁民姓氏之一，被分迁于今河南、山东、陕西、安徽、河北等地。清代，吉姓有闯关东进入东北者。如今，吉姓尤以山东、江苏、黑龙江等省为多。

吉姓历史人物有吉中孚，唐代诗人。他能文善诗，与卢纶、钱起齐名，为"大历十才子"之一。吉鸿昌，著名抗日将领。早年入伍，在西北军冯玉祥部历任旅长、师长、军长和宁夏省政府主席等职。后因反对蒋介石反共内战和卖国投降政策，被蒋介石强令出国。1933年联合冯玉祥、方振武等在张家口组成察哈尔民众抗日同盟军，任同盟军第二军军长兼北路前敌总指挥。失败后，在北平、天津等地继续从事抗日活动。1934在天津被捕遇害。

吉姓在《百家姓》中排在第一百九十位。

龚姓的来源主要有三个，一是上古时期黄帝大臣共工氏之后。二是改姓，源自"共"姓，共氏因避难加龙成"龚"姓。三是以国名为姓。共国本为商朝诸侯国，后被周文王所灭，后世子孙遂以国名为姓，即为共姓，后来演变为龚姓。

龚姓早期主要繁衍于北方地区。汉时，华东龚姓崭露头角，今山东、河南龚姓也较有名。魏晋南北朝时期，龚姓进一步迁徙于今江西、四川、湖南等省。唐宋时期，龚姓主要以南方为繁衍中心，今江苏、福建、浙江、广东遍布龚姓足迹。

Gōng
龚

明代龚姓有移居上海、广西等地者。后来龚姓作为山西洪洞大槐树迁民姓氏之一，分迁于今北京、天津、陕西、河北、河南等地。清代，有龚姓人家移居台湾。如今龚姓以四川、湖北、江西、山东、江苏、浙江、湖南等地为多。

龚姓历史人物有龚宽，西汉画家，善画人物，尤工牛马飞鸟。龚胜，西汉末年儒士，以好学明经与名节崇高而见称。后因王莽篡权而归隐乡里，王莽数次遣使拜官，拒不受命，绝食而死。龚鼎孳，清初文学家，明末崇祯进士。为人旷达不拘俗礼，博学能文，与吴伟业、钱谦益并称"江左三大家"。龚贤，清代著名画家。工山水，兼工诗文、书法。其画沉郁静穆，行草雄奇奔放，为"金陵八家"之一。龚自珍，清代著名思想家、文学家。博览群书，通晓经学、文字学、历史、地理等。主张道、学、治三者不可分割，开知识界"慷慨论天下之事"之风。还主张"自古至今，法无不改"，强调改革的必然性。其诗、文有较高成就，著作辑成《龚自珍全集》。

龚姓在《百家姓》中排在第一百九十二位。

Chéng
程

程姓的来源主要有两个：一是以国名为姓。周宣王时，任休父为大司马，受封于程国。时称程伯休父，其子孙遂以封国"程"为氏。二是以邑为姓。春秋时晋国荀氏的支子食采于程邑（今山西新绛东北），其后代就以邑名为姓，称程姓。

程姓发源于今山西。春秋时期，程姓主要分布于晋国，程姓中的诸多人在晋政权中产生过很多影响。韩、魏、赵三家分晋，程姓迁到黄河流域的新郑、大梁和邯郸居住。秦汉时期，程姓散居于今山西、河北、河南、陕西一带。魏晋南北朝时期，程姓已迁徙到长江流域的今江苏、江西、福建等地。南宋时期，程姓主要繁衍于江南地区，又有迁徙至今广西、贵州的。如今程姓尤以河南、安徽、四川、山东等地居多。

程姓历史人物有程婴，春秋时晋国义士。奸贼屠岸贾杀赵氏全家，追捕孤儿赵武，赵氏门客程婴设计救孤，并将其抚养成人，终报仇雪恨，名剧《赵氏孤儿》就是根据这一段故事编撰的。程咬金，唐代开国名将。曾与十八好汉聚义瓦岗寨，起兵抗隋。后降唐，成为秦王李世民的左膀右臂。宋代的程颐、程颢两兄弟，同为宋明理学的奠基人，世称"二程"。其学说后为大理学家朱熹继承和发展，创立了程朱理学体系，世称"程朱理学"。

程姓在《百家姓》中排在第一百九十三位。

嵇姓的来源主要有两个。一是源于姬姓。夏
朝君主少康将王子季杼封于会稽，称会稽氏，遂
以稽为姓。至汉初，会稽氏的后裔迁到谯郡的嵇
山，便又改为嵇姓。此后，会稽氏的后裔就以
"嵇"作为姓氏了。二是源自少数民族改姓，北魏
鲜卑族有纥奚氏，徙居中原，改为汉姓嵇，遂成
嵇氏。

嵇姓发源于安徽
宿州，此地东汉属谯
郡管辖，故谯郡为嵇
姓第一大郡望。后改
为嵇姓的北魏鲜卑族
纥奚氏曾大量繁衍于巩县亳丘（今河南巩义），与
汉族嵇姓相融合，嵇姓昌盛为河南郡望。"五胡
乱华"时，嵇姓为躲避战乱逃居全国各地。如今
嵇姓在全国分布较广，尤以河南、江苏等省为多。

嵇姓历史人物有嵇康，三国魏时文学家、思
想家、音乐家，著名的"竹林七贤"之一，世称
嵇中散。魏晋易代之际，嵇康在政治上对司马氏
采取不合作态度，最终被司马氏杀害。他博学多

才，诗文俱佳。热爱音乐，擅长弹琴。尤以散文成就最高，其文章《与山巨源绝交书》《声无哀乐论》在文化史上影响巨大。嵇康的儿子嵇绍，"八王之乱"时，从惠帝与成都王颖交战，以身护帝，血溅帝衣，后被推为忠君的典范。

嵇姓在《百家姓》中排在第一百九十四位。

Xíng
邢

邢姓的来源主要有三个。一是出自姬姓，以国名为姓。据说周公第四子靖渊被封于邢地（今河北邢台），称邢侯，后建立邢国，后被卫国所灭，其子孙便以国名为姓，世代相传姓邢。二是以邑为姓，春秋时晋大夫韩宣子之族人封于邢丘（今河南温县），其子孙便以封地名为姓。三是源自少数民族改姓。北魏氏族、清朝满族均有改姓邢者。

邢姓发源于今河北邢台。春秋战国时期迁徙到今河南、山西等地。魏晋南北朝之际，邢姓河间郡望已经形成。"五胡乱华"时期，有部分邢姓子孙为避祸逃至江南。隋唐之际，邢姓繁衍播迁仍以北方邻近区域为主，同时南方一些地方如今安徽、江苏、浙江等地已有邢姓出现。南宋时，赵构之妻邢皇后的家族落籍临安（今浙江杭州）。明初，邢姓作为山西大槐树迁民姓氏之一，被分迁于今河北、河南、山东、陕西、北京、天津等地。如今，邢姓以河北、河南等省为多。

邢姓历史人物有邢邵，北朝时魏齐间文学家，擅长骈文诗赋，与温子升、魏收号称北朝文坛"三才"。邢昺，北宋著名经学家，他的《论语正义》，讨论心性命理，为后世理学家所采用。十三经注疏中的《孝经》《尔雅》《论语》均采用邢昺所疏本。

邢姓在《百家姓》中排在第一百九十五位。

裴姓的来源主要有两个，一是以祖辈封地为姓氏，出自嬴姓，为伯益之后。伯益子孙封于蓇（péi）邑（今山西闻喜），至六世孙苹陵，周僖王时被封为解邑君，他以祖辈的封地为姓氏，去掉"邑"字，改加"衣"字，为裴氏。二是以封地为姓氏，为颛顼的后代，春秋时，晋平公封颛顼后代緘于周川裴中（今陕西岐山北），称为裴君，其后代遂以裴为姓。

Péi
裴

裴姓发源于今山西。早期的裴姓，主要分布于今山西、陕西、河南一带，到了西晋时期，尤其在"永嘉之乱"之后，随着大批移民南迁，裴姓散居江南，并逐渐向全国各地发展。

裴姓历史人物有裴楷，西晋名士，仪容俊爽，时称"玉人"，精《老子》《易经》。《世说新语》记载了一则反映他机变的故事，晋武帝登基后，曾卜卦预测西晋命运，得了个"一"字，以为只有一世，颇不高兴，大臣们也相顾失色，裴楷却依照何晏《老子注》解释说"天得一以清，地得一以宁，侯王得一以为天下贞"，使得场面改观。裴度，唐朝宰相，任职期间力主削藩。其"威望德业"一直为世所重，当时人评论古今将相，皆"推度为首"，甚至西南夷、西域郡主"见唐使，辄问度老少用舍"，可见其影响之大。唐后的许多史学家、思想家、政治家如司马光、欧阳修、李贽等人，都称赞裴度"以身系国家轻重如郭子仪者二十余年"。

裴姓在《百家姓》中排在第一百九十七位。

陸 Lù
陆

陆姓的来源主要有三个，一是以国名为姓，出自陆浑国。春秋时有一国名为陆浑国（今河南嵩县），后被晋国所灭，陆浑国遗民遂以陆为姓。二是以封地为姓氏，源于妫姓，战国时齐宣王少子通，被封于平原县陆乡，因此以陆为姓氏，这是山东陆氏的起源。三是出自少数民族改姓，南北朝时期鲜卑有复姓步陆孤氏，迁至洛阳后改为陆氏。

陆姓发源于今山东，并以山东为中心向四周迁徙。步陆孤氏改为陆姓，以河南洛阳为郡望，成为陆姓的又一大繁衍主流。陆姓较早便迁居南方，据载，西汉时陆通后裔陆烈任吴县（今江苏省）令，迁豫章（今江西南昌）都尉，其子孙留居吴县，发展成为当地望族，治为吴郡，并尊陆烈为开基始祖。后来，吴郡陆姓又进一步分衍出颍川支、荆州支、丹徒支、乐安支、鱼圻支、太尉支等，遍布今河南、湖南、江苏、山东等省份，其中颍川支后来发展为当地望族。

　　陆姓历史人物有三国时吴名将陆逊，击败关羽，重创刘备。唐代著名的茶道专家陆羽，一生嗜好喝茶，对茶道有很深的研究，人称"茶神"，著有《茶经》。宋代陆游，著名的诗人、学者。在政治上坚决抗金，晚年退居家乡，收复中原的信念始终不变，一生创作诗歌无数，多抒发政治抱负，反映人民疾苦。《示儿》为广为传唱之作。

　　陆姓在《百家姓》中排在第一百九十八位。

翁姓的来源主要有三个。一是以采邑为姓氏，源于姬姓。周昭王庶子食采于瓮山（今浙江定海），国亡后其子孙以地为姓，改"瓮"为"翁"。二是源自翁难乙。夏朝时有一位贵族叫翁难乙，据说他就是翁姓最古老的祖先。三是源自少数民族改姓。蒙古族吴特氏、翁郭里氏、翁果特氏后均改为翁姓。

翁氏是中国古老的姓氏之一，发源于今浙江。出现在三千多年前的周昭王时代。目前，中国北方的翁姓并不多见，但在南方，特别是福建、广东、台湾一带翁姓却属著姓。翁氏家族自古传世的郡望在钱塘（今杭州一带）。

翁姓历史人物有翁洮，唐僖宗时人，登进士第，后退居不仕。朝廷征之，翁洮作枯木诗以答诏，帝嘉慕不已，宋理宗追谥为善庆公。翁承赞，唐代宰相，乾宁年间进士，为官以直谏敢言著称。为相期间整饬吏治，发展教育。翁方纲，清代文学家、书法家、金石学家，其精于考据、金石、书法之学，又是清代肌理说诗论的倡始人。翁同龢，晚清诗人，曾教授光绪皇帝，主张光绪帝亲政，变法图强，支持维新派。曾走访康有为，为维新派导师，戊戌变法后被罢免回乡。

翁姓在《百家姓》中排在第二百位。

Xún

荀

　　荀姓的来源大致有两个。一是以祖辈名字姓氏为姓。传说荀姓始祖是黄帝的大臣荀始。荀始是个手巧心灵的艺师，专门负责制作官员的官帽，其后代子孙以祖父名字命姓，称荀氏。二是改姓而来，源于姬姓。周文王姬昌之子被封于郇（今山西临猗，一说在新绛），建立郇国，为伯爵，史称郇伯，春秋时郇国为晋所灭，其后代子孙遂以国名"郇"为氏，后去邑旁加草头为荀姓。

　　荀姓发源于今山西。在古代，荀氏的望族大多出自于河内（古以黄河以北为河内）。荀氏后来又分为荀氏、中行氏和智氏三支。如今荀姓尤以山西、江苏、四川、山东等地为多。

　　荀姓历史人物有荀况，战国时赵国猗氏（今山西新绛）人，著名思想家，儒家学派代表人物，时人尊称"荀卿"。荀况曾三次出任齐国稷下学宫的祭酒，后为楚兰陵（今山东兰陵）令，其著有《荀子》一书，提出了以"礼"为核心的思想学说。在历史上产生重要影响的韩非子、李斯都是他的弟子。荀爽，字慈明，东汉经学家，颍阴（今河南省许昌）人，为颍阴望族。荀爽兄弟八人俱有才名，时称"荀氏八龙"，荀爽行排第六，才学为诸兄弟之首。当时有"荀氏八龙，慈明无双"的评赞。汉末为避党锢之祸，隐居著书，先后著《礼传》《易传》《诗传》《尚书正经》《春秋条例》《汉语》《新书》等，号为硕儒。

荀姓在《百家姓》中排在第二百零一位。

甄姓的主要来源有三个。一是源于妫姓。据说舜曾于河滨烧陶，古人称做瓦器的人为甄，其后人便以之为姓，称为甄姓。二是以祖辈名为姓。传说上古部落首领皋陶氏有个儿子叫仲甄，仲甄的子孙就根据祖先的字，将自己的姓氏定做甄。三是少数民族改姓。北魏鲜卑族有郁都甄氏改为甄氏。

Zhēn
甄

甄姓发源于今河北。西汉时期，甄姓先民已在无极形成望族。这个家族历经秦汉、三国、魏晋和隋唐，前后八个朝代，绵延八百年，发展成为中国北方一支强大的社会力量。宋代，无极甄氏家族有若干支脉向四方繁衍迁徙。如今甄姓在全国多有居住。

甄姓历史人物有甄宇，东汉时人，曾为太子少傅，建武年间，朝廷每到腊月都要给博士发放羊，甄宇每次都挑选最瘦的那只。有次朝会时，皇帝问："'瘦羊博士'何在？"于是在京城中号甄宇为"瘦羊博士"，意为能克己忍让之士。甄后，即甄宓，本为袁绍次子熙之妻，姿貌绝伦，曹操击破袁绍，曹丕纳为妇，丕称帝，失宠赐死，后追谥文照皇后。据说曹植的《洛神赋》就是感念甄后而作。甄权，唐代名医，擅长针灸，精通养生之道，著有医书多卷。

甄姓在《百家姓》中排在第二百零五位。

Qū
曲

　　曲姓源出有三。一是以地名为姓氏，出自姬姓。春秋时晋国的晋穆侯，封其少子成师于曲沃（在今山西闻喜东北），成师的后人就以封地名作为姓氏，为曲沃氏，后来又改为单姓曲，遂有曲氏。二是夏桀有臣子名曲逆，据说是曲姓之始。三是少数民族姓氏。唐夷（古族名）、契丹之首领有曲氏。

　　曲姓发源于今山西曲沃一带，以后很长的时间里，繁衍发展于此。战国时三家分晋，曲姓有进入今河北、河南地区的，也由于种种原因或北徙至今山西临汾，南迁至今河南陕县一带，从而进入今陕西。两汉之际，曲姓还有一支北迁至雁门郡，并在该地聚居。魏晋南北朝时期，曲姓在今山西临汾、河南陕县一带形成曲姓平阳郡望、雁门郡望、陕郡郡望。两宋时期，尤其南宋时期，曲姓散居于南方者渐多。明初，山西曲姓作为山西洪洞大槐树迁民姓氏之一，被分迁于今陕西、甘肃、河北、山东、北京等地。此后至清中叶，曲姓逐渐散居于今内蒙古、湖北、广西、广东、云南等广大地区。清康熙年间以后，山东、河北等地的曲姓闯关东进入东北三省，子孙遂留居当地。如今，曲姓尤以辽宁、黑龙江等地为多。

曲姓历史人物有曲环，唐朝大将，爱好兵法，善骑射，官至司空，封晋昌郡王。安禄山叛乱时，他坚守邓州，平定河北，大败吐蕃，威名大震。死后朝廷为之废朝一日。曲端，南宋大将。多次与西夏、金兵作战，军中军纪严明，屡破强敌，立功无数。

曲姓在《百家姓》中排在第二百零六位。

封姓的来源主要有两个。一是以封地为姓氏，出自姜姓。据说炎帝后人名钜，曾为黄帝师。夏朝时，钜的后代被封于封父（今河南封丘西），建封父国，后封父国灭亡，其国人分为两姓，一为封父姓，一为封姓，世代相传。二是少数民族改姓而来，北魏时，有鲜卑族复姓是贲氏，南迁中原后改姓封，其后世子孙遂以封为姓。

Fēng
封

封姓发源于今河南，由鲜卑复姓改成的封姓，望族居于渤海郡（今河北沧县）。

封姓在河南内乡和西峡分布较广，封肇祖籍山东曲阜，于明洪武初年来河南内乡任"教谕"（与知县同级），卸任后定居内乡。到明朝后期，历八代已经有三百余户。如今封姓主要分布在河南、河北、江苏、连云港、山东一带。另外，在江西、湖北、四川、两广地区也有分布。

封姓历史人物有封衡，东汉末年道士。自幼出家修道于鸟鼠山，采药炼丹，研究医理，被当地人称为神医。曹操曾向他请教养生之道，以高官厚禄请他出山，他坚辞不从。著有《容成养生术》《灵宝卫生经》《墨隐形法》。封德彝，隋唐之际人物。最初在隋朝任内史舍人，为重臣杨素所器重，常与之议论天下事，并将自己的侄女许配给他。至唐，为唐太宗所信用，官至尚书右仆射。

封姓在《百家姓》中排在第二百零八位。

Chǔ

储

储姓的来源有三个。一是相传上古时有储国，储国人的后代以国名为姓，称储氏，世代相传。二是周代虞储太伯其后以储为姓。三是以祖上名字为姓氏，春秋时，齐国有大夫字储子，曾与孟子相知。他的后代便以祖字"储"为氏。

储姓发源于今山东。据储姓家谱记载，储姓肇始于周，作相于齐，可知储氏家族最早的渊源是在齐、鲁一带，周朝时的储太伯被认为是储姓的始祖。晋以后，储姓渡江至江南，成为江苏望族。宋朝时期，储姓为躲避战乱迁徙到今宜兴、扬州等地。元末，储氏家族从宜兴迁往泰州。

储姓历史人物有唐代诗人储光羲，出身官宦之家，勤奋好学，开元间进士。后因仕途不顺，归隐终南山，以吟诗作赋为趣。其以山水田园诗著称于时，诗风质朴、古雅，富有民歌风韵。后人常将其与王维、孟浩然、韦应物、柳宗元并称。储泳，宋代诗人，随宋室南迁隐居于周浦，后代有些文人为了纪念储泳，称周浦为"储里"或"华谷里"。他的诗歌情景相融，代表作有《思归》。他还潜心研究道家经典，著有《参同契解》《慎真篇解》。

储姓在《百家姓》中排在第二百一十一位。

靳姓的来源主要有两个。一是以邑名为姓氏，战国时楚大夫尚，很得楚怀王和王后的宠爱，后来尚被分封到靳（今湖南长沙一带），食采于靳，称为靳尚，后世以采邑为姓。二是源自少数民族姓氏。西晋末年，匈奴族有靳氏，有靳准自立为王。

靳姓发源于今湖南。楚国大夫靳尚，系以地名为姓氏，靳尚封地靳江，其地在今湖南长沙、宁乡一带，如今此地还有靳江河、靳江村、靳家冲、靳

Jìn
靳

家祠等地名。楚亡于秦后，靳姓子孙开始渐次北移。汉初，跟随刘邦东征西讨的靳歙被封为信武侯，传子靳亭后，因故被免去袭爵；另一位功臣靳彊被封汾阳侯，其子靳解、孙靳胡、玄孙靳忠等，俱袭汾阳侯，使发源于楚地之靳姓深深扎根于今山西。隋唐时期，靳姓有迁徙至今河北、河南、山东者。两宋时期，北方靳姓有播迁于今江苏、安徽、浙江等地者。元代，靳祥、靳德进父

子由潞州（今山西长治）徙居今河北大名。明初，山西靳姓作为洪洞大槐树迁民姓氏之一，被分迁于今河南、山东、河北、安徽、陕西等地。明清以后，靳姓逐渐在今内蒙古、甘肃、东北等地散居。如今，靳姓在全国分布较广，尤以河南、河北等省为多。

靳姓历史人物有靳歙，西汉开国将领。秦末跟从刘邦起义，以军功赐爵建武侯。楚汉战争中，多次击败项羽部将，略定江陵。汉朝建立，被封为信武侯。靳辅，清朝大臣，顺治九年以官学生考授国史院编修，后升为内阁学士，河道总督。当时黄河决堤，不复归海，靳辅继承和运用前人的"束水攻沙"的经验，因势利导，筑堤束水，使河水重归故道。著有《治河方略》《靳文襄公奏疏》等。

靳姓在《百家姓》中排在第二百一十二位。

糜

Mí

糜

　　糜姓的来源主要有三个。一是以封地为姓氏。春秋战国时，楚国有大夫受封于南郡糜亭，其后代子孙以封地名为姓，称糜氏。二是以祖上名字为姓氏。春秋时期楚国有工尹（官名），名糜，他的后人以祖名为氏，为糜氏。三是以谷物名称为姓氏。糜，是早期的一种粮食，种植并依靠糜谷生存的族群就以糜为姓氏。

　　糜姓发源于今湖北。糜姓最早始于夏代，糜姓的望族大多出自东海（汉置东海郡，今山东、江苏一带。）

　　糜姓历史人物有糜竺，徐州富商，东汉末期人。糜竺世代经商，因此家资富裕，资产以亿计，后任徐州牧陶谦别驾从事，陶谦去世之后，糜竺奉陶谦的遗命，迎接刘备继任徐州牧。糜芳，糜竺的弟弟，拒绝曹操招封，追随刘备入川，为刘备所重用，曾任南郡太守，与关羽共守荆州。糜竺的妹妹嫁与刘备，在《三国演义》故事中，糜夫人在长坂坡将阿斗托付给赵云后，投井自尽。

糜信，三国吴国人，经学家。官乐平太守，著有《春秋穀梁传注》十二卷、《春秋说要》十卷、《春秋汉议》等。

糜姓在《百家姓》中排在第二百一十五位。

井姓的来源主要有三个。一是出自姜姓，是炎帝的后代。井是《周易》六十四卦之一，有取之不尽的意思，取吉利之意而为姓氏。二是以封邑为姓氏。春秋时，虞国大夫被封于井邑，人称井伯，后世就用封邑名"井"作为自己的姓氏。三是以祖辈名字为姓氏，源于百里氏。春秋时秦百里夷，字井伯，后代以井为氏。

井姓发源于今山西平陆。晋灭虞之后，井伯子孙纷纷外迁，一支迁居于今陕西兴平一带，一支迁居于今河南南阳一带，至秦汉在上述两地发展成望族。魏晋南北朝时期，井氏以上述两地为中心，广播于北方之今山西、河北、山东、甘肃诸省，并南入今湖北、安徽、湖南、江苏、浙江之地。五代十国时期，井姓南迁者渐多。至南宋，战乱不断，井姓子孙播迁的范围更广，今江西、福建、广东、四川、重庆等地均有井姓聚居。明朝初期，山西井氏作为洪洞大槐树迁民姓氏之一，被分迁于今河南、山东、河北、陕西、江苏等地。至明代，井姓在全国分布愈广，台湾等南部省份亦有井姓入居。清朝康乾年间及其以后，山东、河南、河北、北京、天津等地井姓进入东北三省。如今，井姓在全国分布较广，尤以辽宁、陕西等省为多。

井姓历史人物有井丹，字大春，东汉经学家。年轻时学习于太学，通五经，善谈论，清高正直，京师人都议论说："五经纷纶井大春。"井勿幕，陕西人，民国时革命家。原名井泉，字文渊，后通用井勿幕，笔名侠魔，中国最早的同盟会成员之一。留日归国后投身辛亥革命中，参与筹划广州起义，将年轻的热血之躯奉献于祖国和人民，被孙中山誉为革命的"后起之秀""西北革命巨柱"，是辛亥革命陕西的先驱和杰出领导人之一。

井姓在《百家姓》中排在第二百一十七位。

段
Duàn

段姓的来源主要有三个。一是以祖辈名字为姓氏，源于姬姓。段姓始祖是共叔段，共叔段为春秋时郑武公少子，兵败死于共国之后，共叔段孙辈就以祖父字为氏。二是源于李姓，为段干氏所改。据说老子之子老宗仕晋，食采于段干，世为段干氏。子孙去干为段氏。三是鲜卑姓氏，本檀石槐之后。

段姓发源于今河南。整体上说，段氏是一个典型的北方民族，源于北方，大举发展于北方，尤其是以今陕西、甘肃两省最为兴盛。据相关资料记载，西汉文帝时有段印任北地都督，其子孙始居今甘肃，在汉至隋唐时，段姓徙居于今陕西、河南、河北、云南。宋元时期，北方段姓为躲避战祸，纷纷南迁。明初，段姓作为山西洪洞大槐树迁民姓氏之一，被分迁于今山东、河南、河北、甘肃、陕西、湖北等地。今日段氏在四川、山西、河北、云南等省分布较多。

段姓历史人物有段干木，战国时魏国人，求学于子夏，为魏国才士，秦兵伐魏，因段干木而偃旗息鼓。其潜学守道，不事诸侯，受到魏文侯敬重。段文昌，唐穆宗时宰相，治尚宽静。其子段成式，唐代文学家，博闻强记，爱好读书，藏书甚丰，撰有志怪小说集《酉阳杂俎》，其诗词采艳丽，清人辑其诗文成《段成式诗》。段玉裁，清代著名文字训诂学家、经学家，著有《经韵楼集》《诗经小学》《古文尚书撰异》《周礼汉读考》《仪礼汉读考》《说文解字注》等书。

段姓在《百家姓》中排在第二百一十八位。

　　巫姓主要是以职业（世袭职业）为姓氏。上古时候有专门从事祈祷、祭祀、占卜活动的人，叫做巫人。巫人在古代被认为是以舞降神的人，受到贵族和平民的尊崇。巫人还常常管理天文、医术、算术方面的事情，在朝廷中的地位相当高。古代以职业为姓氏的，如巫、卜、匠、陶等都是。据说黄帝大臣巫彭作医，为巫氏之始。

Wū
巫

　　从上古时候开始的巫姓家族，几千年来主要繁衍于平阳（今山东邹城）。巫姓世居于此，代代相袭，以后播迁到全国的巫氏后人，皆以今山东为祖地。巫姓先人于明代初迁江苏，然后从江苏南下，移居广东、福建等东南沿海一带。清朝时期，又有巫姓人家从广东渡海迁至台湾。

　　巫姓历史人物有巫咸，他是上古时候的一位巫者。能知人生死存亡，还能祝延人之福，愈人之病。相传他发明了鼓这一乐器，他还是用筮占卜的创始者。巫凯，明代良将，刚毅果断，智勇双全，镇守边镇三十多年，在他的治理下，边疆稳定，人民安居乐业，敌人不敢来犯。巫子肖，明代大臣，曾任新喻知县，知新喻县时，为官清廉，办事公正，爱民如子，被百姓誉为"青天"。

巫姓在《百家姓》中排在第二百二十位。

Jiāo

焦

　　焦姓的来源主要有四个。一是以地名为氏，源于姜姓。春秋时许国国君灵公迁焦，其后人遂以地名为姓氏。二是以国名为姓氏，出自姬姓，上古神农氏后裔。周初，封神农氏后裔于焦，建立焦国（在后世的陕州东北百步之遥的焦城），其在春秋时被晋国所灭，后代以国为姓，遂为焦氏。三也是以国名为氏，出自姬姓。周朝时有同姓诸侯国焦国（今河南陕县），后被晋国所灭，后世遂以国名为姓。四是出自少数民族改姓，如清朝满洲八旗姓党佳氏，后改为焦。今满、土家、蒙古、布依等民族均有此姓。

　　焦姓发源于今河南。春秋时期，焦国被晋国所灭，子孙纷纷出奔，或北渡黄河进入今山西，或西徙今陕西，或向东北方向的河北、山东播迁。西汉时，部分焦姓继续繁衍于北方外，还有焦姓人南迁至今安徽、浙江等地定居。繁衍于北方的焦姓，逐渐发展成为河北中山（今定州）、广平

（今鸡泽）以及今陕西冯翊等地的望族。魏晋南北朝时，有焦姓经今陕西避兵火于宁夏、甘肃一带。明初，山西焦姓作为洪洞大槐树迁民姓氏之一，被分迁于今江苏、河南、山东等地。

焦姓历史人物有焦延寿，汉代人，专攻《易经》，自称得孟喜之传，曾传授给京房，于是汉代《易》遂有京氏之学，汉元帝时被封为三老，有《焦氏易林》传世。焦循，清朝经学家、数学家、戏曲理论家，嘉庆举人，其家世代治《易》。他以数学原理及音韵训诂整理《易经》。著有《雕菰楼易学三书》《孟子正义》《论语道释》《剧说》《释弧》等。

焦姓在《百家姓》中排在第二百二十二位。

谷姓的来源主要有三个。一是以封地为姓氏，出于嬴姓。伯益的后代非子被周孝王封于秦谷，后来成为秦国和谷国（今湖北谷城）。春秋时谷国的后代开始以谷为姓氏。二是源自少数民族改姓，北魏鲜卑族有谷会氏，进入中原后改为单姓谷。三是源自郤姓。古代有郤姓，为唐叔虞的后人，后去掉偏旁改为谷姓。

Gǔ
谷

谷姓发祥于今陕甘一带。早期，基本繁衍于今陕西关中之地。汉时，陕西谷姓因仕宦、游学、谋生等原因进入长安甚多。两汉之际，谷姓还播迁到今北方的山西、河北、河南等省。汉末，长江南岸的今湖南和江浙一带，有谷姓人家分布。魏晋南北朝时期，谷姓主要在北方繁衍发展，尤其在今河北怀来一带逐渐形成谷姓上谷郡望，并以此为中心向北方各地播迁。后迁居于今河北、山东。两宋之交，谷姓南迁者渐多。明初，山西谷姓作为洪洞大槐树迁民姓氏之一，被分迁于今陕西、甘肃、河北、河南、山东等地。明中叶以后，谷姓成为江苏著姓，名家辈出。清康乾以后，河北、山东、河南谷姓闯关东入迁东三省。如今，谷姓在全国分布较广，尤以江苏、河北、山东、河南多此姓。

谷姓历史人物有谷永，西汉末期人。其博闻强识，通晓儒家经典，精通《易经》，可预知吉凶。谷那律，唐代儒士。曾助孔颖达撰写《尚书正义》，博学多识，人称"九经库"。其为人耿直幽默，因劝谏李世民少游猎而受赏赐。

谷姓在《百家姓》中排在第二百二十八位。

車 Chē
车

车姓的来源主要有四个。一是源自黄帝之臣车区。车区善天文，其后代为纪念他遂以车为姓氏。二是出自田姓，汉丞相田千秋以年老得乘小车出入省中，时人谓之车丞相，子孙因以此为姓氏。三是出自嬴姓。春秋时秦国子车氏之后有车姓。四是出自他族改姓，如北魏时鲜卑人车非氏改为车姓。

车姓主要发源于今陕西咸阳，后因仕宦、求学等原因，很多人迁到京兆郡，故后世车姓有以京兆为郡望的。在古代，车姓的望族大多出自鲁国。西汉末年，车姓在北方的今山西、河南、山东、甘肃等地，南方的今安徽、湖南等地散居开来。魏晋南北朝时期，车姓南徙至江苏，并在今山东曲阜、陕西西安、安徽寿县、湖南安乡等地形成望族。隋唐五代时期，车姓迁徙到今江西、浙江、湖北、四川等地。宋末元初迁移到了福建、广东等地。明初，山西谷姓作为洪洞大槐树迁民姓氏之一，被分迁到今湖北、湖南、江苏、山东、河北等地。

车姓历史人物有车千秋，汉代丞相。其本姓田，因上书为太子鸣冤而被越级提拔为大鸿胪。为相十多年，宽厚待人，谨慎自守，年老时皇帝特许他乘车入宫，时人称"车丞相"。车胤，东晋大臣。少时家境贫寒，无钱买油读书，于是捕捉萤火虫，借萤火虫的微光读书。成语"囊萤映雪"即由此而来。其以博学显于朝廷，累迁丹阳尹、吏部尚书，后因得罪专权的司马元显而被逼自杀。

车姓在《百家姓》中排在第二百二十九位。

　　侯姓是个多源的姓氏，来源主要有四个。一是以爵位为姓氏，出自姬姓。春秋时晋侯缗为晋武公所灭，子孙逃奔他国，以原封爵位"侯"为姓氏。二是以封地为姓，出自姒姓。夏后氏的后裔受封于侯国，子孙即以侯为姓氏。三是为春秋时郑国大夫侯宣多、侯羽之后。四是源自少数民族改姓。南北朝时，北魏有代北复姓侯奴氏、侯伏氏，进入中原后皆改为汉字单姓"侯"姓。

Hóu
侯

　　侯姓虽源出多支，但早期主要是在今河南、山东省境内繁衍。秦汉之际，在今河北省中、西部地区，已有侯姓人家居住，并很快成为当地的盛族。魏晋南北朝时期，侯姓有部分迁至今贵州、四川、广东、内蒙古、辽宁等地。唐代《元和姓纂》列上谷、丹徒、三水、绛郡（今山西新绛）、河南（今河南洛阳）为侯氏郡望。侯姓还分布于今陕西、福建的一些地区。到了宋明时期，侯姓的聚居点已遍布今湖南、湖北、江苏、江西、浙江、广西、北京、上海等省区市。从清初开始，福建、广东的侯氏陆续有人渡海赴台，此后，又有移居海外者。

侯姓历史人物有侯方域，明末清初文学家，擅长古文与写诗，效法韩愈、欧阳修，与方以智、冒襄、陈贞慧合称为四公子。侯方域曾与名妓李香君相爱，权贵田仰迷恋香君的美色和才华，欲强娶香君，香君至死不从，撞墙自尽，血溅扇面。时人杨文骢借血迹绘成桃花，孔尚任根据此故事写成传奇《桃花扇》。侯宝林，中国现代相声大师。抗战期间，侯宝林与郭启儒合作，用高雅的情趣、质朴的格调代替了传统相声粗俗的风气，极受老百姓喜爱。晚年，他注重曲艺理论研究，著有《相声溯源》《相声艺术论集》。

侯姓在《百家姓》中排在第二百三十位。

全 Quán

全

　　全姓的来源主要有三个。一是以地名为姓氏。全椒，今属安徽；古全州，在今广西全县；全山，一作泉山，在福建浦城县东北。这三地的居民有以地名为姓者，称全氏。二是以官职名为姓氏，出自泉姓。古称钱币为泉，西周时有泉府之官，按周礼属于地官，掌管货币交流和集市贸易，泉府官的后人以职官为姓，遂为泉姓。后来因为同音而通全，故有的改为全姓，称全氏。三是出自少数民族改姓。如元代有位少数民族首领叫万全，其子以父名为姓，改姓为全氏。

　　全姓在汉朝时落籍于浙江钱塘，是当地的望族。三国时期，全姓已遍布吴地。望族居京兆郡（今陕西西安东）。

　　全姓历史人物有全琮，三国时吴国名将。文武双全，智勇过人，曾指挥多场重要战役，极受孙权赏识。当时多中原避难南方者，全琮倾家财以赈济避难者，贫富与共，于是远近显名。全祖望，清代著名史学家、文学家。乾隆元年进士，入为翰林院庶吉士，后辞官归隐专心于学术，收徒讲学，生徒遍布大江南北。曾于绍兴蕺山书院讲学，从者云集，后又应邀主讲于广东端溪书院，对南粤学风影响很大。他师法黄宗羲，又受万斯同影响，醉心于宋和南明史事，尤好搜罗古籍及金石旧拓，曾编成《天一阁碑目》。著作有《鲒琦亭集》及《外编》《诗集》《古今通史年表》《经史问答》等。

全姓在《百家姓》中排在第二百三十三位。

仲姓的来源主要有两个。一是以祖辈名字为姓氏。上古高辛氏为黄帝的后裔。高辛氏有八子，其中有仲堪、仲熊，两兄弟的后人以祖上的名"仲"字为姓，遂成仲氏。又说春秋时宋庄公的儿子字子仲，他的子孙遂以仲为姓，成为仲姓的一支。二是周朝有樊侯，传说是仲姓始祖，仲山甫即其后。

仲姓发源于今河南，望居中山（今河南登丰西南）、乐安（今山东广饶）。从南宋起，仲氏大家族就一直定居于今江苏吴江一带。

仲姓历史人物有仲由，字子路，春秋时鲁国人，孔子的得意弟子。性格爽直率真，有勇力才艺，知错善改，敢于批评孔子。孔子了解其为人，对他评价很高，认为他可备大臣之数，"千乘之国可使治其赋"，并说他使自己"恶言不闻于耳"。做事果断，信守诺言，后为卫大夫孔悝家宰，在内讧中忠君互助，兵败被杀。仲长统，东汉哲学家。勤学好问，敢于直言，官至尚书郎。他提出"人事为本，天道为末"的论点，反对"天命"说，著有《昌言》一书。仲并，宋朝文学家，从小勤奋好学，记忆力惊人，过目不忘。绍兴二年中进士第。与秦桧不合，闲居20年。他工于诗文创作，又长于骈文，好以散行为排偶，著有《浮山集》16卷。

仲姓在《百家姓》中排在第二百三十八位。

Gōng
宫

　　宫姓的来源主要有三个。一是以世代相袭的
职业为姓氏。周官有掌管宫门者，后世即以官职
名称为姓氏。二是源自春秋时虞国大夫宫之奇。
三是源于南宫氏。春秋时期，鲁国有孟僖子的儿
子名韬，被封于南宫（今河北南宫），其后世子孙
遂以封地名"南宫"为姓。后又分化为南、宫二
姓。

　　宫姓发源于今山西。宫之奇原居于山西平陆
一带，后避难迁于虞国，居住在辛宫里（亦在今
山西平陆）。晋灭虞之后，宫之奇再次率领族人避
难曹国（今山东定陶西南）。后来，宫姓一族在史
书上没有明确的记录，其迁徙路线和居住地区已
不可考。整体来说，在宫之奇和族人的东迁过程
中，宫姓后裔在今山西、河南、河北、安徽等地
开枝散叶，发展开来。中国现在几支大的宫姓族
支，都是从这里起源的。

　　宫姓历史人物有宫之奇，春秋时虞国（今山

西平陆北）人，他料事如神，颇有远见，是当时著名的政治家。春秋时期，晋国意欲吞并虞国，但因当时虞国和虢国是盟国，晋国无隙可乘，始终未能得逞。面对这样的形势，宫之奇坚决主张虞、虢联盟。后晋国重金贿赂虞君，请求借道伐虢，宫之奇识破了晋国"将欲取之，必先与之"之计，故极力劝谏虞君不借道于晋国，但贪财好利的虞君接受了晋国礼物，借道于晋，后虞国终为晋国所灭。后世"唇亡齿寒"的说法就出自宫之奇规劝虞君的说辞。宫国苞，清代诗画家，擅画兰竹，长于写诗，与丹徒张石帆合称"江上两诗人"。

　　宫姓在《百家姓》中排在第二百四十位。

　　宁姓的来源主要有三个。一是以谥号为氏，源自嬴姓。秦襄公曾孙谥宁公，后世子孙就以宁为姓。二是以邑名为姓氏，源自姬姓。周武王弟康叔的后代被分封于卫，建立卫国。至卫成公时，其子被封于宁邑（今河南修武），他的子孙便以封地名为姓，称宁氏，遂相沿至今。三是源自少数民族改姓。清满族有宁佳氏、宁古塔氏，入关后有从汉姓习俗，改单姓为宁氏。

Nìng 宁

　　宁氏发源于今河南。两汉时期，宁氏已分布于今河南、河北、陕西、山东等黄河中下游地区，并进入安徽、四川等南方地区。魏晋南北朝时期，宁姓曾繁盛于今山东济南一带，故后世宁氏有以济南为郡望者，这一时期宁氏也有避乱南迁进入今湖北、湖南、江苏、浙江、江西等地者。明初，山西宁氏作为洪洞大槐树迁民姓氏之一，被分迁于今江苏、安徽、浙江、河南、山东、河北、北京等地。明中叶以后，有河北、京津等地宁姓迁徙至山海关以北繁衍生息，并有四川、广西之宁姓入迁云贵地区。张献忠屠川后，有湖南、湖北之宁姓填四川。清朝康乾年间以后，山东、河北、河南之宁姓闯关东进入辽宁、吉林等地，并有福建、广东沿海之宁氏入居台湾。山西之宁氏入迁内蒙古，陕西之宁氏进入甘肃。

宁姓历史人物有宁俞，即卫武子，卫国大臣，勤政爱民，忠心耿耿，卫文公有道之时，尽心辅佐，卫成公无道之日，却不避艰险，舍身济君，极受孔子赞誉。孔子称赞他"邦有道则智，邦无道则愚，其智可及也，其愚不可及也"。宁越，战国时人。初为农，因终日劳苦，问友人如何才能改变终日劳作的命运，朋友告诉他苦读30年可改变自己的命运，后来他发奋苦学15年，周威烈王以师事之。

宁姓在《百家姓》中排在第二百四十一位。

Qiú
仇

　　仇姓的来源主要有三个。一是源出九吾氏。
夏朝，九吾氏为诸侯，商代立国号"九"，商朝末
年，纣王杀九侯，其族人迁徙各地，后人有加人
字旁改为仇姓。二是仇牧之后。春秋时宋国大夫
仇牧，为被杀的宋缗公报仇而讨伐宋万，为宋万
摔死，仇牧的后代便以他的名字仇为姓。三是出
自侯姓所改。北魏时，有中山人侯洛齐，本为侯
姓，后为仇氏养子，故改仇姓，其后渐成望族，
成为中原仇姓一支。

　　仇姓发源于今河南。仇牧被认为是后世仇姓
的始祖，仇牧是当时的南阳人，此支仇氏望出南
阳郡（今河南南阳一带）。古代北魏仇姓人以今河
南为中心，逐渐繁衍到全国各地。北魏改为仇氏
的仇洛齐，后因功拜官，其家族发展为望族，成
为中原仇姓一支，此支仇姓望族居平阳郡（今山
西临汾西南）。

　　仇姓历史人物有仇牧，春秋时宋泯公的大夫，

被称为后世仇氏始祖。宋万欲杀宋泯公，仇牧前往救主，不敌宋万遇害。后仇牧成为恪守忠义的楷模。仇英，明代著名画家。他与唐寅、文徵明、沈周并称为"明四家"，善于临摹宋、元名笔。其画中的人物、鸟兽、山水、楼观、旗辇、车容，秀雅鲜丽。其笔下的仕女，栩栩如生，被时人誉为明时工笔之杰。仇兆鳌，清代名士。他花费二十余年时间编著成《杜诗详注》。该书旁征博引，集前人注杜之大成，是一部具有集注集评性质的鸿篇巨制。

仇姓在《百家姓》中排在第二百四十二位。

栾姓的来源主要有三个。一是以采邑为姓氏，源自姬姓。春秋时晋国靖侯的孙子名宾，被封于栾邑（今河北栾城一带），世称栾宾。他的后人便以封邑地为姓氏，称栾氏。二是以祖辈名字为姓氏，源自姜姓。春秋时，齐惠公的儿子名坚，字子栾，后代子孙有人用他名字的"栾"作为姓氏，遂成为栾氏的一支。望族出于西河、魏郡。三是春秋时晋国大夫栾书（即栾武子）的后代。

Luán
栾

栾氏是因晋靖侯的孙子宾食采于栾邑而得姓，望族居于西河郡，即现在的山西离石。又有说晋靖侯孙宾的食邑是赵州，所在地就在平棘西北十六里古栾城，他的子孙以邑为姓氏，始有栾氏。栾氏后人尊栾宾为栾姓的得姓始祖。另春秋时期栾书的后代为晋国的公卿。

栾姓历史人物有栾布，西汉梁人。少时受雇于酒家，曾被卖为奴隶，居燕地为主报仇，被举为燕将。高祖攻破燕地，栾布被俘，因栾布与彭越相知，彭越推荐他为大夫。后汉高祖杀彭越，曾下令不许旁人收尸，栾布冒死哭葬彭越。汉高祖欣赏他的勇气与义气，免去其罪责并封为都尉。文帝时，栾布出任燕相，他死后，燕、齐为其立社，号栾公社。栾巴，东汉人，性格直爽，学问精深。为官明察秋毫，重视教育。后因上书为陈蕃和窦武鸣冤，下狱后自杀。

栾姓在《百家姓》中排在第二百四十三位。

Gān
甘

　　甘姓的来源主要有四个。一是以采邑为姓氏，出自春秋时甘国昭公之子带，其后人以甘为姓氏。二是以地名为姓氏，出自姬姓。周武王时，封同族人于甘地，称甘伯。后有甘伯恒公，其后代亦为甘姓。三是以国名为姓氏。夏朝有诸侯国甘国（在今河南洛阳西南），甘国亡国后族人散居各地，以原封国名为姓，成为甘姓的一支。四是以祖字为姓氏，商朝时，高宗武丁有臣曰甘盘，甘盘的后代子孙以祖上的名字为姓，遂成甘姓。

　　甘姓早在先秦时已聚居于今河南、山东、陕西、甘肃、安徽等地。秦汉时，甘姓已迁至河北、山西，今江苏、四川、重庆等地也有甘姓人居住。汉末三国时，甘宁追随吴主孙权，落籍今江苏南京，故甘宁子孙散居今江浙一带。东晋时期，甘姓也避乱南迁，进入今安徽、湖北、湖南、江西等地。隋唐时期，甘姓人广泛地分布于长江中下游地区。两宋时期，甘姓人入迁今福建、广东两省。明初，山西甘姓作为洪洞大槐树迁民姓氏之一，被分迁于今陕西、甘肃、河南、山东、北京、天津等地。明末，有北方甘姓迁入今辽宁地区，又有广东、福建两地的甘姓入迁台湾。如今，甘姓在全国分布较广，尤以湖南、四川、江西等地为多。

甘姓历史人物有甘罗，战国时期人，他是历史上著名的神童。其12岁时，为秦相吕不韦出使赵国，赵王亲自迎接，在甘罗的巧言劝说下，割五城以臣服秦国。甘宁，三国时人，先依附刘表，后归吴国，献计于孙权，攻破黄祖，占据楚关，尽获其士众。又从周瑜破曹操，攻曹仁，拜西陵太守时称江表虎臣，官至折冲将军。

甘姓在《百家姓》中排在第二百四十五位。

祖姓的来源主要有两个。一是源自子姓，为商汤后裔。殷商王有祖甲、祖乙、祖丙、祖丁，后人便以祖上庙号为姓氏。二是取祖子为姓氏，源于商代的两位大臣祖己、祖尹。商朝开国君主商汤时有左相仲虺，仲虺的后代中有人名叫祖己、祖尹，他们的子孙中，也有取祖字为姓的，即祖姓，相沿至今。

祖姓是我国一个古老的姓氏，发祥于涿郡（今河北涿州），这个地方便是祖氏的发源地，望族居范阳郡。祖氏后人多奉祖己为祖姓的始祖。

祖姓历史人物有祖逖，晋朝著名大将，他积极主张北伐，历史上闻鸡起舞的佳话说的就是祖逖，他勤政爱民，极受百姓爱戴。当时晋室大乱，祖逖率部曲百余家渡江，中流击舟楫立誓："祖逖不能清中原而复济者，有如大江！"元帝时，他自请率兵北伐，称奋威将军，连战连胜，大败石勒，收复黄河以南失地。祖冲之，南朝时宋人，为南北朝时期著名的科学家，他在数学、天文和机械制造方面都有很高成就。在前人研究的基础上，他将圆周率精确到小数点后第六位即3.1415926到3.1415927之间，这在当时世界上是极为先进的。他的数学著作有《缀术》和《九章术义注》，但早已亡佚。祖咏，唐朝诗人，开元十二年进士。他的诗讲求对仗，诗中有画，诗多写景咏物，描绘隐逸生活。《终南望余雪》是其名作。

祖姓在《百家姓》中排在第二百四十九位。

Wǔ
武

　　武姓来源比较复杂，主要有五个。一是以谥号为姓氏，出自春秋时宋武公之后。春秋时宋戴公之子司空，死后谥号为"武"，史称宋武公，其子孙便以其祖辈之谥号为姓氏，亦称武氏。是为河南武姓。二是以国名为姓氏。夏朝大臣武罗被封于武罗国，后国亡，其后世子孙遂以国名为姓氏，武姓就是武罗氏改姓而来。三是以祖名为姓氏，出自商王武丁之后。四是冒姓武，唐代贺兰敏传说是武则天的父亲荆州都督武士彠之嗣，顶替姓武氏。五是赐姓。唐代时，武则天赐傅、左、李诸姓部分人姓武。

　　武姓最早的发祥地应在今河南，后逐渐迁徙至邻近的今山东及江苏等地。到汉朝时，山东武氏成为显赫的家族。出自此地的武姓，迁徙至今河南、安徽、山西等地并大量繁衍。魏晋南北朝时，武姓大举渡江南迁，成为江苏一大望族。另外，在北方还有一支武姓迁入今山西。唐代的武则天，使武姓达到极盛，武姓人家遍及全国。

武姓历史人物有武士彟，唐代人，武则天之父。早期以经营木材致富，辅助唐朝开国皇帝李渊建立唐朝，被封官爵。高宗时，他以皇后之父身份受封周国公，封太原王。武则天，中国历史上唯一一位女皇帝，唐高宗皇后，公元690年建周代唐，在位21年。执政期间，政绩显著。她善用人才，开创了殿试，重视农业发展，注意加强边防。但任用酷吏，时有冤案。公元705年，武则天被迫让位于子唐中宗，中宗复唐。武元直，金代画家，善画山水，工于诗文。有《东坡游赤壁图》等传世。

武姓在《百家姓》中排在第二百五十位。

符姓的来源主要有两个。一是以官名为姓氏，出自姬姓，是周族始祖后稷的后代。战国时鲁顷公之孙公雅，后在秦国担任符节令，其后人便以符为姓。二是源自改姓。前秦苻坚淝水之战失败后，族人为避祸遂改为符姓。

符姓发祥之地，据学者考证，大致在今河南省淮阳县一带。符姓望族居琅琊郡（今山东诸城）。后因金人入侵，此地符姓南迁吴中。明初，符姓作为山西大槐树迁民姓氏之一，被分迁于全国各地，由此，符姓广泛分布于今江苏、浙江、广东、海南、湖南等地。如今，符姓尤以广东、海南为多。

Fú
符

符姓历史人物有符存审，五代时名将。符存审跟从庄宗破梁军，赶走辽兵，大败刘鄩，前后大小一百余战，从未有过败绩，曾计退朱温，击退契丹，以百战百胜的辉煌功绩获得高官厚禄，使得符姓声名远播。符令谦，南唐时名将，智勇双全，不但善骑马射箭，勇于冲锋陷阵，而且为政也颇有政绩。一生驰骋沙场，骁勇善战，又很体恤士卒，因此深受士卒爱戴。后任赵州刺史，死后赵州人举城哀悼，人称"良刺史"。符曾，清朝诗人。其诗清隽婉丽，气韵高雅，著有《春凫小稿》及《半春唱和诗》。

符姓在《百家姓》中排在第二百五十一位。

Liú
刘

　　刘姓的来源主要有三个。一是以国名为姓氏。帝尧的后人受封于刘（今河北唐县），建立祁姓刘国，周宣王时国灭，逃往秦国的子孙便以国名为氏。此为祁姓之刘，史称刘氏正宗，这就是陕西刘氏。二是出自姬姓，其源头有二：一说是西周初年，周成王封王季之子（周成王叔祖父）于刘邑（今河南偃师西南），其后裔便以邑名为姓氏，形成姬姓之刘。另一说是东周末年，周匡王姬班封其小儿子于刘，号称刘康公，其后代遂以邑为姓氏，这是姬姓之刘的又一来源。三是源自改姓或赐姓。如刘邦赐娄敬、项伯为刘氏。

　　刘氏最早发源于今河北唐县，而始姓刘氏却在今天的陕西境内。公元前三百多年，刘姓开始向今河南及江苏等地传播。后来刘邦建立汉朝，大举分封子孙。刘姓遂广布于天水、中山、南阳等十四地。汉末三国之际，中原的刘氏为避"董卓之乱"开始向四方迁徙，主要是向东南投奔孙吴和向西南进入四川投奔蜀汉。魏晋南北朝时期，刘姓大举南迁，在江南产生很大影响。唐代开始，刘姓已遍布大江南北。明末，刘姓有渡海赴台湾者，并进一步迁居海外。

刘姓历史人物有刘邦，西汉开国皇帝，称汉高祖。秦朝时曾任泗水亭长，在秦末农民战争中势力逐渐壮大，天下英雄云集于麾下，后攻入秦都，最终打败项羽，建立西汉，定都洛阳，后迁都长安。刘秀，东汉开国君主，史称光武帝。先后消灭了各地割据势力，统一全国。在位期间，减轻赋税，兴修水利，精减官吏，使社会经济得到了恢复和发展。刘备，三国时蜀汉政权的建立者，得诸葛亮辅佐，采用联吴抗曹策略，形成三分天下之势，公元221年正式称帝，建都成都，国号汉。

刘姓在《百家姓》中排在第二百五十二位。

景姓的来源主要有三个。一是源自芈姓，为春秋时楚国公族的后代。相传，景差是楚国贵族，后官至大夫，子孙为了纪念他，便以他的名字为姓，成为最早的一批景姓人。二是以谥号为姓氏，出自战国时的齐国。周敬王时，齐国国君杵臼去世，谥号为景，世称齐景公，他的支庶子孙便以他的谥号为姓，也姓景。三是出自改姓或冒（顶替）姓。如明代忠烈之士景清，本姓耿，后改姓景。

景姓发源于今湖北宜昌一带。西汉时诏令迁徙关东豪族于关中（今陕西），故景姓家族大批聚居于冯翊（今陕西大荔一带），而景驹之后则有北徙晋阳（今山西太原）者。东汉时，景丹声名显赫，被封栎阳侯，其子景尚，孙景苞、景遽，苞子景临皆封侯，极大地壮大了冯翊景姓的声势。汉末魏晋时，北地景姓有避乱南迁于今安徽、江苏、浙江者。唐朝时，今山西晋阳成为景姓郡望。至唐代，景姓主要繁衍于今山西、陕西两地。唐末，景姓迁徙至今甘肃、湖北、湖南、四川、江苏、江西等地。南宋末年，蒙古大兵南下，景姓人为避难逐渐散居于南方各省。明初，山西景姓作为洪洞大槐树迁民姓氏之一，被分迁于今北京、天津、河北、山东、河南等地。如今，景姓在全国分布较广，尤以山西、陕西、江苏、甘肃、四川、重庆等地为多。

景姓历史人物有景丹，东汉初名将。为刘秀手下名将，曾率兵击破王郎将倪宏等，从征河北。光武即位后，拜为骠骑大将军，封栎阳侯，为"云台二十八将"之一。景泰，北宋将领，真宗时进士，累官至秦凤路马步军总管，善于用兵，曾以五千兵大破西夏兵十万而名震天下。

景姓在《百家姓》中排在第二百五十三位。

詹
Zhān
詹

詹姓的来源主要有三个。一是以封地为姓氏。相传古帝虞舜封黄帝之后得詹（同瞻，备受尊敬）者，子孙因以为氏。二是以国号为姓氏，出自姬姓。周宣王封庶子于詹，称詹侯，建立詹国，其子孙遂以国为姓氏。三是以邑为姓。春秋时晋有詹嘉、郑有詹伯，均以邑名为氏，相沿至今。

詹姓源远流长，春秋时，詹姓已分布于晋（今山西一带）、虢（今河南郑州西北）、郑（今河南新郑附近）等地。两汉及其以前已有詹姓人落籍于今湖北、湖南一带。两汉时詹姓多繁衍于古渤海郡、河间郡一带。晋代"永嘉之乱"时，詹姓南迁。唐末五代，詹姓子孙亦有渡江南迁者。明初，山西詹姓作为洪洞大槐树迁民姓氏之一，被分迁于今山东、河北、陕西、江苏、湖北等地。明中叶以后，今广东、福建等沿海之地的詹姓有渡海赴台湾谋生者。如今，詹姓在全国分布较广，尤以湖南、台湾、四川等省为多。

詹姓历史人物有詹渊，宋代官吏，进士出身，曾任临江户曹掾。善于断案，清明廉洁，深受百姓爱戴，时有"宁为户曹非，不愿他官直"之语。詹天佑，近代铁路工程学家，是我国近代科学与工程技术史上的先驱，也是我国近代史上著名的爱国知识分子。他12岁赴美留学，后考入耶鲁大学学习土木工程及铁路专科。1905–1909年主持修建中国自建的第一条铁路——京张铁路，创造性地设计出"人"字形铁路，震惊世界。有《铁路名词表》《京张铁路工程纪略》等。

詹姓在《百家姓》中排在第二百五十四位。

龙姓的来源主要有四个。一是出自舜时纳言龙之后。龙氏，舜帝时大臣。纳言是古代官名，他的后代以龙为姓氏。二是传说源自御龙氏之后。尧的后代刘累，因有驯化龙的本领，深受夏帝的赏识，被赐氏为"御龙"，其后裔有以龙为姓氏的，即为龙姓。三是传说源自豢龙氏之后。相传董父，精于饲龙，以畜养龙而被舜赐姓"豢龙氏"，他的后代有以龙为氏的，即为湖北龙氏。四是出自牂牁（治所在今贵州）大姓。西汉时的牂牁大姓中有龙姓一族。

Lóng
龙

龙氏分布广泛。约在汉朝时期，龙姓主要繁衍于今甘肃和湖北、湖南境内及山西、河北、河南、山东等地。魏晋南北朝时期，中原龙姓为避战乱而渡江南迁。宋、元时期，龙氏开始了历史上第二次大规模的南迁，使得南方龙姓人口数量大大超过北方。从龙氏发展迁徙过程体现出北方龙氏与南方各族相融，也体现着少数民族龙氏与汉族及其他各民族相融。今日龙氏尤以湖南、四川、广东、江西等地为多。

龙姓历史人物有龙且，项羽帐前第一猛将。少时跟随项梁、项羽起兵，与项羽情若兄弟，每战皆亲身奋勇杀敌，深得项羽信任。后在齐国由于大意轻敌，误中韩信水淹之计，最后力战不胜而死。龙太初，宋代诗人，他在拜见王安石时，作《沙诗》一首，深得王安石赏识，引为上宾。

龙姓在《百家姓》中排在第二百五十六位。

葉 Yè
叶

　　叶姓的来源主要有三个。一是以采邑为姓氏，源于沈姓。颛顼后人沈诸梁，字子高，楚惠王时被任命为楚国叶邑的行政长官，故称"叶公"，其后裔以邑名为姓氏，叶邑遂成为叶氏祖地，叶公成为叶氏始祖。二是源自南方少数民族姓氏，春秋时吴国有叶姓。三是少数民族改姓。如蒙古族叶古禄特氏、叶赫氏进入中原后改为叶姓。

　　源自叶公的一支，辗转迁居于河北河间、陕西雍州、江苏下邳等地。西晋末年，今陕西、河北的叶姓后裔一部分向南迁徙，一部分重返中原，此时形成望族"南阳叶氏"。唐宋时叶姓迁徙频繁，其中从今河南叶县迁居固始、光山的一支影响较大。世居下邳的叶姓，此时大量迁居今浙江括州、宁波一带。唐宋时期，叶姓成为江南的著姓。明清之际，叶姓有迁居海外者。如今叶姓尤以福建、台湾、广东、江苏、江西等地为多。

　　叶姓历史人物有叶公，即沈诸梁。叶公不仅

是叶姓的始祖，还是春秋楚国的一位著名政治家、军事家。叶梦得，宋代大臣，著名词人，词风接近苏轼。累官翰林学士、户部尚书、尚书左丞等。叶挺，中国无产阶级革命家、军事家，中国人民解放军的创始人之一。领导过八一"南昌起义"，参加过广州起义。后任新四军军长，因飞机失事而罹难。叶圣陶，中国作家、教育家、出版家和社会活动家。早年曾任小学教师并从事写作，后从事编辑出版工作，为中国编辑出版事业的发展作出了很大贡献。

叶姓在《百家姓》中排在第二百五十七位。

　　司姓的来源主要有三个。一是以官名为姓氏。神农时有官名司怪，专事占卜，其后代子孙以司为姓，称司氏。二是改姓而来。由司马、司寇、司德、司城等姓氏中改为单姓司者。三是少数民族改姓。蒙古族杜尔伯特氏、满族司佳氏进入中原后改为司姓。

　　先秦时期，司姓族人已分布于郑（今河南新郑）、晋（今山西）、卫（今河南濮阳）、程（今陕西咸阳）等地。两汉至魏晋时期，司氏以顿丘郡为

中心，散居于广大北方地区。东晋至南北朝时期，中原司氏有播迁至今湖北、江苏、安徽、浙江等南方地区者。唐末五代以后，司氏播迁于今湖南、四川、江西等地。宋末元初，今四川、湖南、湖北等地的司氏有向今云南、贵州、广西等西南地区迁徙的，华东之司氏有进入今福建、广东等地者。明朝初期，山西司氏作为洪洞大槐树迁民姓氏之一，被分迁于今河南、山东、河北、江苏、

安徽等地。此后，陕西、河南等地的司氏有到甘肃、宁夏等西北地区谋生者。清朝至近代，湖广人填四川，山东人迁至东北，山西人迁至内蒙古，河南人迁至陕西，广东、福建人赴台湾，大规模的自然移民运动使司氏广布全国各地。如今，司姓分布尤以山东、安徽、河南、陕西四地为多。

司姓历史人物有司超，曾在后汉、后周担任武将，屡建战功。归宋后，在蔡、绛、郑、蕲等州为官。因战功而官至舒州团练使，由于他久在淮右，悉知当地的地理环境，故往往师出有功。司超及其弟俱为当时名人。司居敬，元朝时人。其生活俭朴，为人耿直。为官勤政爱民，重视教育，广设学田，把自己的藏书捐给学宫。离职后，县民刻石歌颂他的功德。

司姓在《百家姓》中排在第二百五十九位。

Gào
郜

　　郜姓主要是以国名为姓，源自姬姓。周文王之子受封于郜（今山东成武东南），称郜侯，建立郜国。春秋时郜国为宋国所灭，郜君的后世子孙便以原国名为姓，称郜氏。

　　郜姓发源于今山东。春秋时齐、晋两国都有郜城，一在今山东长清县境，一在今山西浮山县西南，据说是郜人亡国后，其族人所迁之地。汉魏之际，郜姓主要繁衍于今宁夏固原与陕西西安一带。自秦至宋，郜氏于史书鲜见，仅有晋时曾任高昌长的郜珍入载史册。郜姓于宋元之际已广布于北方各地，并在今江苏、安徽、江西、湖北、湖南、四川等南方省份散布，且在今江苏如皋、江西乐平、湖北荆门等地聚居。明初，山西郜姓作为洪洞大槐树迁民姓氏之一，被分迁于今山东、河南、安徽、江苏等地。明末张献忠屠川后，有两湖之郜姓入迁今四川、重庆两地。清朝时期，有山东、河南等地的郜姓闯关东到东北三省，东北始有郜姓人家居住。

郜姓历史人物有郜知章，元代诗人，不仅长于写诗，还对经学有很深的研究，是当时著名的儒学大师。郜琏，清代旅游家。好鼓琴，琴技高超。又好游山水，遍游全国，曾三登泰山。著有许多游记，其中以《芭蕉》一书最为著名，传至日本。郜坦，清代学者，师法左丘明，又兼诸家注解，著有《春秋左传集注》。郜煜，清代学者，进士出身，著有《易经理解》。

郜姓在《百家姓》中排在第二百六十一位。

黎姓的来源主要有两个。一是以国名为姓氏。周武王灭商，封商汤后裔于黎国（今山西长治西南），后有黎侯丰舒，其子孙有姓。这一支黎姓人家，被认为是黎姓正宗，后成了黎氏家族中最为主要的组成部分，是为山西黎氏。二是源自少数民族改姓。后魏有代北鲜卑族复姓素黎氏，后改为汉字单姓黎姓，即为河南洛阳黎氏。

Lí
黎

黎氏早期发源于今山西黎城县东北。战国时，黎姓西入今陕西，东向今山东、河北，南徙今江苏、广东、广西及越南北部。汉时，有黎朱苍任长沙相，其后代在今湖南发展繁衍。魏晋南北朝时期，黎姓大批南迁，南方黎姓随之昌盛。明朝时期，有山西洪洞大槐树黎姓迁居于今湖北、湖南、河南等省。清乾隆年间，有广东、福建籍黎氏入居台湾，进而徙于海外。今尤以湖南、广东、江西等省多此姓。

黎姓历史人物有黎子云，宋代人，家贫但好

学，与苏轼友善。常与弟携酒见苏轼，苏轼题其别墅名曰"载酒堂"。黎民怀，明代著名诗画家，擅长诗、书、画，时称"三绝"。黎锦熙，现代语言文字学家，中华人民共和国成立后任北京大学中文系主任、中国文字改革委员会委员、九三学社中央常委等职。一生致力于语言学的教育研究工作，对现代汉语学科体系的建立贡献很大。著有《新著国语文法》《中华新韵》《国语新文字论》等。

黎姓在《百家姓》中排在第二百六十二位。

Bó
薄

薄姓的来源主要有四个。一是以国名为姓氏，源自姜姓。古时有薄国，相传为炎帝后裔的封国，薄国的后代子孙以国名为姓，称薄姓。二是以采邑为姓氏。春秋时，宋国有大夫被封于薄城（今河南商丘北），其后代子孙就以采邑命姓，称薄姓。三是商朝诸侯薄姑氏后代，后简化为单姓薄。四是少数民族改姓，北魏鲜卑族有复姓薄奚氏，入居中原后改为单姓薄氏。

薄姓发源地很多。先秦时已分布于今河南商丘与淇县（卫之国都）一带。战国中后期，宋、卫俱灭国，薄姓子孙因徙居今江浙间地。刘邦后妃薄姬，后被文帝尊为皇太后，其弟薄昭也因迎立文帝而封为轵侯，这是薄氏发展史上的一个高潮。汉魏时，一支薄氏徙居于今山西北中部一带，后与北魏薄奚氏改来的薄氏相融合，逐渐成为该郡之大族。南北朝隋唐时期，薄姓播迁到了北方之今山东、河北、河南、陕西以及南方之今安徽、江苏、浙江、江西等省份。宋、元时期，薄氏在今甘肃、宁夏、内蒙古以及南方之今四川、重庆、湖北、湖南等地均有一定发展。明初，山西薄姓作为洪洞大槐树迁民姓氏之一，被分迁于今江苏、浙江、安徽、河南、山东等地。明朝中叶以后，薄姓在今云南、贵州、广西以及广东等地都有分布。如今，薄姓尤以山东省渤海湾地区为多。

薄姓历史人物有薄姬，即薄太后，汉高祖刘邦的嫔妃，刘邦第四子刘恒之母。刘恒即皇位后，尊其母为太后。薄珏，明代兵器制作专家。崇祯年间，为抵御外敌，薄珏制造铜炮、望远镜、水车、水镜、地雷、地弩、火铳等兵器，为固守边防作出了很大贡献。著有《浑天仪图说》《格物测地论》等。

薄姓在《百家姓》中排在第二百六十四位。

宿姓的来源主要有三个。一是以国名为姓氏，源自风姓。周武王灭商建立周朝后，追封前代圣王的后人，其中伏羲氏的后人被封于宿（今山东东平东），建立宿国。其公族后代遂以国名为姓，称宿姓。二是源自赐姓，南北朝时，北魏皇帝赐刘子文为宿氏。三是源自少数民族姓氏。北魏鲜卑族有宿六斤氏，进入中原后改为宿姓。

Sù
宿

宿姓发源于今山东东平，并在此地形成宿氏望族。到了汉朝时期，宿氏又在今河南得到进一步发展，并逐渐扩散到今山西及江南和东北地区。

宿姓历史人物有宿瘤女，战国时齐国东郭采桑之女。齐闵王出游至东郭，百姓争相观之，唯宿女采桑如故，王以为此女有大志，与众不同，遂立为后。宿仓舒，汉尉氏（今属河南）人，汉代孝子，出身贫寒，因食不果腹而自卖为奴，侍奉颍川王氏，后累官上党太守。母亲去世，他也悲恸而死。宿进，明代人。为人忠实耿直，疾恶如仇。当时刘瑾专权，宿进三次弹劾无果，后刘瑾不轨事发，宿进不仅弹劾依附刘瑾者，还建议对因反对刘瑾而死之人从优抚恤，因而触怒武帝，被廷杖革职，当时人均赞叹他直言敢谏。

宿姓在《百家姓》中排在第二百六十六位。

Bái
白

　　白姓的来源主要有三个。一是以祖辈名字为姓氏。其中一支源于姬姓。春秋时秦国有大夫白乙丙，后人以名讳字为氏，即秦国的白氏，是为陕西白姓。另一支源自芈姓。为楚太子建之子白公胜的后人，即河南白姓。二是以地名为姓氏。古代"南夷"有"白民之国"，唐在此地置白州（今广西博白一带），国人以地名为氏，称为白姓。三是源自少数民族改姓。满族的白佳氏进入中原后遂改为白姓。

　　战国时，今河南白姓迁入今陕西等地。秦始皇封白起之子白仲于太原，其子孙遂世居山西。魏晋南北朝时期，白仲之后形成太原郡望，进而或迁今陕西韩城、渭南；或迁今湖北襄阳；或迁今河南洛阳。唐时，白仲后裔白温徙居华州下邽（今陕西渭南东北），白镮居郑州（今属河南），白镮之孙为唐朝大诗人白居易，晚年居洛阳香山，为白姓迁洛阳始祖，其后代散居于今河南各地。五代时期，白姓迁居南阳，形成白姓南阳郡望。宋元时期，有白姓迁至南方。明初，白姓作为山西洪洞大槐树迁民姓氏之一，被分迁于今山东、河北、河南、陕西、北京、天津等地。从清初开始，福建、广东白姓有陆续入居台湾，进而移居海外者。今日白姓以四川、山西、陕西、河南等省为多。

白姓历史人物有白起，战国时秦国大将，被封武安君。善用兵，屡战屡胜。长平一役，坑杀赵军四十多万，后遭妒自杀。白居易，唐代杰出的诗人。在文学上他积极倡导现实主义和朴素文风。诗文朴实无华，广为流传，相传老妇都能听懂。代表作品有《长恨歌》《琵琶行》。白崇禧，国民党桂系将领。北伐战争、抗日战争、解放战争时期均担任国民党军队重要职务，人称"小诸葛"。1949年迁往台湾。

白姓在《百家姓》中排在第二百六十七位。

蒲姓的来源主要有两个。一是源于姒姓，有
扈氏之后。他的后人曾为西羌酋长，家中有池长
蒲草，形状与众不同，谓之蒲家，因以为姓。二
是以封地名为姓氏。相传夏朝封舜帝子孙于蒲州
（今山西永济西），于是其子孙就以封邑名为姓氏。

蒲氏发源于今山西，郡望为河东郡，后世各
地蒲氏多由此出。汉末魏晋，北地蒲氏族人有避
兵火而徙于今四川
者。魏晋至隋唐时
期，蒲氏发展不是很
快。唐末五代时期，
北方蒲姓族人纷纷迁

入南方，今湖北、湖南、四川、江西、安徽、江
苏、浙江等南方省份均有蒲氏族人入居，并有一
支进入今福建福州一带。两宋时，四川蒲氏一族
发展显赫。宋朝末期，阿拉伯人蒲寿庚由广东广
州徙居福建泉州，降元后异常显贵，子孙散居于
今福建、广东。元朝时期，眉州青神人蒲源徙居
兴元（今陕西汉中）。明初，山西蒲氏作为洪洞大
槐树迁民姓氏之一，被分迁于今山东、河南、河

北、陕西、湖北、安徽等地。明末清初，四川蒲氏族人有远迁云南、贵州者，而此后不久的湖广填四川又使两湖之蒲氏族人徙居今重庆、四川。如今蒲氏族人在全国分布渐广，尤以四川省为多。

蒲姓历史人物有蒲松龄，清朝文学家，世称聊斋先生。年少时即以文章闻名，然屡试不中，一生穷困潦倒，靠教书度日。他的《聊斋志异》赋予花妖狐魅爱憎情仇，故事曲折离奇，文笔细腻动人，被视为古代文言小说的巅峰之作。

蒲姓在《百家姓》中排在第二百六十九位。

邰 Tái

邰姓的来源主要有两个。一是以封地为姓氏，源于姜姓。据说后稷为帝尧的农官，因功封邰，子孙就以邰为姓氏。二是源自少数民族改姓。南北朝时，北魏鲜卑族有大利稽氏，入中原后改为邰姓。

邰姓发源于今陕西武功。唐中期,邰姓由今山东临清迁居开封。宋靖康年间,邰茂任成都同知,三子分居今贵州、湖南、湖北。邰中泰为宜城邰茂的曾孙,进士后任知县、知府、江淮节度使等职,兵败后居溧水长山。

邰姓历史人物有邰茂质,明代著名孝子。其母怕雷,每逢雷雨,茂质便以身护母。母亲去世后,每遇雷雨,他便赴母墓护之,雷止才归家。因茂质闻雷护母,成为"二十四孝"之一。邰中泰公,宋代大臣,曾任江淮节度使。曾经与文天祥联兵抗元,兵败未成。邰格之,明代制墨名家,世代制墨,是休宁派的创始人,亦是成套丛墨——集锦墨的创始人。现存有"文玩""世宝""蟠螭"等款墨。

邰姓在《百家姓》中排在第二百七十位。

赖姓的来源主要是以国名为姓氏，一是出自姬姓。周武王封自己的弟弟于赖国，后为楚国所灭，其国人遂以赖为姓。二是源自姜姓。炎帝后裔赖山氏东迁至河南建立赖国，其子孙遂以国名为姓氏。

赖姓发源于今河南境内。秦汉时期，赖姓已有迁居南方者。魏晋南北朝时期，赖姓为避乱南迁，今江西、福建、湖南、浙江、江苏、广东等地均有赖姓分布。宋元时期，赖姓又有人大量南迁，使赖姓称盛于南方。明初，赖姓有部分人家迁居今四川、云南一带，还有很多融入阿昌族。清朝初年，赖姓有部分人家渡海入台。如今赖姓以广东居多。

Lài
赖

赖姓历史人物有赖裴，唐乾元年间进士，被任命为崇文馆校书郎，未赴，归乡不仕，人称其所居之地为"秘书里"。赖文，南宋人，曾两次领导江西、湖北、湖南等地的茶农、茶贩起义，后被诱降，死于江州。赖瑛，明永乐年间进士，直言敢谏、勤政爱民，深受百姓拥戴，官至参政。赖礼，明代人，历任武功、沅江知县，刚正无私，两袖清风，广受百姓称颂。赖和，中国台湾作家。受新文化运动影响，倡导并发动了白话文学运动，反殖民主义、反封建倾向鲜明，其创作宗旨坚持"为人生"的写实主义，后被日本统治当局迫害，出狱后即去世。

赖姓在《百家姓》中排在第二百七十六位。

卓姓的来源主要有三个。一是战国时楚大夫
卓滑之后。二是蜀郡有卓氏，原本为赵人，秦时
迁入蜀之临邛，以冶铁致富。三是源自少数民族
姓氏。土家族、满族、壮族、高山族均有此姓。

卓姓发源于战国时的楚国，秦破赵后，迁卓
氏于蜀之临邛（今四川邛崃），其后人冶铁致富，
富至奴仆千人。秦汉时期，除蜀之临邛有卓氏外，
卓滑之后亦北迁于今河南南阳与山西离石一带，
后形成卓姓南阳郡望与西河郡望。三国时卓姓已
繁衍于长江以南的今江苏、安徽、浙江、湖北等
南方地区。东晋时，卓姓南迁至今广东。唐末五
代时期，卓姓再次大规模南迁至今江西、福建、
湖南等地。宋代时，卓姓主要以南方为聚居地，
分布于今浙江、福建、四川、江苏、广东等地。
明初，山西卓姓作为洪洞大槐树迁民姓氏之一，
被分迁于今山东、河北、陕西、江苏等地。明末
张献忠屠川后，有两湖之卓姓入填今四川、重庆。

历明清两代，卓姓远迁至今云南、贵州、台湾、甘肃，以及东北三省等地，并有卓姓远播越南及其他东南亚国家。现今卓姓在全国分布较广，尤以四川、福建、广东等省为多。

卓姓历史人物有卓王孙，西汉人，为临邛巨富。其女卓文君，貌美多才，好音律，善鼓琴，寡居家中，与司马相如一见倾心，演绎出涤器于市、当垆卖酒的故事。卓文君与司马相如的故事至今广为流传。卓茂，西汉人，出身显宦家庭，其祖、父都做过高官。卓茂师从鲁国人江翁学习"鲁诗"，深得其精髓，人称其为"通儒"。

卓姓在《百家姓》中排在第二百七十七位。

蔺姓是以采邑为姓氏的，源自姬姓。春秋时，晋韩厥玄孙为韩康，在赵国为官，被封于蔺邑，其后代子孙遂以封邑名为姓，称蔺姓。

蔺姓出自韩姓。韩康的后人蔺相如为赵国上卿，其子孙师于秦，随司马错伐蜀，因而迁居在成都。望族出于中山（今河南登封西南）、华阳，后来蔺姓以这两个地方为中心，逐步向全国各地扩迁和繁衍。

Lìn
蔺

蔺姓历史人物有蔺相如，战国时赵国大臣。赵惠文王时，秦国向赵国强索"和氏璧"，相如主动请缨携璧入秦，当庭力争，最终完璧归赵。赵惠文王二十年，他又随赵王到渑池与秦王相会，冒死相争，使赵王不受屈辱，因功担任上卿。对同朝大臣廉颇容忍谦让，廉颇悔悟后二人成为刎颈之交，留下了负荆请罪的佳话。蔺芳，明朝大臣，洪武中举孝廉。永乐中任吉安知府，宽厚廉洁，百姓称颂。其生性简约，布衣蔬食，为良吏典范。

蔺姓在《百家姓》中排在第二百七十八位。

Tú
屠

屠姓的来源主要有三个。一是以地名为姓氏。据说上古时，黄帝与炎帝两部族联合讨伐蚩尤，将其部族人愿意归顺者，迁到邹、屠两地（均在今山东境内）定居，形成邹、屠二姓。二是以官名为姓。春秋时，有一种专门负责牲畜屠宰的官职，称屠人。屠人的后代中有的以职业作为姓氏，称为屠氏。三是源于氏姓，武都氏有屠飞。

早期屠姓主要繁衍于今山东一带。在古代，屠氏的望族大多出自于广平。现在，屠姓在全国分布较广，尤以浙江、江苏、安徽等省为多。

屠姓历史人物有屠隆，明代戏剧作家、文学家，有异才。曾任青浦知县、礼部郎中。闲暇时常招名士饮酒赋诗，游历大山名川，著作颇丰。代表作有《昙花记》《修文记》《彩毫记》等。屠叔方，明代大臣，官至监察御史，万历进士，有《建文朝野汇编》传世。屠本畯，明朝动植物学家，出身书香门第。明中叶后，随着商品经济发展和资本主义萌芽，中国有一些知识分子，开始进行实际考察和研究，在科学技术方面有所突破。屠本畯就是其中之一。他通过调查研究，写出《闽中海错疏》《海味索引》《闽中荔枝谱》《野菜笺》等书。内容涉及植物、动物、园艺等领域。

屠姓在《百家姓》中排在第二百七十九位。

蒙姓的来源主要有三个。一是以封地为姓氏，源于高阳氏。夏朝建立后，颛顼的后代被封在蒙双，其后世子孙将封地名作为姓氏，有蒙姓和双姓。二是源于蒙山氏。周朝时，有官职名为东蒙主，职责是管理、主持蒙山祭祀，其后代也世世代代居住在蒙山，并且以山名为姓，形成蒙姓。三是源自少数民族改姓。蒙古族古尔济氏在清朝中叶改为蒙姓。

Méng
蒙

中国蒙姓"得姓于山东，族发于安定"。秦末宫廷变动牵涉蒙氏先祖，子孙逃亡于今江苏、河南、安徽、福建、四川之地。近千年间，史书不记蒙氏，无闻于世。唐宋时期，蒙姓有所发展，并不断向南迁徙，为商为官，历代不绝。唐宋元明清各朝，蒙氏由中原散布至江南各省，然后入迁广西。

蒙姓历史人物有蒙恬，秦朝著名将领，先祖世代为秦名将。其主要功绩是抗击匈奴，并且奉命修筑万里长城。在他守卫边疆的数年内，匈奴都闻风丧胆，不敢进犯。据说蒙恬发明过用兔毛做的毛笔，这种笔又叫作"苍毫"。蒙毅，秦上卿，在朝廷中位高权重，经常做皇帝的参谋，谋略和胆识在朝中无人能比。典故"上国掌谋，无愧名卿显职；中山得颖，永为文士宝珍"中的"上国掌谋，无愧名卿显职"即指蒙毅。

蒙姓在《百家姓》中排在第二百八十位。

Chí

池

　　池姓的来源主要有两个。一是以居住地为姓氏。古有世居于护城河畔者，便以池为姓。二是以祖辈名字为姓氏，源于嬴姓。战国时，公子池在秦朝为大司马，其后人以祖上名字为姓。

　　池姓主要起源于秦汉之际河南陈留，望族出于西平郡（今甘肃西宁）。陈留之地的池氏，后世逐渐散居于今南方福建、广东以及云南、江苏等地。在今山西也有池姓分布。当今池氏是一个分布较广的姓氏。在中国的福建、广东、山西、河南、湖南、云南等地，以及在美国、朝鲜和东南亚等国家和地区，都有池姓家族居住。蒙古族、满族、朝鲜族等少数民族中也有池姓族人分布，但以汉族人口居多。

　　池姓历史人物有池梦鲤，宋咸淳十年中状元，恰逢其家乡建桥，遂名为"状元桥"，后其宅前曾建"状元及第坊"，记录当时中状元之盛况。宋末张世杰曾为他写像赞："名甲金榜，宴赐琼林，京兆行驷，仪曹致勤，诗轶六朝，功拟五臣，忠良并誉，千古斯文。"池裕德，明嘉靖年间进士。勤政廉洁，爱民如子，在位期间颇有政绩，有《空臆集》《怀绰集》传世。

池姓在《百家姓》中排在第二百八十一位。

乔姓的来源主要有两个。一是为桥氏所改，出自姬姓。相传黄帝死后葬于桥山，子孙中有留桥山守陵的，于是这些人就以山为姓，称为桥氏。南北朝时，宇文泰名桥勤，去掉桥的木字旁，为乔，取乔字高远之意，是为乔氏。二是出自匈奴贵姓。汉代匈奴贵姓有四姓，内有乔氏，后与汉族的乔姓融为一体。

乔姓发源于今陕西。东汉时，部分匈奴人南下归附汉朝，遂与汉人相融。晋朝时有乔智明，系出鲜卑族。南北朝时桥勤改姓乔，视为汉族乔氏始祖，今陕西西安为其族人发源地，之后今河南商丘一带乔姓发展颇为兴盛。隋唐时期，乔氏主要在今陕西、山西、河南、安徽等省境内发展，河南商丘乔氏发展成为望族。宋元时，北方乔氏有避祸南下者。这一时期，今浙江、江苏等南方地区有乔氏名人载入史册。明初，乔姓作为山西大槐树迁民姓氏之一，被东迁至今山东、河北，后西迁至今陕西，南迁至今河南、江苏等地。清朝有沿海乔氏族人入台湾，进而迁徙海外者。如今乔姓以河南、山东、江苏、河北等省为多。

乔姓历史人物有乔吉，元代散曲家、戏曲作家。其散曲风格清丽，内容则多消极颓废，明清人多将他同张可久并称。乔用迁，清朝大臣，嘉庆年间进士，1840年林则徐在广州禁烟时，他曾率军在穿鼻洋、尖沙角阻击入侵的英国军舰和走私船。乔冠华，中国现代著名外交家。曾留学日本、德国。归国后担任新华社香港分社社长，新闻出版总署国际新闻局局长，外交部副部长、部长。

乔姓在《百家姓》中排在第二百八十二位。

Yīn
阴

阴姓的来源主要有两个。一是以地名为姓氏，源于管姓。管仲七世孙修，从齐国逃到楚国，任阴邑大夫，其后人因以为姓。二是以采邑为姓氏。阴为周王朝的采邑，有大夫阴忌、阴不佞，其后以邑为姓氏。

阴氏后人奉管修为阴姓始祖。河南是阴姓的一个主要繁衍中心，后代陆续向全国各地迁移。阴姓望族居于今河南南阳，至南北朝于今甘肃武威显赫一时。

阴姓历史人物有阴铿，南朝陈文学家。阴铿幼年好学，能诵诗赋，长大后博涉史传，尤善五言诗，在当时很有名，曾在梁任法曹参军；入陈为始兴王陈伯茂府中录事参军，以文才为陈文帝所赞赏，累迁晋陵太守、员外散骑常侍。他的诗歌创作成就很高，善于描写自然景物，注重字词的使用，今存《阴常侍集》。阴丽华，东汉开国皇帝刘秀的皇后。阴丽华美丽贤惠，未曾显赫时，刘秀就说过这样的话：做官当做执金吾，娶妻当娶阴丽华。后果如愿，他当上皇帝后，想封阴丽华为皇后，但阴丽华却坚持要立郭妃为皇后（郭妃的父兄为光武帝夺得江山立下汗马功劳）。于是，郭妃被立为皇后，但后来因事被废，阴丽华成为皇后。

阴姓在《百家姓》中排在第二百八十三位。

胥姓的来源主要有两个。一是以祖辈名字为姓氏，春秋时大夫胥臣之后，一般认为胥臣为胥姓始祖。二是改姓。古时有赫胥氏、华胥氏，后世子孙有改为单姓，为胥氏。

胥姓发源于今山西、陕西一带，并且早期主要在这两个地方发展繁衍。魏晋南北朝时期，胥氏族人向今甘肃、山东、河北、江西、江苏、湖南、安徽、河南、四川、黑龙江、新疆以及东北等地拓展，明朝中叶以后，今甘肃、宁夏均有胥姓入

Xū
胥

居，并有沿海胥姓渡海赴台。张献忠屠川后，湖广填四川，有湖北、湖南之胥姓被迫入迁于今四川、重庆之地。清朝时期，逐渐有北方胥姓入迁于内蒙古以及东北三省。如今，胥姓人家虽然人口不多，但在全国各地均有分布。

胥姓历史人物有胥鼎，金朝大臣，本为读书人，智勇双全，后从政做官，运筹帷幄，成为朝廷栋梁，被封为吴国公。胥作霖，南宋人，其人

魁伟勇敢，为地方治安作出过较大贡献，但他拒绝朝廷封赏，其高风亮节备受时人称赞。胥必彰，明朝文官，任监察御史，专门负责对朝廷命官的监察，忠于职守，不避权贵，敢于直言进谏，人称"真御史"。

胥姓在《百家姓》中排在第二百八十五位。

蒼 Cāng
苍

　　苍姓的来源主要有三个。一是传说为黄帝之子苍林的后代。二是传说高阳氏有八子，其一子叫苍舒，他的后代以字为姓氏。三是源自仓颉。仓与苍通，传说创造文字的仓颉，在古书中也写作苍颉。

　　苍姓发源于今湖南。汉代时，江夏太守名苍英，当时苍姓以武陵为郡望。今山东临沭、河南开封、广东广州、江苏宿迁、香港、台湾花莲等地，均有苍姓族人分布。

　　苍姓历史人物有苍（仓）颉，是古代神话人物，相传为黄帝史官，发明了文字。他观鸟兽之迹，循形而制字，以代替原来的结绳记事，后世奉他为神。苍慈，三国时人。太和中年任敦煌太守，抚恤民众，镇压豪强，广分田地给贫苦农民，不以重刑理事，安定民心。敦煌当时为西域各国朝贡的必经之路，他到任前，西域各国的朝贡使者常常因大族豪强的阻拦而不能到达都城。苍慈下令禁止豪强欺诈，派使者安抚西域诸国，与各国公平交易。当地汉人和胡人都称赞他的德政。他鞠躬尽瘁，后于任上逝世。当地百姓极其悲哀，画图纪念，西域各国亦发丧，立祠拜祭。

苍姓在《百家姓》中排在第二百八十七位。

闻姓主要有两个来源。一是出自复姓闻人氏，是春秋时少正卯的后代。少正卯是当时远近闻名的人，被誉为"闻人"，后为孔子诛杀，其后代有改为闻人氏者，后有一部分将复姓闻人改为单姓闻，为闻氏。二是由文姓所改，是文天祥之后。南宋时期文天祥的护国军兵败后，其族人由江西吉安避难逃至湖北麻城，将文姓改为谐音的闻姓。

据考证，闻姓大致形成于唐末宋初。望族居吴兴郡（今浙江吴兴）。闻姓在中国主要分布在浙江东部、江苏南部及上海、河南南阳及洛阳、湖北浠水和辽宁等地区，其他地区如云南、天津、安徽等地亦有少量分布。

闻姓历史人物有闻秀玉，清代女诗人、画家。善于绘画，又与姊芝玉并工诗，为时人所称颂。有《蕉窗闲咏》传世。闻琰，清代著名藏书家。乾隆年间举人，好读书，得善本，必校雠点勘。得王损仲宋史记旧书稿，为当时稀有本子，他本欲予以刊刻，但最终未能成行，甚为遗憾。闻璞，字楚璜，近代女诗人，性至孝，奉养父母，矢志不移。曾女扮男装从师授经。长于写诗，有作品《闻孝女诗抄》行世。闻一多，原名闻家骅，现代著名诗人、学者、爱国人士。曾留学美国，主修美术、文学。早年参加新月社，先后任教于青岛大学、清华大学。著有《红烛》《死水》等诗。后来积极参加反对独裁、反对内战、争取民主的斗争，1946年在昆明遇害。有作品《闻一多全集》。

闻姓在《百家姓》中排在第二百八十九位。

Dǎng

党

　　党姓的来源主要有三个。一是西羌姓。党项
羌族为我国古代的少数民族，其后人以族号为姓
氏。二是北魏皇族拓跋氏的后代。三是传说为夏
后氏夏禹的后代。

　　党姓多源，在先秦时已广泛分布于晋 (今山
西太原)、鲁 (今山东曲阜)、周 (今河南洛阳) 等
地。历三家分晋至秦汉，党姓迁居于今陕西、河
北等地。汉魏时，羌族中原有的雷、党等大姓内
迁今陕西关中。两晋南北朝时期，今山西、河南
等地均有羌族党姓人家入居。唐末五代时期，今
陕西作为国都所在地更是战争的重灾区，有党姓
人家被迫迁居于今四川、湖北、湖南、江苏等南
方省份，并有同州一支党姓迁居今山东泰安。南
宋后，党姓避乱进入南方渐多。明初，山西党姓
作为洪洞大槐树迁民姓氏之一，被分迁于今陕西、
甘肃、河北、河南、山东等地。明朝中叶以后，
党姓有进入广东、台湾以及东南亚者。当代的党

姓以陕西、山东、山西、云南等地为多。

党姓历史人物有党进，北宋初年军事将领，英勇善战，深得宋太祖的赏识。党怀英，金朝文学家，能诗文，也精于书法，官至翰林学士，曾担任《辽史》刊修官。党还醇，明朝人，天启年间进士。任职期间，他勤于政务，处处为民着想。崇祯年间官良乡知县，清兵攻来，据城固守。因无救援的兵力，他又不愿意作逃兵，城破被杀。

党姓在《百家姓》中排在第二百九十一位。

翟姓的来源主要有两个。一是以国名为姓氏，黄帝之后。古时北方有翟国，为黄帝后裔所建，春秋时灭于晋，后人遂以原国名为姓，逃迁各地。二是为张姓所改。如安徽泾县之翟姓，原姓张。

翟姓发源于今陕西。春秋时期，翟姓世居北地（今陕西耀县、富平一带），后灭于晋，秦时子孙分散到今山西境内和江南各地。两汉时，翟姓人已西入今陕西，南入今四川、江苏。魏晋南北朝时期，翟氏形成汝南郡望和南阳郡望。隋唐时，翟氏

依旧兴盛于北方，尤其是河南一带的翟姓尤为兴盛。五代十国至两宋时，南方的今安徽、江苏等地的翟姓已经初具规模。宋末元初，今安徽、江苏、浙江一带的翟姓为避兵火，辗转于南方诸省，进入两湖、两广等地。明初，山西翟姓作为洪洞大槐树迁民姓氏之一，被分迁于今河南、河北、山东、陕西、安徽等地。如今翟姓尤以河北、山东为多。

翟姓历史人物有翟横，战国时魏国大臣，出身权贵之家，曾为魏国相，曾举荐吴起、乐羊、西门豹等人于魏文侯，皆受重用，并都建有功绩。翟公，西汉时人，初为廷尉时，每日宾客盈门，被贬后，门庭冷落，后复职，宾客又欲前往。翟公于是在大门张贴一告示："一死一生，乃知交情。一贫一富，乃知交态。一贵一贱，交情乃见。"翟汝文，宋代官吏、书画家。进士出身，历任秘书郎、参知政事。好古博雅，精于篆、籀，善画道释人物及山水。翟灏，清代学者。乾隆年间进士，官至金华、衢州府学教授。擅长写诗，亦长于考证，有《湖山便览》《四书考异》《艮山杂志》等。

翟姓在《百家姓》中排在第二百九十二位。

Tán

谭

　　谭姓的来源主要有两个。一是以国名为姓氏。周有谭国，后为齐桓公所灭，谭国国君之子逃亡到莒国（今山东莒县），其子孙就以国为姓，称谭氏，史称谭氏正宗，是为山东谭氏。二是出自古代西南少数民族。巴南大姓有谭氏，盘瓠之后。

　　谭姓发源地在今山东省境内。谭国灭后，一部分留于今山东北部生活，也有一部分谭氏人沿着东海岸到达吴越地区。两汉时，北方谭氏以今山东、河南地区分布最广。魏晋南北朝时期，谭姓大举南迁，由北方姓氏变成了较典型的南方姓氏，以今湖南为繁衍中心。隋唐时，谭姓主要分布于今山东、河南、江西等省。宋元时，谭姓族人主要分布在今广东、江西、湖南三省。明清时，谭姓已遍布大江南北，主要分布于今安徽、浙江、湖南、广东、江西、四川、山东、云南等地。今日谭姓以湖南、广东、四川、湖北等省为多。

　　谭姓历史人物有谭元春，明代文学家，与钟

惺同为"竟陵派"创始者。论文强调性灵，其诗文风格幽深孤峭。有《谭有夏合集》。谭嗣同，清末民初人，改良派政治家、思想家。谭嗣同不仅饱读诗书，而且遍历南北各省，足迹至新疆、台湾等地。游历不仅使他对祖国大好河山更加热爱，更让他对列强蹂躏奴役下的民众倍感痛心疾首。他认为只有变法维新才能救中国。于是参与戊戌变法，变法失败后遇害。著有《仁学》，留下了其深邃而又进步的哲学思想，在中国哲学史上占有一席之地。

谭姓在《百家姓》中排在第二百九十三位。

姬姓的来源主要有两个。一是以水名为姓氏，传说黄帝生于寿丘，长于姬水，后人因以为姓。二是尧立后稷以为大农，赐姓姬氏。相传后稷为黄帝后裔，周之始祖。

黄帝姓姬，在黄帝的诸多儿子中，也有姬姓。周武王建立周朝，而武王自己就为姬姓，周武王分封天下，将同姓亲族分到天下各地为诸侯，这些后来大多以所在国的国名为姓。当周朝结束之后，周王朝后代亦改姓周而不再以姬为姓。这样一来，

Jī 姬

虽然姬姓曾是很大的姓，但今天已不多见了。姬姓望族居住在南阳（今河南南阳）。

姬姓历史人物有姬昌，即周文王，商朝末年周族的领袖，商纣王时代为西伯。姬昌之子武王灭商，建立了周朝，并追封其父为文王。姬发，即周武王，为西周的开国之君，于公元前11世纪消灭殷商朝，建立了周王朝。其在治理国家中，表现出卓越的军事、政治才能，成为中国历史上

一代名君。姬重耳，即晋文公，晋国国君，春秋时期著名的政治家。当年为躲避迫害，曾流落他乡多年。后在秦国的帮助下重回晋国即位，为春秋五霸之一。

姬姓在《百家姓》中排在第二百九十七位。

Shēn

申

申姓的两个来源均是以国名为姓氏。一是源于姜氏。神农之后申吕在申江平原建立了申国，后被楚所灭，后人遂以国为姓氏。二是相传古有申国，为伯夷之后。周宣王时一部分东迁，被封于谢（今河南省南阳），建立申国。春秋初为楚国所灭，后人以国名为姓氏。

春秋战国期间，申姓族人已分布于今山东、山西、陕西、湖北、河北、江苏等广大地区。西汉时，申姓族人入居今广西地区。魏晋南北朝时期，申姓三大郡望——魏郡、琅琊郡、丹阳郡开始形成。隋唐时期，申姓有一支由湖北迁居邵州（今湖南省邵阳），并有一支由丹阳徙居信州（今江西省信州）。五代十国两宋时期，申姓族人已广泛地分布于今江苏、湖北、湖南、浙江、江西、四川等南方诸省。明初，山西申姓作为洪洞大槐树迁民姓氏之一，被分迁于今河南、河北、山东、北京、天津等地。同时，已有申姓人迁居至今福建、广东、云南、贵州、广西等地。清朝初期，福建、广东一带的申姓开始陆续有人迁至台湾、东南亚及欧美等地。亦有河南、山东一带的申姓迁入东北。如今申姓尤以河南、山东为多。

申姓历史人物有申包胥，春秋时楚国大夫。与伍子胥友善，后伍子胥奔吴，并助吴灭楚，包胥入秦请求援兵，依墙而哭，七日水米未进，秦哀公乃出师救楚。申不害，郑国人，战国时思想家。治黄老刑名之学，于韩昭侯时任相近二十年。为相期间，内修政教，外应诸侯，国治兵强。有《申子》两篇。

申姓在《百家姓》中排在第二百九十八位。

冉姓的来源主要有四个。一是以族名为姓氏，汉时西南夷有冉族，居于今四川茂县、汶川一带，其族人以族名为姓。二是以祖辈名字为姓氏，春秋时楚大夫叔山冉之后人以祖辈名为姓氏。三是以封地为姓氏，源于姬姓。周文王子季载，封于冉，春秋时灭于郑，子孙以封地为姓氏。四是相传为高辛氏（即帝喾）之后。

Rǎn
冉

冉姓主要发源于今山东境内。春秋时，孔子就有五名冉姓弟子。历秦汉，冉姓逐渐由今山东播迁于今河北、河南、山西、陕西等地。唐末五代时期，有今重庆冉姓播迁至今贵州。宋末元初，北方冉姓已播迁于今安徽、江苏、江西、湖北、湖南等南方省份。明初，山西冉姓作为洪洞大槐树迁民姓氏之一，被分迁于今湖南、湖北、陕西、河南、山东、河北、安徽等地。明末的湖广填四川，有湖北、湖南之地的冉姓迁于今四川、重庆。清康乾年间及以后，有河北、河南、山东的冉姓闯关东进入东北三省。如今，冉姓尤以四川、重庆两地为多。

冉姓历史人物有冉求，春秋时鲁国人，孔子弟子，有治政之术，曾为季氏宰。冉耕，春秋时鲁国人，孔子弟子，为人正派，以德行著称，后得恶疾而早逝。冉瞻，十六国时后赵大臣，石虎养子，有勇有谋，骁猛善战，以战功累迁为左积射将军，封西华侯。

冉姓在《百家姓》中排在第三百零一位。

郤 Xi

郤姓的来源是以封地为姓，出自姬姓。春秋时，晋献公征伐翟人，叔虎奋勇当先，带领晋军打败了翟人。事后晋献公把郤邑（山西泌水下游一带）封给他，建立郤国，为子爵，称郤子，其后遂以封地为姓，形成郤氏。

郤姓主要发源于今河南焦作、新乡一带，汉唐时期在济阳郡（今豫东与鲁西南一带）形成望族。如今郤姓主要分布在北方。

郤姓历史人物有郤犨，春秋时晋国大夫，有才辨，食邑襄陵，与郤至、郤锜（均为晋国大夫）并称"三郤"。郤正，三国时蜀汉官吏、文学家。少时家境贫寒，聪明而好学，博览群籍，文辞灿烂，善属文章。在蜀汉任秘书吏、秘书令等职。邓艾平蜀时，他为刘禅作降书。蜀灭亡后，被押往洛阳，宴席中劝谏乐不思蜀的刘禅，反被司马昭羞辱。著有诗、赋、论等近百篇。有《郤正集》。现存作品以《释机》较著名，以主客问答的形式，抒写了作者恬淡自宁之志。郤忠，明代洪武年间进士。任职临漳时，正值灾荒发生，老百姓担心生子女而不能养活，皆弃之，郤忠出禁令，以自己的俸禄来养育这些孩子，获生者甚众。临漳、行唐二县百姓，皆誉称之。

郤姓在《百家姓》中排在第三百零五位。

　　桑姓的来源主要有两个。一是春秋秦国大夫公孙枝，字子桑，子孙以祖辈字为姓氏，或为单姓桑。二是黄帝裔孙少昊穷桑氏之子孙以桑为氏。

　　桑姓发源于黄河下游的山东西南部。在长期的繁衍播迁过程中，桑姓于河南郡、黎阳郡形成郡望。桑姓在全国分布较广，尤以山东、河南、江苏、四川、黑龙江等地为多。

　　桑姓历史人物有汉代桑弘羊，武帝时担任治粟都尉，领大司农。主张重农抑商。在其参与和主持下，先后实行了盐、铁、酒官营，统一铸币等经济政策。此外，还组织了60万人屯垦戍边，防御匈奴。这些措施都在不同程度上取得了成功，暂时缓解了经济危机，史称当时"民不益赋而天下用饶"。桑介，苏州府常熟人，明代官吏。嘉靖十年举人。曾任山东滋阳知县，任职期间，救饥民数千，抑不法豪民，为民所爱而豪门怨之。遂谢职归田，有《吟史和陶集》等。

桑姓在《百家姓》中排在第三百零七位。

桂
Guì
桂

　　桂姓的来源主要为改姓，源于姬姓。秦时博士季桢被杀，其弟眭为逃避祸害，即命长子奕改姓桂。

　　桂姓望族主要居住在天水、燕郡以及幽州。五代时期，为避战乱南渡到广信、上饶等地。明、宋以后，桂姓人家已遍及今浙江等沿海地区。

　　桂姓历史人物有桂万荣，字梦协，慈溪人（今浙江慈溪），南宋著名大臣。庆元年间进士，官余干县尉，抑制豪强而善待百姓。将前人断案的事例编成书，名为《棠阴比事》。该书是继五代和凝编撰的《疑狱集》与宋朝时的郑克编撰的《折狱龟鉴》之后，又一部记述诉讼活动的书。桂德，慈溪人（今浙江慈溪），明朝著名学者。乡贡进士，为包山书院山长。章士诚、方国珍都很赏识他。皇帝经常出御诗考验他的才学，他的对诗工整贴切。皇帝曾夸说："江南大儒，唯卿一人。"他曾经上书《太平十二策》，皇帝又称他为通儒。逝世后追谥为"文裕"。著有《清溪》《清节》《山西》《老拙》等作品。桂馥，清朝著名训诂学家。自幼博览群书，精通金石篆刻、文字训诂之学，其《说文解字义证》，与段玉裁《说文解字注》相得益彰，为《说文》四大家之一。

桂姓在《百家姓》中排在第三百零八位。

牛姓的来源主要有两个。一是以祖辈名字为姓氏，源于子姓。微子之裔宋司寇牛父之后，以祖父字为姓氏。二是少数民族姓氏。明朝时丽江纳西族有牛姓，满洲也有此姓。

牛姓春秋时发祥于今河南商丘。牛姓源于北方，也盛于北方。牛姓在全国分布甚广，尤以河南、山西为多。

Niú
牛

牛姓历史人物有牛僧孺，唐穆宗、唐文宗时宰相，安定鹑觚（今甘肃灵台）人。在牛李党争中是牛党的领袖。他在唐宪宗元和三年（808年）的科场案中，所作策文毫无顾忌地针砭时弊，触犯了宰相李吉甫，为权贵所忌，在朝不得志。这次科场案是以后纠葛四十余年的牛李党争的起因。牛峤，五代词人，唐僖宗乾符元年进士。王建立后蜀，牛峤在后蜀任判官、给事中等。牛峤一生博学多才，爱好写诗填词，他是"花间派"重要词人之一，词的风格与温庭筠相近，词收入《花间集》。牛峤是我国最早写咏物词的词人之一，对后世咏物词的发展具有较大影响。牛希济，五代词人。前蜀时，官至翰林学士、御史中丞。前蜀亡降后唐。牛希济擅长诗，精于词，词风接近"花间派"重要人物韦庄，是"花间派"的一名重要词人。牛皋，南宋抗金名将。因牛皋年长于岳飞加之战功卓著，颇得岳飞敬重。在以后的抗击金兵中，攻克随州，驰援庐州，击退金军。随岳飞进军中原，直抵黄河沿岸，屡立战功，被提为岳家军副统帅。岳飞遇害后，秦桧为斩草除根，密以毒酒害死牛皋，牛皋死前悲愤地说："恨南北通和，不能以马革裹尸！"

　　牛姓在《百家姓》中排在第三百一十位。

Biān
边

　　边姓的来源主要是以祖辈名字为姓氏，源于子姓。春秋宋平公子城的后代，字子边，其后世子孙便以为姓氏。

　　边姓源起于春秋宋国都城河南商丘，汉朝时有迁至今河北、山西、陕西等地生活者，至元代末期，又有部分边姓人家迁至福建定居。如今边姓在全国分布较广，尤以江西为多。

　　边姓历史人物有东汉人边韶，以文学知名，能言善辩，教授弟子数百人。一天，他正假寐，

有弟子私下嘲笑他说："边孝先，腹便便。懒读书，但欲眠。"他听后应声对道："边为姓，孝为字。腹便便，五经笥。但欲眠，思经事。寐与周公通梦，静与孔子同意。师而可嘲，出何典记？"嘲笑他的弟子大为惭愧。桓帝时，官至尚书令。边贡，明代文学家，济南历城人，文坛著名的"前七子"之一，诗作清新婉转、意象清峻，对明代文坛产生过较大影响。边寿民，清代著名画家，江苏淮安秀才。其作品深受郑板桥等大师的赞赏，代表作有《碧梧双峙图》《寒江秋思图》《寒芦落雁图》《沙洲雁影图》等。

边姓在《百家姓》中排在第三百一十三位。

Yān
燕

燕姓的来源主要有两个，都是以国名为姓氏。一是出自姬姓，召伯封于北燕，其后以国为氏。二是出自姞姓，黄帝之后有南燕国，后以国为姓氏。

　　燕姓发源于河北，长期繁衍于古燕国所辖之地（今河北怀来、涿州一带）。汉朝的时候，有燕姓人家大规模迁徙南方。如今燕姓在全国分布较广，尤其以山东等省为多。

　　燕姓历史人物有燕伋，孔子弟子七十二贤人之一。早年跟随老师孔子及同学南宫敬叔、仲由等人周游列国，考察社会的吏制和道德规范。后在渔阳办学教书，广泛传授儒家学说。燕达，北宋开封人，喜读书，英勇善战，屡建战功。累迁西上阁门使、英州刺史，为秦凤副总管。深得燕帝的信任和喜爱。燕善，明代江西德化人，永乐年间举人，任职武陵时，宽以待民，以循良著称。

燕姓在《百家姓》中排在第三百一十五位。

冀 Jì

　　冀姓的来源主要有两个。一是以邑名为姓氏，出自姬姓，晋大夫郤芮被封于冀，其子孙后代遂以邑为姓氏；二是以国名为姓氏，唐尧裔孙在周时封于冀，春秋时灭于晋，后代遂以国为姓氏。

　　冀姓发源于春秋时的晋国。三国两晋南北朝时期，冀姓子孙逐渐散居于黄河中下游地区。唐末五代时期，始迁于今安徽、江苏、湖北等地。明初，冀姓作为山西洪洞大槐树迁民姓氏之一，被分迁于今河北、河南、天津、山东等地。如今冀姓在全国分布较广，尤以山西为多。

　　冀姓历史人物有冀俊，北周骠骑大将军。为人沉着谨慎，善隶书，特别擅长摹写。当时文帝常令他模仿魏帝的书法，写成敕书，与真无异。历任襄乐郡守，迁湖州刺史，加骠骑大将军，开府仪同三司，晋爵昌乐侯。其为政清正廉洁，所历颇有政绩。冀元亨，明代学者，正德举人，师王守仁，主讲濂溪书院。冀述，明臣，武安下三里人。幼与弟冀体以学业闻名乡里，称大、小冀。万历进士，授广宁司理。后升任户部广东司主事，不久改任兵部车驾司主事。历官皆以清廉著称。著有《桃园草》《庸言》等。

冀姓在《百家姓》中排在三百一十六位。

尚姓的来源主要有三个。一是以祖辈名字为姓氏，源于姜姓。姜太公辅佐周武王推翻了商王朝，被封为齐太公。太公在周朝为太师，故又称太师尚父。他的后代子孙便以他的名字为姓氏，称为尚姓。二是以官名为姓氏。秦始皇时设有尚衣、尚食、尚席等六种官职。他们的子孙有以祖辈官职为姓的。三是少数民族姓氏。唐代的鲜卑人、吐蕃人中均有尚姓。

尚姓源起周代的齐国。其望族曾昌盛于今陕西、河北、山西一带。南宋以后，南方各地逐渐有尚姓人家居住。明清以后，有尚姓人家远赴海外。如今尚姓在全国分布较广，尤以河北、河南、青海等省为多。

尚姓的历史人物有尚可喜，清初藩王。明崇祯十七年随清军入关，顺治六年被封为"平南王"，镇守广东。此间安抚遗民，发展教育，但同时也大量盘剥百姓，以支付军费。尚小云，京剧艺术大师。早年学习武生，因扮相清丽遂改学旦行。他的嗓音宽敞清亮，唱法以刚劲见长，表演于旦角的妩媚多姿中又有阳刚之美，所扮演的巾帼英雄深入人心，世称"尚派"。代表作有《三娘教子》《昭君出塞》《二进宫》《梁红玉》等，与梅兰芳、程砚秋、荀慧生并称为"四大花旦"。

尚姓在《百家姓》中排在第三百一十九位。

Chái
柴

　　柴姓的来源主要有两个。一是以祖辈名字为姓氏，春秋时齐国有高柴，为孔子弟子，其孙子高举，以祖父名为姓氏。二是少数民族改姓。

　　柴姓发源于春秋时齐国的高邑（今河南禹州）。西汉时柴姓在今河北形成望族，到了唐代，在今山西形成望族。元朝以后，柴姓向全国各地及海外迁徙。如今柴姓在全国分布较广，尤以湖北、山东等省为多。

柴姓历史人物有柴荣，五代时后周皇帝。他在位期间进行了大规模的改革，废除旧时代的各种弊政，发展经济，却不幸在北伐契丹的途中病逝。柴车，明代官员，钱塘人。因为官廉洁干练，受命整顿甘肃军务，曾几十次上疏朝廷，指出时弊，后官至兵部尚书。他曾路过广信，广信太守送他一罐蜜，打开一看，原来是黄金，便坚决退了回去。

柴姓在《百家姓》中排在第三百二十五位。

温姓的来源主要是以采邑为姓氏。一是春秋时晋国大夫郤至，封于温地（今河南温县西），其后以封邑为氏。二是唐叔虞之后，受封于河内温（今河南温县），其后以邑为氏。

温姓发源于今河南。西汉时期，形成以今山西太原为中心的分布区。唐宋时期，温姓已经广布于今福建、广东、江西等地。如今温姓在全国分布广泛，尤以广东为多。

温姓历史人物有温彦宏、温彦博、温彦将三兄弟，为唐代名臣。兄弟三人，声名远播。高祖时，彦宏参与机务，官至吏部尚书，封黎国公；彦博初从幽州总管罗艺，后随罗艺降唐，曾被突厥所俘，囚于阴山苦寒之地，归后累官至尚书右仆射（宰相），封虞国公；彦将官至中书侍郎，封清河郡公，时称"一门三公"。温庭筠，唐代诗人、词人。每次考试时，都押官韵，八叉手而成八韵，当时号"温八叉"。年轻时苦心学文，才思敏捷；精通音

Wēn

温

律，善鼓琴吹笛。他纵酒放歌，自由洒脱，常讥刺权贵，故坎坷潦倒一生。其诗与李商隐齐名，并称"温李"。他诗词风格浓艳，辞藻华丽，多写闺情，乃花间派鼻祖。其作大都收入《花间集》。

温纯，明代名臣，曾联合各大臣伏阶泣请皇帝罢除矿税，一生廉洁奉公，时称名臣。

温姓在《百家姓》中排在第三百二十一位。

莊 Zhuāng
庄

　　庄姓的来源主要有三个。一是以谥号为姓氏，源于芈姓。楚王芈旅去世之后，谥号为"庄"，即楚庄王之后，其后世子孙遂以为姓。二是以祖辈名字为姓氏，出自子姓。春秋时期宋戴公名武庄，后人遂以其名为姓。三是少数民族姓氏。回族、满族中均有庄姓。

　　庄姓发源于楚地。先秦时期，庄姓已经向全国各地播迁。宋末元初，庄姓已经进入今广东、福建等地。明、清两代，庄姓有赴台湾、新加坡等地者。如今，庄姓在全国分布较广，尤以广东、江苏、浙江、台湾等省为多。

　　庄姓历史人物有庄舃，战国时越人，在楚为官。一次庄舃生病，楚王对手下说，庄舃曾是个贫贱的人，如今在楚国为高官，不知道是否还思念他的故国越国。楚王派人前去探听，发现庄舃吟咏的还是越调，这就是后世"庄舃越吟"的典故，表达不忘故园的情怀。庄子，战国时哲学家，宋国蒙人，曾任漆园吏。虽生活贫困，却拒绝楚威王的丞相之职。其哲学思想具有很高的学术价值，对后世影响很大。著作《庄子》在唐代又被称为《南华经》，为道教经典之一，文章汪洋恣肆，想象丰富，多用寓言譬喻，我们熟悉的成语如扶摇直上、越俎代庖、每况愈下、大相径庭、心如死灰、目无全牛、游刃有余、踌躇满志、螳臂当车、盗亦有道、亦步亦趋等，都出自《庄子》。《庄子》在哲学、文学上都有较高的价值。

　　庄姓在《百家姓》中排在第三百二十三位。

晏姓的来源主要有两个。一是以祖辈名字为姓氏。传说帝颛顼的第五子名晏安，后人便以晏为姓氏。二是源于姜姓。春秋时期的齐国大夫晏弱被分封于晏（今山东齐河西北），他以封地作为自己的姓氏，形成了晏姓的一支。

晏姓起源于春秋时的齐国，在今山东齐河一带得到了发展。历史上晏姓的望族形成于今山东一带。如今晏姓在全国分布较广，尤以湖北、四川、江西等省为多。

晏姓历史人物有晏婴，春秋时齐国大夫。曾奉齐景公之命出使晋国联姻，向晋国大夫叔向预言齐国政权将为田氏所取代。出使楚国时足智多谋，不辱使命，赢得了楚王的尊重。虽至高官，但生活俭朴，在诸侯中享有很高威望。后人收集他的言行编成《晏子春秋》。晏殊，北宋词人，景德初以神童荐，赐同进士出身。生性刚正简朴，自奉清俭。善于发现人才，如范仲淹、欧阳修均出其门下。他生平著作相当丰富，其词作擅长小令，多表现诗酒生活和悠闲情致，语言精致婉丽。有作品《珠玉词》。为大家所熟悉的词句如"无可奈何花落去，似曾相识燕归来"。

晏姓在《百家姓》中排在第三百二十四位。

Qú
瞿

　　瞿姓的来源主要有两个。一是以祖辈名字为姓，出自商代。商代大夫因受封于瞿上（今四川双流）而得名瞿父，其子孙后代遂以祖上名字为姓。二是以地名为姓。春秋时孔子的弟子商瞿，鲁国人，因生于瞿上，故名商瞿。其旧居称为商瞿里，后世子孙分别以地名取商姓和瞿姓。

　　瞿姓发源于今四川双流。宋朝时，瞿姓已进入今上海、浙江等地。如今，瞿姓在全国分布较广，尤以湖南、四川等省为多。

　　瞿姓历史人物有瞿佑，明初著名文学家。少时即有诗名，他的诗绮艳华丽，但其终生怀才不遇，仅在洪武年间任教谕、训导、长史之类的小官。永乐年间因写诗遇祸，被贬谪十年。著作有《香台集》《咏物诗》《存斋遗稿》等二十多种，小说集《剪灯新话》借灵怪艳情抒发作者劝善惩恶之志。瞿龙跃，明末清初著名诗人，喜欢游历名山大川。明亡后，更是经常外出，所到之处，常把自己题咏的诗句镌刻在绝壁上，自号一勺行脚道人，所作诗多有奇气。瞿秋白，中国无产阶级革命家，中国共产党早期领导人。遗著有《瞿秋白文集》《瞿秋白选集》。

瞿姓在《百家姓》中排在第三百二十六位。

阎姓的来源主要是以封地为姓氏，有两种说法。一是周武王封太伯曾孙仲奕于阎乡，后人以为姓氏；二是春秋时期，晋成公的儿子懿封于阎，其子孙以封地名为氏。

阎姓发祥于今河南、陕西、山西一带。秦汉时，有阎姓迁入今湖南、河北、山东等地。盛唐时，阎姓在今山西太原形成望族。明朝时，阎姓已广布于河南、北京、天津及南方各地，并有远迁海外者。如今阎姓分布广泛，尤以河南、山东、河北等省为多。

阎姓历史人物有阎立本，唐代著名画家，他承家学，师法张僧繇、郑法士而能变古象今，擅画人物、车马、台阁，尤精写真，善于刻画人物的性格，兼能书法，存世作品有《历代帝王图》《步辇图》等。阎次平，南宋画家，其长于画山水、人物，尤工画牛，颇为生动，存世作品有《牧牛图》等。阎若璩，清代著名的经学家、考据家。他曾参加《大清一统志》的编写，长于考据，《古文尚书疏证》一书确证了东晋梅赜所献的《古文尚书》和《尚书孔氏传》为伪书，并有《日知补正录》等。

阎姓在《百家姓》中排在第三百二十七位。

連 Lián
连

连姓的来源主要有两个。一是出自高辛氏，颛顼的曾孙陆终的第三个儿子名叫惠连，后代遂以他们祖先的字作为姓，遂成连姓。二是以官名为氏，出自芈姓。春秋时期，楚国公族有连敖、连尹等官职，后代子孙就以官职为姓氏。

连姓发源于今山东境内，望族居于上党（今山西长治）。如今连姓在全国分布较广，尤以河南、四川、福建等省为多。

连姓历史人物有连称，春秋时齐国大夫，为将军，奉襄公之命和管至父戍守葵丘，瓜熟时去，约定第二年瓜熟时派人替换。一年后，襄公违约。连称、管至父联合襄公的堂弟无知杀了襄公。连世瑜，宋朝人，一介布衣，不思仕途，在家孝敬父母的同时，不忘教子以学。他三个儿子奋发有为，三人都中举人，分别授太子詹事、直阁学士、秘书承，轰动一时。连舜宾，宋朝应山人。年少时应乡试不中，于是便回家供养父母，不再参试。

其家境富裕，常常散财以救济当地百姓。花很多时间来专心教育儿子。他常常对别人说：我不要财产，教育好我的儿子就是最好的财产。后来他的两个儿子都中了进士，当了县令，很有名气，为官清廉，百姓对他们的评价都很高。

连姓在《百家姓》中排在第三百三十位。

习姓的来源主要有两个。一是以国名为姓。春秋时有诸侯国习国（今陕西丹凤），国灭后，其族人有以原国名命姓者，为习姓。二是以地名为姓，源于姬姓。春秋时有地名少习（今陕西商县东），后称为武关，居其地者，有人以地名"习"为姓。

习姓发源于今陕西，经过长期的历史迁徙，如今习姓在全国分布较广，尤以湖南、陕西等地为多。

Xí
习

习姓历史人物有习郁，汉朝大臣。相传他与汉光武帝刘秀同梦见苏岭山神，习郁就在苏岭山建立神祠，刻二石鹿于祠前神道两侧，百姓称之为鹿门庙，苏岭山从此改称鹿门山。他在襄阳岘山南，依照范蠡的养鱼方法修建了一个鱼池，并在池边种满了竹、芙蓉等植物，人称习家池。著名诗人李白、孟浩然、皮日休、贾岛等，均有诗描写习家池美景。习温，东吴襄阳人。其自幼爱读圣贤书，博学多识，一生为官清正廉洁，不以权势自居自傲，对子女要求也相当严格。

习姓在《百家姓》中排在第三百三十二位。

Ài

艾

　　艾姓的来源主要是以祖辈名字为姓氏。艾姓始于夏后氏，夏朝有大臣汝艾，后人以祖辈名字为姓，遂成艾姓。

　　春秋时期有艾姓在今山东形成望族。经过长期的历史变迁，如今艾姓在全国分布较广，尤以黑龙江、江西、河北、陕西等省为多。

　　艾姓历史人物有艾预，宋人，考科时挥毫而就，被选拔为甲科进士。相传艾预赴乡举时，有

老儒授他《左传》一书，对他说："熟读了这本书，就可以得到富贵。"艾中儒，宋朝大臣，至道年间任两浙盐官，成绩突出，受朝廷褒奖。

艾姓在《百家姓》中排在第三百三十四位。

向姓的来源主要有两个。一是以国名为姓氏，周代有向国，后代就以原国名为姓，成为向姓。二是以祖辈名字为姓氏，宋桓公有子名肸，字向夫，后世便以向为姓。

一般认为向姓发源于今河南商丘一带。在先秦时期，向姓已南至今湖南，西入今陕西。魏晋时期，向姓在北方发展得尤为昌盛，并形成了向姓河南郡望、山阳郡望、河东郡望。如今向姓族人在全国分布较广，尤以湖南省为多。

向姓历史人物有向宠，三国蜀汉时任牙门将。后主建兴元年，封都亭侯，任中部督，典宿卫兵。诸葛亮曾赞扬他的才干，后升为中领军。延熙三年率兵南征汉嘉（今四川雅安北）时，遇害。向秀，魏晋之际哲学家、文学家，竹林七贤之一。好读书，喜谈老庄之学，当时《庄子》一书虽有流传，但认为过去的旧注"莫能究其旨统"，曾注《庄子》一书，可惜未注完就过世了，郭象则承其

《庄子》余部，成书《庄子注》三十三篇。诗赋著有《思旧赋》。

向姓在《百家姓》中排在第三百三十七位。

古 Gǔ

古姓的来源主要有三个。一是以祖辈名字为姓氏，为古公亶父之后。古公亶父是周文王姬昌的祖父，他率领族人开荒种地，发展农业，还兴建了城墙和宫殿，使周国逐渐强盛起来。其后代子孙以祖父称号为姓。古姓后人尊古公亶父为古姓的始祖。二是以邑名为姓氏。周朝大夫受封于

苦城（今河南境内），后世子孙则以地名"苦"的音近字"古"为姓氏。三是出自少数民族改姓。

古姓发源于今陕西。随着历史的变迁，古姓广布于全国各地，清朝时期，有赴台湾者。如今古姓尤以四川、广东为多。

古姓历史人物有古弼，南北朝时北魏官员，善于骑射，官至吏部尚书，因功封灵寿侯。虽每日公务繁忙，但仍勤于读书。因他的头尖，太武帝便叫他"笔头"，人们则称他"笔公"。他为人刚正，曾多次进言直谏，太武帝说："笔公可称为社稷之臣。"

古姓在《百家姓》中排在第三百三十八位。

易姓的来源主要有三个，一是源于姜姓，齐国姜子牙之后有易姓。二是以地名为姓氏。武王伐纣时，姜尚任军师，协助武王取得了胜利，武王封他于齐。后来又封他的子孙于易地，这一部分姜尚的后代于是以地名作为姓氏。三是少数民族姓氏。彝族、水族、苗族等姓中均有易姓。

易姓的发源地主要是在今河北和山东。易姓在三国至唐代分布于今河北、湖南、甘肃、江西等地。从宋代开始，见于史册的易姓逐渐增多。清代

易 Yi

以后，易姓主要在南方发展。

易姓历史人物有易雄，东晋长沙浏阳（今湖南）人，官任舂陵令，曾从湘州刺史司马承起兵讨王敦，事败被俘，以舍生忘死而为时人所称。易延庆，宋代将领，继承祖位为奉礼郎，知临淮县，宋太宗时升为大理丞。其人性至孝，时称"纯孝先生"。易祓，宋代名臣，淳熙年间进士，后官至南宋礼部尚书，著述甚丰。易元贞，明代

桂林人，官崇阳令、平县令。为官清廉正直，生性仁慈，体恤孤弱，打击豪强。闲暇时常与儒生切磋文章道义。一生清贫，死后无入殓之财。百姓为他举办葬礼，悲痛相送。

易姓在《百家姓》中排在第三百三十九位。

廖姓的来源主要有三个。一是以封邑名为姓氏，出自姬姓。周文王有子叫伯廖，因受封于廖邑，其后裔也有以邑名"廖"为姓氏的，称廖氏。二是相传帝颛顼有后裔叫叔安，夏朝时，因封于飂国（又作蓼国，今河南唐河南），故称飂（古廖字）叔安，其后代以国名飂为姓氏，称廖氏，是为河南廖姓。三是出自改姓。商朝末年，纣王残暴，缪、颜两姓为避祸而改姓廖。

廖姓发源于今河南，秦汉之际开始向周边迁徙，其中一支形成巨鹿郡望。魏晋南北朝时期，北方廖姓南迁至今湖北、四川、江苏、浙江一带。唐代廖姓进入今福建，宋代成为福建大姓。明初，廖姓作为山西洪洞大槐树迁民姓氏之一，被分迁于今河北、江苏、北京等地。如今廖姓以江西、湖南、四川、广西、广东等省居多。

廖姓历史人物有廖扶，东汉学者，兼善诗画。满腹经纶，精通天文、谶纬之术，名满天下。廖化，襄阳（今湖北襄樊）人，三国蜀汉右车骑将军，封中卿侯，为人忠烈果敢。小说里面流传有"蜀中无大将，廖化为先锋"的说辞。廖仲恺，著名的国民党左派领袖，早年入同盟会，追随孙中山投身革命。孙中山逝世后，他坚持执行三大政策，辛亥革命后任广东都督府总参议，兼理财政。历任国民党中央常委、工人部长、农民部长、黄埔军校党代表、广东省长、财政部长。1925年被国民党右派暗杀于广州。

廖姓在《百家姓》中排在第三百四十二位。

步姓的来源主要有两个。一是以封邑为姓氏。春秋时晋国大夫叔虎有个儿子被封于步邑，其后代遂以邑为姓。二是他族改姓，南北朝时，鲜卑族步鹿根氏进入中原后改姓步。

步姓早期活动于今山西一带，汉唐之间在今山东、江苏、浙江等地发展，在山西中南部形成名门大族，以平阳郡为郡望。如今步氏虽然数量不多，但分布较广。

步姓历史人物有步骘，三国吴将领。淮阳人，避乱江东，种瓜自给，勤于读书，学识渊博。孙权召为右将军左护军。官至骠骑将军，领冀州牧，封临湘侯，后任丞相。性格宽宏仁厚，深得大众拥护，严肃深沉，喜怒不形于声色。步熊，字熊叔。晋朝占相师，门徒众多。赵王知晓他的名声后，请他占卜。步熊对别人说，赵王的死期已经不远了，没有什么好占的。赵王听了以后很生气，派了将士去杀他，他略施小计就逃了出来。跑到成都王颖处，王颖失败以后，步熊被杀。

步姓在《百家姓》中排在第三百四十八位。

Dū
都

都姓的来源主要有两个。一是春秋初年，郑国有一个公族大夫公子阏，字子都。其性格勇猛，力量很大，所以很得郑庄公的欣赏。他死以后，他的子孙就以他的字为姓，称为都姓。二是出自公都姓，以封邑名为姓氏。春秋时，楚国有公子田，受封于都邑，人称为公都氏，后代子孙有单姓都的，成为都姓一支。

都姓发源于今河南，春秋时郑国国都在今河南新郑一带，子都的后代繁衍于此地。魏晋南北朝、五代十国时期都姓因战乱而向四周迁徙。到了明清时期，都姓已经遍布全国各地。如今，都姓分布较广，尤以安徽、辽宁等省为多。

都姓历史人物有都尉朝，汉代经学家，从孔安国受《古文尚书》，转授庸潭。都随，宋朝人，出使辽国，辽人服其节操，每至必问起居。都颉，字光远，宋朝余干（今江西余干西北）人。神宗元丰二年进士，官至司农少卿。早年家贫而好学，后闲居而作《七谈》，描写鄱阳人物山川之胜，辞艳而意远。都胜，明朝宁津人。他为官五十年，所管辖的地方土地肥沃，物产丰富，人民安居乐业。都胜一生清正廉洁，生活俭朴，每天只吃蔬菜，如果有亲戚朋友来访，也不过增加一盘豆腐，因此人们称他为"豆腐总兵"，深得百姓的敬爱。

都姓在《百家姓》中排在第三百四十九位。

耿姓的来源主要有两个。一是以国名为姓氏，源于姬姓。春秋时有耿国，后亡，子孙投奔楚国被封为大夫，以国名为姓氏。二是以邑为姓氏，商时祖乙迁耿，盘庚又自耿迁亳，留居耿者遂以邑名为姓氏。

耿姓发源于今河北、河南，汉武帝时将河北巨鹿耿姓迁徙至陕西扶风（今陕西兴平东北）。魏晋至隋唐时期，耿姓在河东、高阳、扶风三地形成郡望，同时也有南迁至今江苏、安徽的。明初，耿姓

Gěng
耿

作为山西洪洞大槐树迁民姓氏之一，被分迁于今河南、河北、山东、北京、天津等地。如今，耿姓在全国分布较广，尤以河北、河南、江苏、安徽、山东、山西、黑龙江、辽宁等省为多。

耿姓历史人物有耿弇，东汉将领，云台二十八将之一。21岁任刘秀门下吏，刘玄见刘秀声名日重，令其罢兵回长安。耿弇提出脱离刘玄、占据河北、夺取天下之策，深得刘秀赏识，升为大

将军。最终迫使张步率众十余万投降，攻占齐地。耿弇用兵如神，战功显赫，先后攻取四十六郡三百余城。耿炳文，明代大臣，太祖时官至大都督府，封长兴侯，为宿将老臣，被朝廷倚重。惠帝建文初年，燕王朱棣（明成祖）起兵南下，耿炳文任大将军北伐，抵挡燕王兵。成祖时，遭人谗言陷害，因惧怕而自杀。

耿姓在《百家姓》中排在第三百五十位。

Mǎn

满

满姓的来源主要有两个。一是以祖字为姓氏，出自妫姓。周武王灭商后，追封舜的妫姓后裔胡公满于陈建立陈国，春秋时被楚国所灭，后人有的以祖字为姓氏，姓满。二是少数民族改姓，回族有姓满苏尔者，后改为满姓。

满姓早期在今河南活动，汉唐之际在今河南、山东、山西等地发展，并以河东郡为郡望，在山西中南部聚集成望族。宋代以来，今湖南、江苏以及东北地区均有满姓，但数量不多。如今，满姓在全国分布较广，尤以广东、四川、河北、江苏、陕西为多。

满姓历史人物有西汉人满昌，从匡衡学《齐诗》，官至詹事。满宠，三国时魏国太尉，跟随曹操东征，立军功无数。后曹丕即帝位，他又大破东吴于江陵，因而拜将封侯，名盛当朝。魏明帝时，他老当益壮，再度以前将军的身份代曹休都督扬州诸军，屡次在合肥击败入侵之师，一生替魏国立下显赫战功。他为官廉洁奉公，生活俭朴，为时人所称道。《三国志》对满宠十分推崇，说他立志刚毅，勇而有谋，不治生产，家无余财。满宠之子满伟、孙满长在当时也十分有名。

满姓在《百家姓》中排在第三百五十一位。

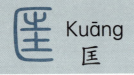

匡姓的来源有两个。一是以采邑为姓氏，春秋时句须为鲁国匡邑之宰，其子孙以邑名为姓氏。二是春秋时楚大夫食采于匡（今河南），后世子孙遂以邑名为姓氏。

匡姓发源于今山东、河南。汉代迁徙于今江苏、安徽、山西。魏晋南北朝时期散居于黄河中下游，唐朝时，今湖北、湖南、四川、广东、福建、广西等地已有匡姓人家居住。明初，匡姓作为山西洪洞大槐树迁民姓氏之一，被分迁于今河南、河北、北京、天津、陕西、甘肃等地。清代山东匡姓闯关东进入东三省。如今，匡姓在全国分布较广，尤以山东等地为多。

匡姓历史人物有匡裕，周朝人，生来聪慧通灵，成年学道，据说得神仙术，隐居山中，结庐而居。定王派人征召，却只见草庐。当地人便叫此山为"匡山"，又叫"庐山"。匡衡，西汉经学家。少年时家境贫寒而好学，曾凿壁借邻居家灯光读书，成年后善说《诗》，人称："无说诗，匡鼎来，匡说诗，解人颐。"官至丞相，封乐安侯。他认为民风败坏是因朝廷、官吏腐败，主张整治吏制，举荐贤良，铲除奸佞，崇尚仁义礼让。匡源，清朝学者。清道光年间进士，继任翰林院编修，曾先后任江西、山西乡试考官，会试同考官。咸丰帝病危，为"顾命八大臣"之一。同年，同治帝即位，两宫垂帘听政，慈禧罢免匡源官职，匡迁居济南。其后应聘为泺源书院山长，兼尚志书院山长，历时十七年。其著作有《珠云仙馆诗人钞》等。

匡姓在《百家姓》中排在第三百五十三位。

国

　　国姓的来源主要有两个。一是以祖父字为姓氏，春秋郑国国君郑穆公之子发，字子国，其子公孙侨字子产，子产子以祖父字命姓，是为国姓。二是以祖辈的名字为姓氏，上古大禹为部落首领时，有一个专门掌管车马的人叫作国哀。其子孙后代遂以国为姓。

　　国姓早期活动于今山东、河南一带，汉唐之间扩展到江苏北部，并以下邳郡（今江苏睢宁）为郡望。山东为国姓的长期集聚地，直到现在仍然是国姓的主要分布地。

　　国姓历史人物有国侨，春秋时期郑国大夫，即公孙侨。郑简公时，其率军平定司氏、堵氏等族攻杀子驷之乱。他实行改革，整治田疆和沟渠，大力发展农业生产。把刑书铸在鼎上公布；不毁乡校，以听取国人意见。这些改革给郑国带来了新气象。孔子曾称他为"古之遗爱"。国渊，郑玄弟子，是三国时期曹魏的著名大臣。他的功绩是主治屯田，在任"屡陈损益，相土处民，计民置吏，明功课之法"，使"五年中仓廪丰实，百姓竞劝乐业"。曹操征讨关中，以国渊为居府长史，统领留守都郡事务。当时有人上投匿名书，对朝廷进行诽谤，曹操大怒，下令追查作者，国渊运智用计，终于得知事情的真相，捉拿肇事者。其终生节衣简食，以恭俭自守，深受时人好评。

国姓在《百家姓》中排在第三百五十四位。

文姓的来源主要有两个。一是以谥号为姓氏，周文王子孙中有以其谥号"文"为姓氏者。二是少数民族姓氏，土家族、壮族、布依族、回族均有文姓。

文姓发源于今陕西、河南、山西境内，如今文姓以广东、江西、广西、湖南和四川为多。

文姓历史人物有文种，春秋时楚国人，越国大夫。越王勾践时，越国被吴国攻破，勾践困守会稽。文种献计贿赂吴国太宰，使越国逃过了亡国之

Wén
文

耻。勾践入吴为人质，文种代为主持国政。勾践归国后，君臣刻苦图强，终于灭了吴国。文翁，西汉人，少年时好学，通《春秋》。景帝末年任蜀郡守，兴修农田水利，重视教育。在成都兴办学校，入学者得免除徭役，并以成绩优异者为郡县吏，他改革教育，使蜀地文学可与齐鲁文学比肩。武帝时令郡国都立官学，始于文翁。文天祥，南宋抗元英雄、文学家。他始终不渝地坚持抗元斗

争，抗元失败后在五坡岭（今广东海丰北）被俘，至元十九年被害。他将所遭险难及平生战斗事迹用诗歌写出，名为《指南录》，狱中所作《正气歌》，尤为世人传颂。

文姓在《百家姓》中排在第三百五十五位。

Kòu
寇

　　寇姓的来源主要有两个。一是以官名为姓氏。苏忿生为周武王司寇，卫康叔在周任司寇，他们的子孙都以官名为姓。二是少数民族改姓。南北朝时北魏鲜卑族有古口引姓，进入中原后改为寇姓。

　　寇姓早期在今湖南一带活动。宋代以来，在今陕西、河南、山西、黑龙江等地区均有寇姓分布。但寇姓一直称盛于上谷昌平（今河北昌平），望族居冯翊郡（今陕西大荔）。

　　寇姓历史人物有寇恂，东汉上谷昌平人，为"云台二十八将"之一。世代为地方豪强显赫人物。刘秀据河内时，任为河内太守，负责运输军需物资。历官颍川太守、汝南太守。后随刘秀出征过颍川，百姓拦路恳求："愿从陛下那里再借寇君一年。"于是被留下抚慰百姓。后以"借寇"为地方挽留官吏之典故。寇准，北宋政治家、诗人。为人刚直，官至参知政事。景德元年，辽军南侵宋朝边境，寇准任同平章事，力排众议，主张抗击金军，反对南迁，并促使宋真宗前往澶州（今河南濮阳）督战，与辽订立"澶渊之盟"。后遭小人谗言，被罢相。天禧初年复相，封莱国公。又被丁谓等奸臣排挤贬谪，死于雷州。仁宗时追赠中书令，谥忠愍。著有《寇莱公集》《寇忠愍公诗集》。

寇姓在《百家姓》中排在第三百五十六位。

欧姓的来源主要有三个。一是以封地名为姓氏，出自姒姓。越王无疆之次子蹄，封于乌程（今浙江湖州南）欧余山（今升山）之阳，子孙于是以地名为姓氏，有姓欧、欧阳、欧侯者。二是以祖辈名字为姓氏。春秋时期有匠人欧冶子善于锻造兵器，后世子孙遂以祖辈名字为姓氏，是为欧姓。三是出自改姓。汉代的孔姓、三国时的独孤姓为避祸有改为欧姓。

Ōu
欧

欧姓发源于今浙江、江苏地区。唐代欧姓进入今福建、广东等地，五代时期今四川、湖北、湖南均有欧姓散居。明代时福建欧姓有渡海赴台湾者。如今欧姓在全国分布较广，尤以广东、湖南等省为多。

欧姓历史人物有欧冶子，春秋时期铸剑大师。善于铸剑，相传曾为越王勾践铸五剑，又与干将为楚昭王铸三剑，称龙渊、泰阿、工布。曾拿宝剑给善于相剑的薛烛鉴赏，薛烛抚剑长叹"虽复倾城黄金、珠玉竭河，尤不能得此一物"。欧宝，西汉著名孝子。父亲去世后，他在墓旁庐中守孝。乡邻打虎，老虎逃进他的庐中躲藏，他用衣服盖住虎，避开乡人使老虎得以逃脱。后来，老虎送来鹿帮他祭祀，人们认为孝也能感化猛兽。

欧姓在《百家姓》中排在第三百六十一位。

Shī

师

师姓的来源主要有三个。一是以官名为姓氏，夏商时期管理乐技之官名师，如上古师延，商代师涓等。周朝也有师尹之官，掌管音乐歌咏。这些人的后代子孙遂以职官为姓，是为师姓。二是少数民族改姓，蒙古族有泰亦什氏，进入中原后改为师姓。三是少数民族姓氏，苗族、土家族、满族均有师姓。

师姓早期主要活动于今河南、山西、山东等地。宋代师姓聚居于今四川、河南、湖北地区，明代师姓分布于今山西、陕西、河北、山东、河南，主要以山西为繁衍中心。如今师姓已遍布全国各地，尤以陕西为多。

师姓历史人物有师旷，春秋时晋国乐师。虽双目失明，然善于弹琴，精于辨音。晋平公铸造一口大钟，众乐工都认为合乎音律，只有师旷不以为然，后来经卫国乐师师涓审定，该钟果然不合音律。师叔，春秋时郑国大夫。齐国准备联合诸侯攻打郑国，管仲说：郑国有叔詹、堵叔、师叔，三位贤德之人执政，齐国无机可乘。师宜官，东汉书法家。汉灵帝喜好书法，广征天下善于书写者。在应征的数百人中，唯有师宜官的八分字最好，大则一字径丈，小则方寸千言。南朝庾肩吾将他的书法列入上品之中，唐张怀瓘《书断》列他的八分书为妙品。

师姓在《百家姓》中排在第三百六十九位。

　　巩姓的来源主要有两个。一是以封地为姓氏，出自姬姓。周朝周敬王有个同族卿士简公受封于巩邑（今河南巩义），称为巩简公。其子孙后代便以原封邑名命姓，称巩氏。二是春秋时晋国大夫巩朔的后代。

　　巩姓发源于今河南，后来在山阳形成望族。如今，巩姓在全国分布较广，尤以山西、内蒙古等地为多。

Gǒng

巩

　　巩姓历史人物有巩信，南宋抗元英雄，任荆湖都统，勇敢有智谋。后跟随文天祥，官至江西招讨使。与元军战于方石岭，受重伤后宁死不降，投崖而死。巩珍，明朝应天人。永乐三年，明成祖为了发展对外关系，首次派郑和下西洋，巩珍跟船队随行。三年间到了二十多个国家，一路上，他将在各地的所见所闻记录下来，撰成一部名为《西洋番国志》的书。内中详细记述了各国的风土人情，书写了中国与亚非各国人民友好关系史上重要的一笔，对中国的航海史及中国文化史作出了重要贡献。巩永固，明朝人。崇尚文学雅致，喜欢结交贤士大夫，喜爱游览山河大川。崇祯末年，当李自成攻陷京都时，永固手书"身受国恩，义不可辱"八字，自刎而死。

巩姓在《百家姓》中排在第三百七十位。

Niè

聂

聂姓的来源主要有两个。一是以采邑为姓氏。春秋时卫大夫食采于聂，子孙以邑名为姓氏。二是以地名为姓氏。古有地名聂北，居住者以居住地为姓氏。

聂姓约发源于今河南、山东一带，西汉时迁徙至今山西。魏晋南北朝时期形成山西河东郡望，并逐渐迁居江南，形成新安郡望。南北朝时期，聂姓已南迁至今江苏、浙江、安徽等地。到宋代，今湖南、湖北、福建均有聂姓居住。明初，聂姓作为山西洪洞大槐树迁民姓氏之一，被分迁于今河南、河北、山东、江苏、安徽等地。如今，聂姓在全国分布较广，尤以湖北多此姓。

聂姓历史人物有聂政，战国时韩国刺客。因避仇隐于乡间。韩烈侯时，大臣严遂和相国韩傀争权结怨，为求聂政代为报仇，特送黄金百镒为聂母祝寿，聂政以母亲在世为由，当时未答应他。母亲去世后，他单独持剑入相府刺杀了韩傀，然后自杀。聂夷中，唐代诗人。家境贫寒而好学，咸通末年中进士，官华阴县尉，仕途虽不得意，然诗作成就不少。其诗多为五言，语言通俗，为晚唐诗中的优秀之作。《伤田家》一诗描绘了农民的疾苦："二月卖新丝，五月粜新谷。医得眼前疮，割却心头肉。我愿君王心，化作光明烛。不照绮罗筵，遍照逃亡屋。"聂荣臻，中国无产阶级革命家、军事家，中国人民解放军创建人和领导人之一，中华人民共和国十大元帅之一。

聂姓在《百家姓》中排在第三百七十二位。

百家姓

晁姓的来源主要有两个。一是以祖名为姓氏，源于姬姓。周景王的小儿子王子朝被哥哥周敬王窃取了皇位，为避难逃至楚国。后代遂以王子朝名字的音近字为姓氏，是为晁姓。二也是以祖辈名为姓氏。春秋时蔡国有大夫晁吴，子孙后代遂以晁作为姓氏。

晁姓早期在今河南、陕西一带居住。汉唐时期在陕西集聚，并远徙辽宁东部。逐渐形成京兆（今陕西西安）、颍川（今河南许昌）郡望。宋代以

后，逐步向大江南北扩展，尤其是在河南、山东有较多分布。

晁姓历史人物有晁错，西汉人，文景时期著名的政治家。曾跟从张恢学习申不害、商鞅的法家学说，又随伏生研习《尚书》。后晁错为太子（景帝）家令，深受太子信任，号称"智囊"。景帝时为御史大夫，提出削诸侯尊京师的举措：消除地方割据，加强中央集权。削藩措施引起了诸

侯王的恐慌和不满，吴楚等七国借口要杀掉晁错而起兵叛乱，为平叛，晁错因此被杀。所著政论有《论贵粟疏》等。晁补之，宋朝诗人。济州巨野人，自号归来子。元丰二年进士，善于写文章，与秦观、黄庭坚、张耒并称“苏门四学士”，为苏轼所称道。才华出众，好学且不知疲倦，还擅长于书画，其作品深得时人的好评。晁说之，北宋人，元丰年间进士，官至徽猷阁待制。一生博览群书，通六经，尤精《易》《春秋》，能诗善词，又擅长于画山水。

晁姓在《百家姓》中排在第三百七十三位。

敖
Áo

敖姓的来源主要有两个。一是以祖辈名字为姓氏，帝颛顼之师大敖的后人以祖辈名字命姓，有敖姓。二是出自芈姓，春秋时期楚国国君凡是被废或被弑得不到谥号者，均称之为敖，其后有敖姓。

敖姓望族出于谯郡（今安徽亳州），后来，逐渐迁徙至今广东。明初，江西敖姓散居于今云南、贵州等地。如今敖姓在全国分布较广，尤以江西、福建、四川、重庆、贵州、山东、河南、陕西、山西、台湾等地为多。

敖姓历史人物有敖陶孙，南宋诗人、文艺理论家。性直而重义，权相韩侂胄执政，指责理学为伪学，朱熹被贬外任。敖陶孙当时在太学，写诗送朱熹，触怒韩侂胄而遭追捕。他是江湖派诗人，曾因《江湖集》被毁版而受株连贬官。其诗多为古体，风格雄浑深厚。其也擅长评诗，其《臞翁诗评》以直感来形象地描述诗人特点，如

"魏武帝如幽燕老将，气韵沉雄；曹子建如三河少年，风流自赏"等，后世流传颇广。敖英，明代人，正德年间进士，由南京刑部历任陕西、河南提学副使，官至江西右布政使。善于写诗，其诗作意境幽远，独辟蹊径，深得好评。

敖姓在《百家姓》中排在第三百七十五位。

Lěng

冷

冷姓的来源主要有两个，一是出自姬姓。春秋时期，周武王弟卫康叔的后代被封于泠水（一作泠邑，位于今陕西境内），后世子孙遂以封地名为姓氏，有冷姓。二是少数民族姓氏，苗族、彝族、蒙古族、回族、满族均有冷姓。

冷姓发源于今陕西境内。如今，冷姓在全国分布较广，尤以湖南、四川、辽宁等省为多。

冷姓历史人物有冷廷叟，北宋人。足智多谋，官至光禄卿。好酒能诗，与诗人、书法家黄庭坚有十八年之交，深得黄庭坚赏识。冷世光，南宋

540

著名御史。为朱熹所重，为官正直，不避权贵。他作监察御史时，弹劾达官显贵无所避讳，人称"冷面御史"。冷谦，明朝武林人。洪武初年，因为擅长于音律而被任命为太常协律郎。据说元朝末年他已年近百岁，看过李将军作画后很感兴趣，于是开始学画。永乐年间远游四方，后不知所终。

冷姓在《百家姓》中排在第三百七十七位。

Xīn
辛

辛姓的来源主要有三个。一是以封地名为姓，出自姒姓，夏王启封庶子于莘，建立莘国。后世子孙遂以地命姓，为莘姓。由于莘、辛音近，遂有辛姓。二是出自改姓，黄帝后代高辛氏后改姓辛。三是少数民族姓氏。藏族、土家族、蒙古族均有辛姓。

辛姓发源于今陕西合阳，两汉之际，已经遍布北方。魏晋南北朝时期，辛姓形成陇西郡望、雁门郡望。宋代辛姓散居于今山西、河北、河南、山东等地。自清代康乾之世，辛姓闯关东进入东三省。如今，辛姓在全国分布较广，尤以山东、辽宁、吉林、黑龙江几省为多。

辛姓历史人物有辛秘，唐代官吏。其长于经学，雅好诗书。任潞州大都督府长史时，开源节流，使泽潞之境百姓收入大增，而其家却无厚产，为百姓所称颂。辛弃疾，南宋词人。其词作多抒写力图恢复国家统一的爱国热情和壮志难酬的苦闷情怀，词风激昂慷慨，纵横驰骋，为苏轼后又一豪放派的代表人物，文学史上以"苏辛"并称，但辛弃疾的词更加纵放自如。著有《稼轩长短句》。

辛姓在《百家姓》中排在第三百七十九位。

阚姓的来源主要有两个。一是以采邑为姓氏，出自姜姓。春秋时齐国有大夫名止，封于阚，世称阚止。其后代子孙以封邑为姓。二是以国名为姓氏，据说古时有阚国（今山东嘉祥北），是黄帝姓子孙的封国，其后世子孙以国名为姓，是为阚姓。

阚姓发源于今山东汶上。后来迁徙至今浙江、江苏一带，形成会稽郡望。明末，阚姓的一支随军驻守北京，因战功显著，朝廷下旨准允其家族坟场可种万年松45棵。现其后人多居住在北京市通州区。如今阚姓尤以山东为多。

Kàn
阚

阚姓历史人物有阚泽，三国时吴国太子太傅。少时家贫，以帮人抄书为业，每抄完一篇，朗读一遍，于是博览群书。举孝廉，除钱塘长。朝堂上有关经典的争辩，都会让他来作出判断。因为儒学勤劳，封为都乡侯。阚稜，隋末农民起义军将领。其体魄健壮魁梧，善用两刃刀，一挥辄毙数人。因屡立战功，被封为左将军。阚稜的部卒均为强盗出身，目无法纪，常偷盗欺人。他治军甚严，虽亲故也不徇私，所辖之地"路不拾遗"；但也恃功自傲，因为谋反被杀。

阚姓在《百家姓》中排在第三百八十位。

饶
Ráo

饶姓的来源主要有两个。一是以采邑为姓氏。赵悼襄王封长安君于饶（今河北饶阳），其后世子孙遂以封邑为姓氏。二是以封地为姓氏。战国时期，齐国有大夫封于饶（今山东青州）。其子孙遂以封地为姓氏，称为饶姓。

饶姓发源于今河北地区。在历史的变迁过程中逐渐向今江西、浙江、福建、广东等地南迁。如今，饶姓在全国分布较广，尤以湖北、江西等省为多。

饶姓历史人物有饶珂，汉朝人，官拜鲁阴太守，为政期间勤政爱民，深得民心。饶节，南宋诗僧。曾跟随三司使曾布做事，因变法中与曾布意见不合，遂剃发为僧，更名如璧。曾作偈语："间携经卷倚松立，试问客从何处来？"便号"倚松道人"，著有《倚松老人集》。陆游称他为"当时诗僧第一"。饶干，南宋书院山长。淳熙年间进士，官长沙知县。其间恰逢朱熹在长沙任太守，他便抓紧办理公事，一有时间就去听朱熹讲学。

饶鲁，饶州余干（今江西万年）人。游学豫章、东湖书院，回到家乡，建朋来馆，广聚学者，互相切磋。又建石洞书院，聚徒讲学，门徒众多。受诸道部使之聘，历主白鹿洞、建安、东湖诸书院。著有《五经讲义》《语孟纪闻》《西铭图》等。

　　饶姓在《百家姓》中排在第三百八十三位。

傅姓的来源主要有两个。一是以地名为姓氏，傅说的后裔。商高宗武丁在位时国势衰微，于傅岩（今山西平陆东南）找到傅说帮助武丁兴国，修政行德，使天下大治。后世子孙以居地为姓，形成傅姓。二是以封地为姓氏，源自姬姓。黄帝裔孙大由封于傅邑，其后世子孙遂以封地为姓氏。

傅姓最早发源于今河南安阳。汉朝傅姓已迁居今河南、河北、山东、贵州等地。三国时期，已有傅姓入川。魏晋之际，傅姓以今陕西、甘肃东

Fù
傅

部、宁夏等地为迁居地，后东迁移居今河北、山东。南北朝时期，傅姓大举南迁，或迁会稽（今浙江绍兴），或迁上虞（今属浙江）。唐末，傅姓进入今福建，后入今广东。宋代以后，傅姓人家遍及全国大部分地区。如今，傅姓主要分布在山东、湖南等省。

傅姓历史人物有傅介子，西汉大臣。昭帝时，西域龟兹、楼兰联合匈奴，杀汉使官。傅介子出

使大宛，责问龟兹、楼兰，斩杀匈奴使者。后出使楼兰，设计杀死楼兰王，另立在汉楼兰质子为王。傅毅，东汉文学家。年少时博览群书，建初中，任兰台令史，拜受郎中，与班固、贾逵共校内府藏书。傅咸，西晋文学家。性格刚正，直言敢谏，疾恶如仇，不畏权贵。善为奏议谏疏，文多规诫，时人称"长虞之文，近乎诗人之作"。傅奕，唐初学者。他从社会、政治、经济情况出发，揭露寺院"剥削民材，割截国贮""军民逃役，剃发隐中"等。还曾辑录魏晋以来反佛言论，编为《高识传》。

傅姓在《百家姓》中排在第三百八十四位。

曾姓主要是以国名为姓氏，出自姒姓。夏王少康封少子曲烈于鄫，建立鄫国。后国灭，子孙后代遂用原国名"鄫"为氏，后去邑（阝）旁为曾，表示离开故城。

曾姓最初发源于今山东苍山西北一带。西汉末年避乱迁入今江西、广东。魏晋南北朝时期，今浙江、四川、河南、湖北已有曾姓居住。唐朝时期，曾姓遍布全国，成为中国著名大姓之一。元明时期，曾姓有渡海赴台湾者，进而远迁东南亚、欧美地区。如今曾姓在我国人口众多，尤以四川、湖南、广东、江西等省为多。

曾姓历史人物有曾参，春秋末鲁国人，孔子弟子，提出"吾日三省吾身"的修养方法，认为"忠恕"是孔子一以贯之的思想。以孝顺著称，奉养父亲必有酒肉，撤下必请父亲允许，孟子称为"养志"。后被尊为"宗圣"。曾巩，北宋文学家，江西南丰人，世称南丰先生。宋朝嘉祐年间进士，曾经奉诏编校史官书籍，官至中书舍人。他是欧阳修的学生，也为王安石所赏识。其散文平易舒缓，长于叙事说理，讲究章法结构，是古文运动的主要参与者。"唐宋八大家"之一，有作品《元丰类稿》。

曾姓在《百家姓》中排在第三百八十五位。

　　沙姓的来源主要有四个。一是以地名为姓，出自子姓，宋微子之后。商末殷纣王庶兄开（一名启）被封于微，世称微子。武王灭商后封微子于商丘，建立宋国。微子的后裔有人被封于沙（今河北大名东）。他们以地名命姓，遂成沙姓。二是出自改姓。沙随为春秋时宋国领地（今河南宁陵东北），即成公十六年晋会诸侯的地方。失国或没爵后，即称为公沙氏或沙随氏，后逐渐省为沙姓。三是少数民族姓氏，沙姓是回族大姓。四是少数

民族改姓，鲜卑族沙陀氏、突厥族沙金氏进入中原后改为沙姓。

　　沙姓发源于今河北，后逐渐向南迁徙。望族聚居于东莞郡（今山东沂水）、汝南郡（今河南汝南）。如今，沙姓在全国多地均有分布。

　　沙姓历史人物有沙世坚，北宋武将。其文韬武略显著。沙良佐，明代新城知县。为政期间廉洁爱民，重视教育，兴办学校，人民安居乐业，

盗贼踪迹全无，深受百姓称颂拥戴。沙书玉，清朝医学家。他精通内、外、喉科，声振大江南北，著有《医原纪略》和《疡科补直》等医学著作。沙神芝，清朝大书法家，以狂草最有名。其书法作品风格豪迈雄放，神妙飘逸，在书画界备受称赞。

　　沙姓在《百家姓》中排在第三百八十七位。

Jū
鞠

　　鞠姓的来源主要有两个，一是以祖辈名字为姓氏，系周始祖后稷孙鞠陶的后代。后稷的孙子名陶，据说生而掌上有纹，颇像古文"鞠"字，于是起名叫鞠陶。鞠陶后来作了周人的首领，他的后代子孙就以他的名字命姓，称鞠姓。二是以祖辈名字为姓氏，鞠陶的后代鞠武为燕国大夫，其子孙后代以鞠武名字为姓氏。

　　鞠姓早期在今陕西发展繁衍，其后望族居住于汝南郡（今河南汝南）。如今鞠姓在全国分布较广，尤以山东等地为多。

　　鞠姓历史人物有鞠武，战国时燕国太子丹太傅。聪明智慧，善于发现人才，曾把荆轲推荐给太子。鞠嗣复，宋代大臣。为政期间体恤民情，为百姓做了不少好事。曾被方腊的农民起义军俘获，因他为百姓所称誉，故得以免死。鞠嗣复的政绩得到百姓的肯定，朝廷随后也升他当了州官。鞠钺，明代文登人，正德中与妻被敌所俘，至城南寺逼他投降，鞠钺严加拒绝而被杀，妻亦触石而死。副使令有司礼祭，碣其墓曰"双节"。

鞠姓在《百家姓》中排在第三百九十位。

关姓的来源主要有两个。一是出自改姓。颛顼帝的后裔关龙氏为复姓。夏朝末年，夏桀荒暴，大夫关龙逢苦谏，反被其杀害。后来关龙逢的后人把姓改为关，并尊关龙逢为关姓的始祖。二是以官名为姓氏，为春秋时关尹喜的后人。关尹即守关的关令。春秋时期老子见周王室衰败，欲离开周地西游，走至函谷关时，负责守护函谷关的关尹喜非常景仰老子的学问，再三请求老子为其著书。老子就写了《道德经》，阐述了其哲学思想。传

Guān
关

说喜将此书传播于世后，也追随老子而去。喜的后人就以其官名为姓氏，称关姓。

关姓发源于今山西，后来逐渐散居于今河北、山东等地。如今关姓在全国分布较广，尤以河南为多。

关姓历史人物有关羽，三国时蜀汉大将。东汉末与刘备桃园三结义，并追随其起兵，建安间被曹操俘获，极受优待，封寿亭侯。后逃归刘备，

镇守荆州，曾在樊城围攻曹操部将曹仁，又大破禁军所率七军。因后备空虚，被孙权袭取荆州，败走麦城，被擒杀。宋代以后被统治者渲染神化，尊为"关公""关帝"，以重义气著称于史。关汉卿，元代戏曲家。所作杂剧有《窦娥冤》《救风尘》《拜月亭》等六十余种。作品中所塑造的人物形象性格鲜明，剧本结构完整，戏剧情节生动，曲词本色而精练，对元杂剧及后来戏曲的发展起了很大作用。与马致远、郑光祖、白朴并称"元曲四大家"。

关姓在《百家姓》中排在第三百九十四位。

Kuǎi

蒯

蒯姓的来源主要有三个。一是以采邑为姓氏。春秋时期，晋国大夫得被封于蒯，世称蒯得，其后世子孙遂以邑名为姓。二是以国名为姓，商代时有蒯国（今河南洛阳西），后人以国名为姓，称为蒯姓。三是以祖名之字为姓氏。春秋时期，卫庄公名叫蒯聩，后为晋军所杀，其后代子孙以祖上的名字命姓。

蒯姓早期活动于今河南西部与北部，汉唐之间向今河北、山东、湖北扩展，并以襄阳郡（今湖北襄阳）为郡望。宋代以后，在今安徽、江苏、浙江等东南地区也有蒯姓分布。如今蒯姓虽然人数不多，但分布较广。

蒯姓历史人物有蒯通，汉代谋臣，能言善谋。当刘邦和项羽争夺天下时，他以口才好和计谋高闻名天下。善于出谋划策，淮阴侯韩信用其计而定齐地。蒯越，西汉初名臣蒯通后人。聪明能干，足智多谋。何进听闻其名，招为从属。后归刘表，蒯越献安抚荆楚之策，辅佐刘表建成大业。蒯越亦曾劝刘表依附于曹操，却不被采纳。刘表死后，次子刘琮嗣位，蒯越等再次劝其降曹操。曹操平荆州，蒯越随刘琮降归，为光禄勋，封列侯。曹操曾云："不喜得荆州，喜得蒯异度耳。"蒯鳌，北宋宣城人，才思敏捷，善写文章。南唐文体靡丽，蒯鳌之作却不事华藻，追求理趣，使南唐文风为之一振。

蒯姓在《百家姓》中排在第三百九十五位。

查姓的来源主要有三个。一是以封地为姓氏，出自姜姓。春秋时齐国君主齐顷公之子封于楂，其后人以封邑为姓氏，后去"木"旁为查。二也是以封地为姓氏，出自芈姓。春秋时楚国公族大夫食邑在柤（今湖北南漳西），子孙以邑名为姓氏，古时"柤"与"查"通用，是为查姓。三是少数民族姓氏，彝族、傣族、哈尼族、蒙古族都有查姓。

查姓发源于春秋时的齐国（都城在今山东淄博）、鲁国（都城在今山东曲阜）。汉代查姓在今山东、山西、河南一带繁衍生息。魏晋南北朝时期，南迁至今江苏、江西、安徽等地。南宋时期为躲避战乱，查姓散居于今浙江、湖北、湖南、福建等地。明初，查姓作为山西洪洞大槐树迁民姓氏之一被分迁于今河南、山东、北京、天津等地。如今，查姓分布以安徽、江苏为多。

查姓历史人物有查文徽，南唐休宁人。侍后

主李煜，官至枢密副使。在讨伐建州王延政时立了大功，升迁为建州留侯。当时，吴越的军队占据了福州，查文徽带领他的军队攻克了福州。入城以后不幸陷于埋伏之中，被俘虏。后来被遣送回去，改任了工部尚书。查继佐，明清之际浙江海宁人，人称东山先生，擅长书画。明末举人，明亡后隐居不出，不再做官，着手编撰《明史》。查士标，清初画家。喜欢收藏商周青铜和宋、元书画，精于鉴别古董、字画。擅画山水，笔墨疏简，意境荒寂，与孙逸、汪之瑞、僧弘仁合称"海阳四家"。

查姓在《百家姓》中排在第三百九十七位。

Jīng
荆

荆姓的来源主要有两个。一是以国名为姓氏，出自芈姓。西周初年，楚国先君熊绎被封在荆山（今湖北西部），国号为荆，直到春秋初才改为楚国。楚文王以前的荆君有庶出子孙以国号为姓，是为荆姓。二是出自改姓。秦国楚姓避秦庄襄王嬴子楚之讳，改姓为原国名荆。

荆姓发源于今湖北，后迁徙至今广东、广西、贵州地区。望族居于广陵郡。如今荆姓在全国分布较广，尤以河南等地为多。

荆姓历史人物有荆轲，战国刺客。被燕太子丹尊为上卿，派往秦国刺杀秦王嬴政。太子丹在易水岸边为他饯行，高渐离击筑，荆轲和而歌道："风萧萧兮易水寒，壮士一去兮不复还！"他带着秦国逃亡将军樊於期的头和夹有匕首的燕国督亢地区地图，作为进献秦王的礼物。献图时，图穷而匕首见，刺秦王不中，荆轲被杀。荆浩，五代时后梁画家。擅长画山水，常摹写山中古松。所作云中山顶，雄伟磅礴，自称兼吴道子用笔和项容用墨之长。山水画中全景构图和水晕墨章的表现技法正是由他所开创，对中国山水画的发展产生过重要影响。其又工佛像，曾在汴京双林院画过壁画。

　　荆姓在《百家姓》中排在第三百九十九位。

游姓来源主要是以祖辈名字为姓氏，出自姬姓。春秋时期，周厉王姬胡的儿子姬友，被其兄周宣王姬静封于郑，建立郑国。春秋时期郑国国君郑穆公之子偃，字子游，他的孙子游皈以祖父之字命姓，后世子孙皆以游为姓氏。

游姓发祥地在今河南境内，唐代南迁至今江西、福建一带。其后有渡海赴台者，进而远迁东南亚、欧美地区。如今游姓在全国分布较广，尤以贵州、四川、湖北、台湾等省为多。

游姓历史人物有游吉，春秋郑国正卿，即太叔。相貌俊美而举止文雅，熟悉历史典故，继子产执政。游酢，北宋学者、哲学家。他拜理学大家程颐为师，刻苦读书，学识渊博，是"程门四大弟子"之一。元封年间中进士，再为太学博士。他与杨时初次拜见程颐时，程颐闭目而坐，二人站在门外而不肯离去，等程颐发觉时，门外已积雪三尺。"程门立雪"的典故即由此而来。游酢的主要成就还在学术方面，他所著的《易说》《中庸义》《论语孟子杂解》等书，尤受学者推崇。游寿，愤恨清廷腐败，立志革命，素为孙中山所赏识。宣统三年广州起义时，随黄兴攻两广督署牺牲，年仅17岁，葬于广州黄花岗，为七十二烈士之一。

　　游姓在《百家姓》中排在第四百零一位。

Zhú

竺

竺姓的来源主要有两个。一是以国名为氏，出自竹姓，后改为竺姓。夏、商、周三代有孤竹国，伯夷、叔齐之后以国名为姓，称竹氏。至汉代，有枞阳人竹晏，因避仇而改为竺姓，遂相沿至今。二是出自天竺。汉代西域天竺国（今印度）人，定居中国后有以国名为姓者，称竺姓。

竺姓主要来自古天竺国。竺姓望族居东海郡（今山东兖州东南），今宁波奉化多有竺姓人士居住，有后竺村等。

竺姓历史人物有竺法深，晋代僧人。俗姓王，琅琊郡（治所在今山东临沂北）人。18岁出家为僧，师从名僧刘元真，刻苦钻研般若学的佛学理论，在京城长安小有名声。他曾在24岁时，独自登坛讲解《正法华经》《大品般若经》，义理分明，前来听讲者达数百人之众。竺道生，南朝宋著名僧人，传说他曾经对石头讲授涅槃经，石头都为之点头。竺渊，明朝文士，宣德年间中进士。

正统中担任福建参议，朝廷命令他监守银坑。后盗贼四起，竺渊率众捕盗，反被盗贼所捕，因不屈被杀。竺可桢，浙江人，中国近代著名地理学家和气象学家。

竺姓在《百家姓》中排在第四百零二位。

盖姓的来源主要有两个。一是以邑名为姓氏，出自姜姓。春秋时期，齐国公族大夫王欢受封于盖邑（今山东沂水西北）。他的后代子孙遂以封邑名为氏，即为盖姓。二是源自改姓，北魏盖楼氏后改为盖姓。

盖氏望族出于渔阳、洛阳。盖氏家族最早发源于今山东沂水境内。盖姓望族居于安阳郡（河南泌阳西）。如今盖姓在全国分布较广，尤以辽宁、山东等省为多。

Gài
盖

盖姓历史人物有盖公，西汉人，精通黄老学说。曹参为齐相时，曾派人请他入朝，他对曹参说："治理国家，贵在清静，百姓自然会安定。"曹参照他的话去做，齐国果然大治。盖勋，东汉人，为人正义耿直，董卓作乱时，盖勋刚直不屈，绝不迎合。盖方泌，清朝人。以拔贡任陕西州判，后又担任商州知府。在任商州知府期间，时遇匪徒多次骚扰商州，盖方泌募兵出击，大败匪徒，群匪逃窜，从此不敢再入商州境，当地居民因此安居乐业。后官至台湾知府。他为官几十年，政绩卓著，所到之处都声望显著，史称"良吏"。

盖姓在《百家姓》中排在第四百零五位。

Huán

桓

　　桓姓的来源主要有两个。一是以谥号为姓氏。齐国国君死后，谥号为"桓"，其后人遂以谥号为姓氏。还有一说是宋国有一位叫卿的国君，死后谥号为"桓"，其后代也有以其谥号为姓者。二是源自改姓，北魏有乌丸氏（原为乌桓氏）改为桓氏。

　　桓姓早期主要在今河南、山东等地活动。汉唐之间主要在江淮地区发展繁衍，在今河南、安徽、江苏形成桓氏世家大族，以谯郡为郡望。东晋时期谯郡桓氏权倾一时。后来又扩散到今山东、湖南、江西等地。宋代以后，桓氏虽然分布较广，但人数却一直不多。

　　桓姓历史人物有桓谭，东汉学者，善属文，著有《新论》，《汉书·艺文志》有载。桓温，晋朝龙亢人。他把持朝政，权倾一时，废奕帝立简帝。他曾说过："既不能流芳百世，不足复遗臭万年邪。"曾经阴谋废晋自立，未遂。关于桓姓名人，还有这样一副对联："功高夹日，威著避骢。"上联指唐代人桓彦范，夹日，意为在太阳两旁，比喻辅佐天子。因他曾在唐中宗时任侍中，敢于直言进谏，封扶阳郡王，出任濠州刺史，后被权臣武三思陷害致死。下联指东汉人桓典，为顺帝时太傅桓焉的孙子，能传家学。他曾在灵帝时担任侍御史一职。当时宦官专权，权势炙手可热，但他从不依附宦官。建安年间官至御史中丞，封关内侯。

桓姓在《百家姓》中排在第四百零七位。

上官姓出自芈姓。春秋时，楚怀王有个小儿子叫子兰，一说其被封为上官大夫，后世子孙遂以官名为姓。一说上官是地名（今河南滑县东南一带），子兰被封于此，后世子孙遂以封地为姓，称为上官。

上官姓发源于今河南滑县东南。秦朝时，上官姓被迁往今甘肃天水并在此地形成郡望。唐代，

Shàngguān

上 官

上官姓出现于中原地区。唐末，上官姓始进入今福建地区。

上官姓历史人物有上官仪，陕州陕县（今河南三门峡陕县）人。贞观初中进士第，被授弘文馆直学士。擅作五言诗，格律工整，辞藻华丽，内容多为应制奉诏之作，形式比较单一。时人多仿效，世称"上官体"。曾参与编修《晋书》。唐太宗对他极为赏识，每有文章，先令上官仪阅读，

还经常和他一起吃饭。历太宗、高宗、武则天三朝，官至中书侍郎、同中书门下三品。后被武则天籍没其家。上官婉儿，上官仪的孙女。上官仪父子因反对武则天执政被杀，婉儿与母亲被掳入宫廷。上官婉儿从小聪慧有才，学习吏事，很受武则天喜欢，拜为婕妤（女官名），参与朝政。上官涣酉，宋宁宗嘉定元年（1208年）进士。为官清廉，家无余财。晚年退居京口时，有匪徒抢劫富贵人家，经过他的门前相互告诫说："这个官人不要钱，不得犯！"传为当时美谈。上官周，明代著名画家。善画山水，空濛迷离，墨晕可观。画人物神情潇洒、形神具备，于唐寅、仇英之外自成一家。

上官姓在《百家姓》中排在第四百一十一位。

歐陽 Ōuyáng
欧 阳

　　欧阳姓主要是以封地为姓氏。越国被楚灭亡之后，其后世孙被封于乌程欧阳亭，遂因以为姓。

　　欧阳姓发源于渤海郡（今河北沧县）。当今，欧阳姓主要分布在江西、湖北、广东、河南、四川、安徽、湖南、贵州、广西等地。

　　欧阳姓历史人物有欧阳询，唐代著名书法家，书法学二王，平顺中见险绝。因他曾做过太子率更令，故世称其书体为率更体。他的作品《九成宫醴泉铭》刻于九成宫。欧阳詹，唐代福建人。欧阳詹文章诗赋名噪一时，才高学博，对福建地区文教事业影响深远，被称为"闽学鼻祖"。他参加科举考试以优异成绩中进士第二名，与他同榜的还有韩愈等名士，时称"龙虎榜"。后欧阳詹担任国子监四门助教，因此被人们尊称为"欧阳四门先生"。欧阳修，北宋著名文学家、史学家，天圣年间进士，庆历年间任谏官，因支持范仲淹变法，要求改良政治，被贬到滁州。官至翰林学士、枢密副使、参知政事。他是北宋古文运动的领袖，其散文文理通达，抒情委婉，为"唐宋八大家"之一。诗歌风格与散文近似，语言流畅自然。词作婉丽柔美，继承南唐遗风。他是当时文坛领袖，曾巩、苏洵、苏轼等均出其门下。曾与宋祁合修《新唐书》，并编撰《新五代史》，有《欧阳文忠集》。欧阳予倩，名立袁。湖南浏阳人，戏剧艺术家、表演教育家。是中国戏剧运动的倡导者和话剧的开拓者之一。

　　欧阳姓在《百家姓》中排在第四百一十二位。

晋姓的来源主要有两个。一是以国名为姓。周武王封其子叔虞于唐地，世称为唐叔虞。位传至燮父时，因唐地有晋水，所以叔虞子就将地名改为晋，并建立晋国。春秋时，韩、赵、魏三家分晋。原晋国公族被废为庶人，子孙遂以原国名为姓，是为晋姓。二是源自春秋时楚国大夫晋陈之后裔。

Jin
晋

晋姓人家早期主要在今山西一带发展繁衍，明初，山西晋姓作为洪洞大槐树迁民姓氏之一，被分迁于今河北、河南、陕西、江苏、北京、天津等地。如今晋姓尤以河南为多。

晋姓历史人物有晋冯，东汉京兆人，明帝时为京兆祭酒，博雅有才学，曾被班固推荐给东平王刘苍做幕僚。晋应祖，宋代人，乐善好施。他任知州时，曾每月拿出公帑二十千来资助贫穷的读书人生活。晋鹭，宋朝官员，任房州州官时，时逢兵乱，民不聊生，他令军队开荒种田，并将收获的粮食全部分给百姓，同时免除百姓徭役。而且还召集铁、木匠，为百姓改良和修理农具。他还在当地修建学校，大力发展教育。所有举措深得民心，极受当地百姓爱戴。

晋姓在《百家姓》中排在第四百五十八位。

Chǔ
楚

楚姓的起源主要有两个。一是出自芈姓。周成王封颛顼帝高阳氏之裔鬻熊之曾孙熊绎于丹阳，国号荆，后迁都于郢，始改国号楚，后世子孙遂以国为氏。二是源自鲁大夫林楚。

楚姓最初发源于今湖北一带，后逐渐散布于今山东、河南、山西一带。如今楚姓尤以河南等省为多。

楚姓历史人物有楚昭辅，北宋将领。善理财，深得赵匡胤信任。曾向宾客炫耀家中御赐钱财，并表示"吾为国家守尔，后当献于上"，被罢相后，他将所赐钱财都用于购买田宅，时人多有讥讽。但他为将以才干著称，耿直忠介，绝不以公谋私。楚智，明初将领。洪武时从冯胜、蓝玉出塞有功，官至都指挥。燕王朱棣起兵，他与李景隆率兵拒敌，作战勇猛，战死于夹河。楚烟，明末官吏。官至户部主事，后辞官归乡。崇祯末年，清兵破城，他奋力抗拒，后被清兵所杀。有《紫芝堂集》。

楚姓在《百家姓》中排在第四百五十九位。

闫姓的来源主要有三个。一是相传仲弈被周武王封在闫乡，其后代子孙就用闫作为自己的姓氏，称闫氏。二是相传周昭王姬瑕的小儿子生下来时，手上有一个闫字，因此周康王封他于闫城，其子孙就以闫为姓，相沿至今。三是源自晋国后代。晋成公封自己的儿子懿于闫，晋朝灭亡以后，他的子孙有人就用闫作为自己的姓氏，因此也姓闫。闫、阎现多已混用。

閻

Yán

闫

闫姓最早在今山西、湖北等地发展。东汉时，闫姓进入今四川、陕西、甘肃。魏晋南北朝时，北方动荡不安，闫姓大举南迁，经过唐宋及明清两个重要时期的繁衍迁徙，闫姓落籍于江南许多地方，其中，江苏、浙江等地较为集中。清代以后，闫姓开始进入福建、广东和台

湾，后又有迁居海外者。闫姓是一个典型的北方姓氏，主要在北方发展繁衍。

闫姓历史人物有闫亨，西晋名士，为人刚正不阿，开朗而有才能。惠帝时曾任辽西太守，当时青州刺史苟晞治政暴虐，纵情享乐，闫亨上书揭发，并痛斥其罪行，最终为晞所害。

闫姓在《百家姓》中排在第四百六十位。

Yān
鄢

鄢氏的起源主要有两个。一是出自妘姓。相传帝颛顼玄孙陆终，生有六子，第四子名求言，周朝时封求言于鄢，建立鄢国，春秋时，鄢国被郑国灭掉，后世子孙就以原国名鄢命姓，遂成鄢姓。二是出自芈姓。鄢国被楚国吞并后，改设为县，楚国公族大夫被封于此，担任鄢县尹，他的子孙有以封邑为姓氏者，称鄢氏。

鄢姓发源于现在的河南鄢陵。在今辽宁新民、黑龙江齐齐哈尔、内蒙古牙克石、山东青岛，新疆喀什、库尔勒、阿克苏、伊犁、乌鲁木齐等地都有常住鄢姓居民。

鄢姓历史人物有鄢鼎臣，江西丰城人，字玉铉。明代举人。他忧国忧民，以天下为己任。丰城闹饥荒，他力请知县开仓赈灾。有兵事，捐资犒义勇，以加强守备。鄢正畿，字德都，明末福建永福人。明朝灭亡后，他悲痛欲绝，北向恸哭。后隐居深山，不参加清朝举行的科举考试，心系明朝，常写诗作文表明自己的心迹，自号亦必道人，后赋《绝命篇》，与御史林逢经俱投溪水自尽。

鄢姓在《百家姓》中排在第四百六十三位。

涂氏源于智氏，主要是以水为姓。战国时，晋国大乱，"三家灭智"，智伯被杀，殃及智氏族人，智家的土地财产被韩、赵、魏三家瓜分。智徐吾（六世祖，智申之弟），时任晋国涂水大夫，以封邑"涂"为氏，称涂姓，这支族人才得以保全，就是延续到现在的涂氏。

涂姓人家早期主要繁衍于淮河中、下游一带。目前涂姓尤以江西省最为集中。

涂姓历史人物有涂大经，宋代大臣，为宋高宗南渡后绍兴年间进士。生性慷慨，心慕古人高风亮节。他曾经上书请朝廷恢复元祐年间之政，被列为邪党，罢官归家。涂启先，清末维新派人士，湖南浏阳人。学者称"大围先生"。曾考取八旗官学汉教习，未赴任。乡试屡考不中，遂不再参加科举考试。光绪八年开始担任浏阳上东团总，在职十八年。他在团内建围山书院，教授生徒。教学提倡经世致用，中西文化兼取。为支持维新变法他兴办浏阳算学社，并主持创立县立小学堂。后因操劳过度病逝。

涂姓在《百家姓》中排在第四百六十四位。

Guī
归

　　归姓的来源主要有两个。一是源自黄帝之后。相传黄帝曾被封于归藏国，即天子位后，有一支子孙留在此国，遂以"归藏"国名为姓，后去掉"藏"字，成单字姓归。二源自是春秋时胡子国。胡子国国姓就是归姓，后来被楚国所灭，一些国人仍以国姓为姓，称归氏。

　　归姓早期主要活动于今安徽阜阳一带。宋代以后，在今河南、江苏一带也有归姓分布。

　　归姓历史人物有归有光，他是明中叶文学成就较高的散文作家。他的散文继承了司马迁和唐宋八大家散文的优秀传统，结构精巧曲折，语言言简意赅，真切感人，《项脊轩志》是他的名篇。有《震川先生集》。归昌世，归有光之孙。工古文诗词，善草书，工于篆刻。擅画山水画，气势苍浑，笔法峻奇，一洗明代中叶粗糙气息。与李流芳、王志坚合称"三才子"。著有自订诗十卷，杂文百篇。归庄，清初文学家，归有光曾孙。明末复社成员，曾参加过昆山抗清斗争。善书画，能诗文。其文集名为《万古愁》。

归姓在《百家姓》中排在第四百七十一位。

岳姓的来源主要有两个。一是以官职名称为姓，出自姜姓。上古时，有一种官叫"四岳"，专管祭祀三山五岳。因为古代人们认为山是神灵，所以"四岳"官是很重要的官职，岳姓人家就是四岳官的后代。二是少数民族姓，如满族、维吾尔族都有岳姓。

秦、汉以前，岳姓主要以山阳地区为繁衍中心。南宋时，岳姓或渡过长江南下，或西入甘肃，或迁至西南地区。明初，山西岳姓作为洪洞大槐树迁民姓氏之一，被分迁于今山东、河南、河北、江苏、陕西等地。明中叶以后，有一部分岳姓迁居台湾，后又有人远徙至东南亚地区。明末，岳姓进入云贵高原一带。清代以后，岳姓分布更为广泛，并有河南、山东、河北一带的岳姓闯关东进入东三省。如今岳姓在全国分布较广，尤以四川、河南等省为多。

岳姓历史人物有宋朝岳飞，著名军事家。从

Yuè
岳

小天资聪颖，喜读《左氏春秋》《孙吴兵法》，臂力过人。在宋金战争中岳飞战功卓著，威震敌胆。金兀术叹呼"撼山易，撼岳家军难!"后来被主和派奸臣秦桧陷害入狱，最后和子岳云、婿张宪一并遇害。今天的杭州西湖畔，还有人们为纪念岳飞而建立的岳王庙，寄托后人爱戴之情。

岳姓在《百家姓》中排在第四百七十五位。

Shāng
商

　　商姓的起源主要有四个。一是以国名为姓，出自子姓。传说帝尧继位后，封他的兄弟契于商邑，后建立商国，后来其子孙以国名为姓氏，称商姓。二是以地名为姓氏，源自黄帝后裔。黄帝的后裔被封于商，其后便以地名为姓氏。三是以祖名为姓氏，源于商代。商纣时有贤臣商容，其后代遂以祖父名为氏。四是以封邑名为氏，出自姬姓。战国时卫国孙鞅，投奔秦孝公，在秦国实行变法，后被封于商，故称商鞅，子孙遂以封地名为姓氏。

　　商姓发源地很多，在战国时期，商姓就已分布于今山东、河南、陕西一带。如今商姓尤以江苏、黑龙江、北京、山东、河南等省市为多。

　　商姓历史人物有商高，周代数学家，他编写了我国第一部数学著作《周髀算经》，对我国数学的发展有很大影响。商泽，春秋末年鲁国人，孔子弟子，为七十二贤人之一。唐开元二十七年封睢阳伯。宋大中祥符二年又封邹平侯。明嘉靖九年称"先贤"。商景兰，清初诗人。明吏部尚书商祚长女，能书善画，德才兼备，后嫁给祁彪佳为妻，伉俪情深，乡里有金童玉女之称。清兵攻下杭州后，祁彪佳投水自尽。景兰深明大义，挑起教子重任，常与子女在家中赋诗唱和，当时传为佳话。

　　商姓在《百家姓》中排在第四百八十七位。

　　牟姓的来源主要有三个。一是源于火神祝融之后。牟国为周时子国，相传为祝融之裔，春秋末灭国，其后人遂以国名为姓氏。二是以封地名为姓氏，东汉经学家牟长的祖先被封在牟，后人便以地名为姓氏。三是出自他族，今哈尼族、朝鲜族、土家族等少数民族中都有牟姓。

　　牟姓发祥于今山东，此后很长一段时间，一直以今山东为繁衍发展中心，并缓慢向周边迁徙。如今牟姓在全国分布较广，尤以四川、重庆、湖北、

Móu
牟

辽宁等省市为多。

　　牟姓历史人物有东汉著名经学家牟长，早年习欧阳《尚书》，不仕王莽。建武二年拜博士。出任河南太守，在任时教授生徒千余人，著有《尚书章句》。牟融，唐代诗人。隐居学道，终身未仕。诗歌创作有盛名，尤擅七律，诗风清丽娴雅，佳句颇多。牟谷，宋代著名画家，曾为宋太宗画像。还随使赴交阯（今越南），为安南王黎桓及大

臣画像，后升任翰林待诏。牟子才，宋代官吏、学者。进士出身，官至礼部尚书，曾参与国史编纂。著有《存斋集》。其子牟郧亦为学者，著有《陵阳集》，其孙牟应龙亦为学者，人称"祖孙三才人"。

牟姓在《百家姓》中排在第四百八十八位。

陽 Yáng

阳

　　阳姓的起源主要有四个。一是出自姬姓。周景王封少子于阳樊，其后代便以邑名为姓氏。二是出自姒姓。夏禹的后人有阳姓。三是出自春秋时鲁季孙氏家臣阳虎，因封邑在阳关而得阳姓。四是出自芈姓。春秋时楚穆王之子为王子扬，扬的孙子匄任楚平王时令尹，被封于阳，又称阳匄，其后代遂以地名为姓氏。

　　阳姓的发源地主要在今山东境内。如今，阳姓尤以湖南、广西、江西、四川等省区为多。

　　阳姓历史人物有阳货，春秋时鲁国大夫季平子的家臣。季氏几代把持鲁国朝政，而阳货又掌握着季氏的家政。季平子死后，阳货专权管理鲁国政事。后来他与公山弗扰共谋杀害季桓子，失败后逃往晋国。阳雍伯，一称羊公，汉代人。据说他曾经连续三年为行人免费提供食物。后来有一个受过他恩惠的人回赠给他一升菜子，并告诉他："种此生美玉，并得好妇。"他将菜子种下后果然长出美玉，他以之为聘礼迎娶北平徐氏女，后生子十人，皆俊朗有才，位至卿相。阳城，唐代人，曾任道州刺史。当时道州一带多矮人，地方官把矮人作为特产贡献给朝廷，专供取乐玩耍。阳城上疏历陈因贡矮奴给道州人民带来的无尽苦难，要求免除，获皇上同意。道州百姓感激不尽，奉阳城为福星，将他塑造成为天官模样以表达他们的崇敬之心。

阳姓在《百家姓》中排在第五百位。

佟姓的起源主要有两个。一是源于夏代。夏太史终古为人贤德，汤王召其入商，终古归商后，其子孙去绞丝旁（纟）改为冬姓，后又加"亻"旁为佟姓。二是出自辽东佟姓，以地名命姓。满族先世居满洲佟佳，后人便以地名为氏，称佟佳氏。

佟姓发源于辽东地区。因世居于此地，故而在辽东地区形成望族。如今，佟姓以辽宁等省为多。

Tóng
佟

佟姓历史人物有南北朝时辽东人佟方，博览多学问，以文章著名。清代著名将领佟国纲，清代满洲镶黄旗人，在康熙征讨准噶尔部的战争中作战勇猛，奋不顾身，后沙场殉国。康熙闻讯非常悲痛，亲自为他书写祭文，称佟国纲"忠勇兼而有之！"不愧满洲世家，追赠太傅。佟世南，清朝人。康熙年间任临贺知县，善填词，长于小令。他的词作格调清丽，修辞婉丽，意境幽美，委婉含蓄，词风与纳兰性德相近。著有

《东白堂词》《鲊话》《附耳书》等。

佟姓在《百家姓》中排在第五百零一位。

云 Yún

　　云姓的来源主要有两个。一是以国名为氏，祝融之后封于郧国（今湖北安陆，一说湖北郧县），后国灭，子孙以国为氏，后简去邑旁成为云氏。二是少数民族改姓。

　　明初山西洪洞大槐树移民之云姓分迁于今鲁、皖、豫、冀、东北等地。

　　云姓历史人物有云景龙，宋朝官员，任慈州知府时，名望很高，离任时百姓流泪夹道相送。

　　云姓在《百家姓》中排在第四十一位。

昌 Chāng

　　昌姓的来源主要有两个。一是以祖辈名字为姓氏，黄帝子昌意的后代。二是源于妊姓，昌氏是妊氏后代。

　　昌姓后来多居于河南，并且在汝南郡、东海郡发展，逐渐形成望族。当今全国多省都有分布。

　　昌姓历史人物有昌应会，明朝官员，曾官汉川知县。任职期间，轻徭役，治水患，除盗贼，深受百姓拥戴，百姓立生祠来纪念他。

昌姓在《百家姓》中排在第五十一位。

Fēng
酆

酆姓主要是以国名为姓，源于姬姓。武王克商，封己弟于酆邑（今湖南永兴北），世称酆侯，其后人以原封国名为姓。

酆姓较为少见，后在京兆郡发展成望族，世称京兆望。

酆姓历史人物有酆谋，太平天国举人。因善于诗，后人称为"天朝诗人"。

酆姓在《百家姓》中排在第六十一位。

Píng
平

平姓的来源主要有两个。一是以采邑为姓氏，战国时韩国君将少子封于平邑（今山西临汾一带），其后以平为氏。二是以祖辈名字为姓氏，齐国晏平仲后代以父名为姓。

平姓后来在河内郡发展成望族。

平姓历史人物有平当，西汉丞相。因明经升博士，常以经术言灾异得失。后升御史大夫至丞相。

平姓在《百家姓》中排在第九十五位。

湛 Zhàn

湛姓的来源主要有两个。一是以地名为姓氏。春秋时居于湛（今河南宝丰一带）的人，以地名为姓。二是源于妣姓。夏同姓诸侯斟灌氏，后族人把斟灌二字各取一半，合成湛姓。

湛姓历史人物有湛贲，唐诗人。湛贲与彭伉为连襟，彭伉中进士，设宴庆贺，湛贲被冷落，从此以后发愤读书，后中进士。当时彭伉正骑驴郊游，听到湛贲中第的消息，失声掉下。"湛贲及第，彭伉落驴"遂成典故。

湛姓在《百家姓》中排在第一百零三位。

禹 Yǔ

禹姓的来源主要有两个。一是以祖辈名字为姓氏，源自大禹。二是以国为姓，源自妣姓。春秋时有妣姓诸侯国鄅国，其后代子孙以国为姓，后去邑旁为禹，表示亡国，称禹氏。

现全国大部分地区都有禹姓人分布。

禹姓历史人物有禹之鼎，清画家。尤其擅长画肖像。有《骑牛南还图》《放鹇图》等作品传世。

禹姓在《百家姓》中排在第一百零七位。

Bèi
贝

贝姓的来源主要有两个。一是以地名为姓氏。古代有世居贝丘（今山东博兴东南）者，以地名命姓。二是以国名为姓氏，出自姬姓。周有邶国，为宗室子孙采邑，后代子孙去邑旁为贝氏。

贝姓历史人物有贝义渊，南朝梁书法家。其书法舒和雍容，结构峻密。贝琼，明朝天文学家，为明初三大儒官之一。

贝姓在《百家姓》中排在第一百一十位。

Má
麻

麻姓的来源主要有两个。一是麻婴之后。春秋时齐国有个大夫叫麻婴，其后代子孙以他名字中的麻字命姓，称麻姓。二是以采邑为姓氏。周代时，楚国有熊姓大夫食采于麻（今湖北省麻城），其后代子孙以封邑命姓，称麻姓。

麻姓历史人物有麻秋，后赵太原胡人，官征东将军，筑城驻军，人称麻城，相传性暴戾残忍，连小孩都怕他。麻九筹，宋朝人，有神童之称。他勤奋好学，博通五经，尤精《春秋》，所作之文章精密奇健，诗词工致豪壮。

麻姓在《百家姓》中排在第一百三十五位。

Wēi
危

危姓的来源主要有两个。一是以地名为姓氏，舜将三苗族人迁徙到三危山（甘肃省敦煌东）一带居住，后裔遂以地名为姓。二是出自黄氏改姓。明初文学家危素之祖本姓黄，他改姓危后，其后人亦称危氏。

危姓开始主要聚居于江西一地，今全国各地均有危姓分布。

危姓历史人物有危稹，南宋官吏，善写诗文，深得洪迈、杨万里赏识。

危姓在《百家姓》中排在第一百四十位。

Zhī

支

支姓的来源主要有三个。一是传说尧舜时有个叫支父的人，其后代子孙以支为姓。二是源于姬姓，周代王族之后。三是古代西域部族月支人的后代。

现在支氏主要居住在河北省。

支姓历史人物有支遁，东晋佛教学者。本姓关，25岁出家，与谢安、王羲之等交往较密，好谈玄理，宣扬"即色本空"思想。

支姓在《百家姓》中排在第一百六十三位。

Zǎn

昝

昝姓的来源主要有三个。一是由咎姓变化而来。咎有灾祸意，不吉利，于是有人在咎字的口中加一横，成为昝姓。二是以部落名为姓，源于四川蜀人。三系改姓。

昝姓历史人物有昝殷，唐代妇产科医学家，精通医学原理，尤其擅长妇科，撰《产宝》一书，是中国现存最早的产科专著。

昝姓在《百家姓》中排在第一百六十五位。

Jīng 经

经姓的来源主要有两个。一是为春秋时魏国经侯后代。二是以字为姓氏。东汉时，光武帝族父，字经孙，其后人便以经孙作为他们的复姓，后来演变简化为经姓。

今全国多地均有经氏族人分布。

经姓历史人物有经亨颐，近代教育家、书画家。"五四"运动时期，鼓励支持爱国民主斗争，倡导新文化运动，大胆改革教育。著有《经颐渊金石诗书画合集》等。

经姓在《百家姓》中排在第一百六十九位。

Qiú 裘

裘姓的来源主要有三个。一是以官名为姓氏。相传周朝有官名为裘官，负责制皮，后代以官名为姓氏。二是本仇氏，为避难改为裘氏。三是以采邑为姓氏。春秋时卫国有大夫被分封在裘邑，其后人用裘为姓。

裴氏是较常见姓氏，当今尤以浙江、江苏为多。

裴姓历史人物有裴万顷，宋朝著名诗人，为人正直，淡于名利。其诗清婉有情致。

裴在《百家姓》中排在第一百七十一位。

Xuān
宣

宣氏以谥号为姓氏。一是源于姬姓，周君王姬静死后谥号为"宣"。二是源于子姓，春秋时宋国国君死后谥号为"宣"。三是春秋时鲁国大夫叔孙侨如死后谥号也为"宣"，后世子孙中有人以其谥号为姓。

宣姓历史人物有宣鼎，晚清著名小说家、戏剧家、诗人、画家。史书称他"工诗文书画"。

宣姓在《百家姓》中排在第一百七十八位。

Bēn
贲

贲姓主要是以祖辈名字为姓氏。春秋时鲁国有县贲父，其后代取贲字作为姓，成贲氏。

当代贲氏主要在安徽、湖北、辽宁、广西、

甘肃等地有少量分布。

贲姓历史人物有贲赫，汉代著名将军。当年揭发英布反叛，被灭族，汉高祖就以贲赫为将军，率兵讨伐英布叛军。

贲姓在《百家姓》中排在第一百七十九位。

Zhū 诸

诸姓的来源主要有两个。一是以祖辈名字为姓。刘邦封故粤王无诸为闽越王，后代以他的名字作为姓氏。二是以采邑为姓氏。春秋时期鲁国有诸邑，大夫食采于此者，后代以封邑为姓。

诸姓早期活动于东部沿海，今尤以浙江、山东为多。

诸姓历史人物有诸燮，明朝官员。曾守山海关，一生忠贞为国。也精通理学。

诸姓在《百家姓》中排在第一百八十六位。

Niǔ 钮

钮姓以职业为氏。春秋时吴国有钮宣义，其先祖为专职从事钮柄制作的"百工"之长，故后人以职业为姓。

钮姓发源于今江浙一带。今尤以江浙及华北地区为多。

钮姓历史人物有钮纬，明代藏书家。先在朝为官，后解甲归里后修建藏书楼，名曰"世学楼"，对后人影响深远。

钮姓在《百家姓》中排在第一百九十一位。

Huá
滑

滑姓出自姬姓，周天子将一个同姓王族分封到滑（今河南睢县西北）做伯，世称滑伯。后国灭，后人以国名为姓。

滑姓历史人物有滑寿，元朝著名医学家。聪明好学，善诗文，通经史，后学医，著有《十四经发挥》等书，对中、日的针灸发展影响很大。

滑姓在《百家姓》中排在第一百九十六位。

Róng
荣

荣姓的来源，主要有三个。一是周成王有个卿士受封于荣邑（今河南巩义一带），称为荣伯，他的子孙便以邑为姓。二是相传黄帝曾命音乐家荣援铸造12口铜钟，以和五音，荣援就是荣姓的始祖。三是其他姓氏改姓。

荣姓历史人物有荣启期，春秋隐士。据说与孔子言得三乐：为人、为男子、行年九十，后成为知足自乐的典范。

荣姓在《百家姓》中排在第一百九十九位。

羊 Yáng

羊姓的来源主要有两个。一是以官为氏，出自周官羊人之后，其子孙以官职为姓。二是出自羊舌氏，为春秋时晋国大夫祁盈之后，始封于羊舌（今山西洪洞、沁县一带），其后人去舌为羊氏。

羊姓历史人物有羊祜，西晋人，督荆州，得民望，为平吴立下功勋。羊祜病逝，远近百姓皆痛哭。

羊姓在《百家姓》中排在第二百零二位。

Yū
於

於姓的来源主要有两个。一是以祖辈名字为姓，据说黄帝有臣子名於则，发明了用麻编织的鞋子——履，结束了古人光脚的历史，被封于内乡，其子孙后代以於为姓，通常认为，於则是於姓的始祖。二是以封地为姓，相传黄帝裔孙被封于商於（今河南淅川西南），其后以封地为姓，遂为於氏。

於姓历史人物有於仲完。明洪武中因聪明正直被荐举，任永新知县。南乡民龙仁和起事，千户欲屠杀南乡民众，被其制止。后乡人生子多以"仲完"为名，以志其德。

於姓在《百家姓》中排在第二百零三位。

Huì
惠

惠姓的来源主要有两个。一是周惠王死后谥号为"惠"，其后代子孙以祖上谥号为姓，称为惠姓。周惠王为惠姓的得姓始祖。二是以祖辈名字为姓，据说颛顼之孙叫吴回，吴回有个儿子叫陆终，陆终的第二子叫惠连，其子孙以祖上名字

"惠"命姓。

惠氏早期主要在今陕西、河南等地生活。

惠姓历史人物有惠施，战国时著名哲学家，为庄子的好朋友。主张"合同异"说，认为一切差别、对立都是相对的。著有《惠子》一篇。

惠姓在《百家姓》中排在第二百零四位。

家 Jiā

家姓的来源主要有四个。一是周幽王时有家父，后世子孙取家字为姓。二是春秋时鲁庄公之孙字子家，子孙取祖字为姓。三是出自复姓家仆氏，春秋时晋国有大夫家仆徒，为家仆复姓之始，后改为单姓家。四是宋时蜀之眉州多家姓，为望族。

历史人物有家定国，宋文学家，长于诗文，曾与苏轼、苏辙唱和。

家姓在《百家姓》中排在第二百零七位。

Ruì
芮

芮姓来源于商王朝时期芮荔国（今陕西大荔朝邑城一带），其后人以国名为氏。

今全国各地都有芮姓人家。

芮姓历史人物有芮良夫，周厉王时人，为士卿，厉王昏庸无道，宠信奸臣，芮良夫作《桑柔》诗以讽。

芮姓在《百家姓》中排在第二百零九位。

Yì
羿

羿姓的来源主要有两个。一是后羿。夏代有穷国的著名射手，其后人以他的名字为姓，称为羿氏。二是蒙古族有羿姓。

羿氏族人在历史文献中记载甚少。

羿姓历史人物有后羿，羿姓的始祖，曾是夏朝的一任君王，箭法精湛，臂力如神。神话传说尧时十日并出，百姓生活十分艰辛，尧派羿射掉九日。

羿姓在《百家姓》中排在第二百一十位。

Jí
汲

汲姓的来源主要有两个。一是周文王之后康叔被封于卫，其后代有卫宣公，太子居于汲（今河南卫辉），称太子汲，其后代子孙遂姓汲氏。二是春秋时齐宣公的子孙中有受封于汲的，后世子孙称汲氏。

汲氏如今在山东、安徽、河北、北京及黑龙江等省市有少量分布。

历史人物有汲黯，西汉大臣，好游侠，尚气节，为官清廉，办事为民，被称为社稷臣。

汲姓在《百家姓》中排在第二百一十三位。

Bǐng
邴

邴姓的来源主要有两个。一是春秋时晋国大夫邴豫的封地在邴，其后用祖先封地"邴"为姓，后有省文去掉邑字旁的，以"丙"为姓。二是以地名为姓，邴是春秋时祭祀泰山的一个城邑，居者以地为姓。

历史人物有邴吉，汉丞相。虽为高官，但包容性强。据说为邴吉驾车的仆吏嗜酒，有一次随邴吉出门，醉呕车上，弄脏了车子，主管官吏斥责并要辞退他，而邴吉为之掩过扬善。后世遂用"邴车"美称官吏所乘之车。

邴姓在《百家姓》中排在第二百一十四位。

Sōng 松

松姓起源比较有趣。秦始皇统一天下后，曾到泰山祭祀，在立石、封祠祀后下山途中，突遇大雨，而山上无处躲雨，于是秦始皇就立于松下躲雨。不久风息雨停，秦始皇认为这棵大树护驾有功，当场赏封该树为"五大夫"。此后当地就有人以"五大夫"——"松"为姓氏。

松姓在《百家姓》中排在第二百一十六位。

Fù 富

富姓的来源主要有两个。一是春秋时鲁国大夫富父的后代。二是周襄王时大夫富辰的后代。

富氏发祥于今山东中西部，当今在全国多地都有富姓人。

富姓历史人物如富嘉谟，唐代人。善写文章，文章典雅厚实，预修《三教珠英》。与吴少微交往友善，皆以文知名，时人称为"吴富体"。

富姓在《百家姓》中排在第二百一十九位。

Wū
乌

乌姓的来源主要是以官名为姓氏，出于姬姓。少昊以鸟名任命职官，有乌鸟一职，其后人便去鸟字姓乌，称乌氏，是乌姓的最早起源。

乌氏最早繁衍发展于今天山东、江苏沿海一带。

历史人物有乌获，战国时秦国勇士，据说他力大无穷，能举起千钧重物，时秦武王也是大力士，甚是宠用乌获。

乌姓在《百家姓》中排在第二百二十一位。

Bā
巴

巴姓的来源主要有两个。一是以国名为姓氏。周朝有巴国，其地相当于现在的重庆，后并于秦，巴国国君的后代，就用原来的国名"巴"为姓。

二是我国西南少数民族姓氏。

巴姓历史人物有巴曼子，战国时巴国人。据说巴国国内发生叛乱，曼子向楚求救，许以三城酬。平乱后，楚前去接收三城，曼子说："吾将头往谢之。"于是自刎。

巴姓在《百家姓》中排在第二百二十三位。

弓 Gōng

弓姓的来源是以官职为姓氏。相传黄帝子挥因制造弧弓（即弓箭），被封于张，其后遂为弓氏和张氏，其子孙后代也以弓为姓。

弓姓历史人物有弓林，两汉之际人。建武元年，他在临泾（今甘肃泾川）与平陵人方望将被废为安定公的孺子刘婴立为天子，弓林为大司马，后被刘更始攻灭。

弓姓在《百家姓》中排在第二百二十四位。

牧 Mù

牧姓的来源主要有两个。一是以祖辈名字为姓氏。据说黄帝用力牧为相，天下大治，力牧后代于是以他的名字为姓。二是以职业为姓。春秋时卫国君主后人有以牧业为生的，遂以牧为姓。

牧姓属于罕见姓氏。

牧姓历史人物有牧皮，春秋时鲁国人，事孔子，以狂妄著称。

牧姓在《百家姓》中排在第二百二十五位。

 隗 Kuí

隗姓的来源主要有两个。一是汤灭夏后，封夏朝王族的后代到隗邑作首领，建大隗国（今湖北秭归东南一带），后被灭。其子孙以原国名为氏。二是淑隗和季隗之后。春秋时，狄人讨伐廧咎如时，俘获两个女子淑隗和季隗，她们的后代以隗为氏，称隗氏。

隗姓今尤以北京、河北为多。

隗姓历史人物有隗嚣，东汉人。王莽末为当地豪强拥立起兵，初附刘玄，自称西州上将军，后归光武帝。又叛，屡为汉军所败，忧愤死。

隗姓在《百家姓》中排在第二百二十六位。

Shān
山

　　山姓的来源主要有两个。一是以官为姓氏。周代有山务之官，掌管山林，后代以官为氏。二是为烈山（又作列山）氏之后。据说炎帝出生于烈山，故号烈山氏，他的后代有的就用"山"作为姓氏。

　　山姓历史人物有山涛，字巨源，为魏晋名士，"竹林七贤"之一。将离职，欲召嵇康自代，嵇康写了著名的《与山巨源绝交书》。

　　山姓在《百家姓》中排在第二百二十七位。

Fú
宓

　　宓姓出自上古伏羲氏。在古代，因宓（古音读fú，今多读mì）字和伏字通用，伏姓也叫宓姓，其后子孙称宓姓。伏羲，古时候又作宓羲，汉代人伏生，也叫做宓生。

　　宓姓人口稀少。

　　宓姓历史人物有宓妃，上古时期伏羲的女儿，溺死于洛水，相传为洛水之神。

宓姓在《百家姓》中排在第二百三十一位。

蓬姓的来源主要有两个。一是周天子封支子于蓬州（约今四川蓬安一带），后人遂以国为氏。二是春秋时晋有蓬球，生于长满蓬草的丛林地带，故指草为氏，称蓬姓。

蓬姓历史人物有蓬萌，后汉时北海人，闻王莽杀其亲生儿子，谓友人曰："三纲绝矣！不去，祸将及人。"即解冠挂东都城门而去，后来挂冠、蓬萌冠等成为辞官或归隐的代名词。

蓬姓在《百家姓》中排在第二百三十二位。

郗姓主要出自姬姓，为黄帝后裔，以邑名为氏。

郗姓历史人物有郗鉴，两晋时人，少时家境贫困，但他仍勤奋好学，博览经籍，躬耕陇亩，吟咏不倦，以儒雅著名。时逢饥荒，州人资助，郗鉴即分赠乡亲孤老，救济很多人。

郗姓在《百家姓》中排在第二百三十四位。

班 Bān
班

班姓出自芈姓。一是秦灭楚，楚令尹斗班的后代居于晋、代之间，取班姓。二是据说若敖孙子文出生后，被遗于野，为虎所乳，据说长大后身有虎斑纹，后代就用"斑"为姓氏。"斑"和"班"通，后改成"班"。

班姓历史人物有班固，著名历史学家、文学家，承父志续写《汉书》。

班姓在《百家姓》中排在第二百三十五位。

仰 Yǎng
仰

仰姓的来源主要有两个。一是出自上古虞舜时的大臣仰延之后。二为秦惠王之子公子卬之后。卬，为仰字的右半部，其支庶子孙以祖字为姓，加一人旁，遂成仰姓。

仰姓以江浙一带为主要分布区。

仰姓历史人物有仰忻，宋代孝子，温州永嘉（今属浙江）人。相传其母过世，他亲自背土垒坟，并在旁建屋守墓。

仰姓在《百家姓》中排在第二百三十六位。

Qiū
秋

秋姓的来源主要有两个。一是鲁国大夫仲孙湫，有裔孙胡，世称湫胡，其支庶子孙以祖父之字去水为姓氏。二是西周时置司寇，时称秋官，后代以官为姓。

秋姓历史人物有秋胡，春秋时鲁人。历史上流传着"秋胡戏妻"的故事，说秋胡娶妻五日后外出做官，五年后归来，早已忘记家妻的模样，于家门前调戏一位采桑妇人，到家，发现所调戏者正是自己的妻子。其妻斥责秋胡一番后投河而死。

秋姓在《百家姓》中排在第二百三十七位。

Yī
伊

伊姓的来源主要有两个。一是伊尹之后。二是为少数民族改姓而来。

伊姓今尤以河北为多。

伊姓历史人物有伊尹，商朝大臣，伊姓始祖。曾辅佐商汤灭夏，综理国事，是上古时期有名的贤相。

伊姓在《百家姓》中排在第二百三十九位。

Bào
暴

暴姓为以国为姓。东周时，有王族大夫辛被封在暴邑（今河南郑州北），其国民以国为姓。

古代时候暴氏望族多出自河东郡。

暴姓历史人物有暴胜之，西汉御史大夫。抵制盗贼有方，威震州郡，荐人从不疑人，有知人之誉。

暴姓在《百家姓》中排在第二百四十四位。

Tǒu
钭

钭姓的来源出自姜姓。相传战国时期，田氏代齐，原齐国国君康公被放逐到海上，生活十分艰苦，居洞穴，食野菜，以酒器钭作釜锅，用以烹煮食物，其支庶子孙后来便以酒器钭为姓，称为钭氏。

斜姓历史人物有斜滔，宋代官员，为官期间有德政，乡里人称他为"白眉"（意指兄弟辈中的优秀杰出者）。

斜姓在《百家姓》中排在第二百四十六位。

Lì
厉

厉姓的来源主要有两个。一是以谥号为姓氏，齐国君主姜无忌去世，谥号为"厉"，子孙遂以谥号为姓。二是以国名为姓氏。周有诸侯国厉国（在湖北省随县西北厉山），后代子孙以原国名为姓。

厉姓历史人物有厉鹗，清代文学家。其诗清淡娴雅，长于五言，其作品多为游览名山大川之作。

厉姓在《百家姓》中排在第二百四十七位。

Róng
戎

戎姓源于子姓。周成王平定武庚叛乱后，把商的旧都周围地区分封给纣王的庶兄微子启，其后世子孙改"子"为"戎"，以戎为姓。

戎姓早期主要在今河南、山东、河北一带活动。

戎姓历史人物有戎昱，唐诗人，其诗描写多样，语言清婉，颇为感人。题材上多写边塞戎旅和秋思送别。

戎姓在《百家姓》中排第二百四十八位。

Shù

束

束姓来源于妫姓。汉时有疏广，宣帝时任太子太傅，东海兰陵（今山东枣庄东南）人。到了疏广曾孙孟达时，避王莽之难，自东海迁居沙鹿山（在今河北大名境内）。遂改为束氏。

束姓历史人物有束皙，西晋文学家、文献学家。一生好学不倦，他人莫及之。

束姓在《百家姓》中排在第二百五十五位。

Xìng

幸

幸姓源于因受到国君的宠幸而以为姓氏，其起源及具体情况已无从考证。

幸姓历史人物有幸南容，唐学者。对文学、

史学、哲学都有研究，柳宗元有《送幸南容归使联句诗序》。幸元龙，南宋大臣。为人正直，力主收复中原；揭露时弊，均能切中时事。著有《松垣文集》。

幸姓在《百家姓》中排在第二百五十八位。

Sháo
韶

韶姓的来源主要有两个。一是以州名为姓氏，韶州，隋代设置，在今广东韶关市曲江区，为我国韶氏的发源地。二是以乐曲名为姓。传说上古舜乐官作了一首名叫《韶》的曲子，孔子闻《韶》乐，"三月不知肉味"，后乐官子孙以祖上所作曲名为姓。

如今，韶氏只在个别地方有少量分布。

韶姓历史人物有韶护，明官员。洪武年间为官，为官期间勤政，事无凝滞。

韶姓在《百家姓》中排在第二百六十位。

Jì
蓟

蓟姓的来源是以封地为姓。周武王立国，封

黄帝之后于蓟（今北京西南），后国灭，原蓟国君主族人便以封地为姓。

蓟姓历史人物有蓟子训，汉代建安年间术士，当时京城人对其道术深信不疑，常与官员及社会名流交往，与之交往者引以为荣。

蓟姓在《百家姓》中排在第二百六十三位。

Yìn
印

印姓的来源为以祖辈名字为姓氏。郑穆公子睔（gǔn），字子印，其子孙在郑国为卿大夫，以祖字为姓，为印氏。

源自郑国公族的印姓，在今陕西的大荔一带繁衍生息，并向全国各地播迁。

印姓历史人物有印光任，清大臣，曾首任澳门同知。任职期间加强了澳门葡萄牙人的管理。后与人合作，著成《澳门纪略》，为第一部有关澳门的专著。

印姓在《百家姓》中排在第二百六十五位。

怀姓来源主要有三个。一是战国时楚国的一个姓。怀姓为楚国五大族之一。刘邦建立汉朝后，曾下令把楚国昭、屈、景、怀、田五姓公族迁于关中。二是源于子姓，春秋时宋国始祖微子启的后人，以怀为氏。三是传说中远古时期无怀氏之后。

怀姓历史人物有怀素，僧人，唐朝著名书法家。自幼出家为僧，擅长草书，好饮酒，每至酒酣兴发必挥毫狂书，笔走龙蛇，人称醉僧。他与当时草书大家张旭合称颠张狂素。今有墨迹《自叙帖》《论书帖》《苦笋帖》等传世。

怀姓在《百家姓》中排在第二百六十八位。

从姓的来源主要有两个。一是为改姓。东周平王封少子精英于枞国，在今安徽桐城东南，称枞侯。其后代就以枞为氏。汉以后，去木旁为从氏。二是源自汉代将军从公，其后人以祖字为姓氏。

从姓较为少见。历史人物有从谂，唐代高僧，居赵州观音院。一生精心玄悟，谥真际禅师，世号赵州古佛。

从姓在《百家姓》中排在第二百七十一位。

鄂姓的来源主要有四个。一是以邑名为姓氏。春秋时，晋袁侯光曾封于鄂邑（今山西乡宁南），其支庶子孙以其原封地鄂邑为姓。二是以祖辈封号为姓氏，春秋时期晋国大夫顷父之子嘉父叛晋，奔至鄂，称鄂侯，其后遂以鄂为姓。三是以封地为姓氏，楚君熊渠封次子挚红于鄂国（今湖北鄂州），称鄂王。其后代子孙遂以鄂为姓。四是源自岳飞，岳飞被封为岳鄂王，被害后，其子岳震、岳霆避难逃亡江南，不敢以岳为姓，子孙散居各地，在黄梅县（湖北）住的一支便以封号鄂为姓，称为鄂姓。

鄂姓历史人物有鄂千秋，西汉人。汉高祖即位时，论功行封时，位次未决。鄂千秋进言说，萧何留守关中，给食不乏，为万世之功，当为第一。汉高祖接受了这个意见。

鄂姓在《百家姓》中排在第二百七十二位。

Suǒ
索

索姓来源于商朝。王公贵族有七支，形成七姓公族，索姓为其中一支。

索姓最早的活动地在今山东、河南一带。

索姓历史人物有索元礼，唐朝酷吏。武则天当朝期间，废除异己，索元礼承旨上书告密，被陷害致死者多达数千人。

索姓在《百家姓》中排在第二百七十三位。

Xián
咸

咸姓的来源主要有两个。一是商代有贤臣名咸，以卜祝巫事为职业，其后人以祖先名字为姓。二是春秋时，晋献公王妃骊姬发难，欲立奚齐为嗣，奚齐后被废除晋国公族，称为咸氏。

咸姓是我国最古老的姓氏之一，早期活动于今山东、河南一带。

咸姓历史人物有咸宣，西汉大臣。屡治大狱，常枉杀无辜，号称"敢决疑"。

咸姓在《百家姓》中排在第二百七十四位。

Jí
籍

籍姓的来源主要有两个。一是春秋晋国大夫荀林父的一孙子负责管理晋国典籍，其后代中有用籍作为姓氏者。二是春秋卫国有籍圃，齐国有籍丘，居住地人有以籍为氏者。

籍姓历史人物有籍谈，春秋时晋国大夫。相传一次出使东周，周王问籍谈晋国准备贡什么东西，籍答说晋国从未受过王室赏赐，何来贡物？周王列举王室赐晋国器物的旧典，责问籍谈怎么能"数典而忘其祖"。这是"数典忘祖"典故的由来。

籍姓在《百家姓》中排在第二百七十五位。

Yù
鬱

鬱姓的来源主要有两个。一是鬱林氏所改。楚伐鬱林，迁其民于郓，为鬱氏。二是以祖名为姓。据说上古时，有一位叫鬱华的人，学识渊博，大禹称他为师，向他学能耐，这位鬱华就是鬱氏的先祖。据说他修炼成了仙人，其后世子孙以其名字为姓氏，称鬱氏。鬱，因为笔画太多，后来多写成"郁"。

鬱姓在《百家姓》中排在第二百八十四位。

Nài
能

能姓出自春秋时期的熊姓。熊挚，本该被立为楚国的君主，但由于残疾，不能立为王，于是就把他封于夔（今湖北秭归东），后楚国以夔国不祭祀祖先为由，灭掉了夔国。后人为避免株连，就去掉熊下四点，改为能姓。

能姓历史人物有能自宣，宋朝人。相传其医术高超，当时人称他为"国手"。

能姓在《百家姓》中排在第二百八十六位。

Shuāng
双

双姓的来源是以封地为姓氏。夏朝时，颛顼之后受封于双蒙城，其后代有以双姓为姓者。

双姓起初主要在今甘肃天水一带。

双姓历史人物有双渐，宋朝官员，曾跟从朱

熹学习。博学能文，为政期间，对百姓很宽松和气，深受吏民爱戴。

双姓在《百家姓》中排在第二百八十八位。

莘姓的来源主要有两个。一是据说祝融之后分为八姓，莘为其中之一。二是古有莘国，商汤就娶了有莘氏的女儿，其后代就以莘为姓氏。

今山东、四川、安徽、浙江是莘氏族人主要的分布区域。

莘姓历史人物有莘野，明人。任枣强知县期间，他体贴百姓，为民做主，深得百姓爱戴，被称为"贤县令"。

莘姓在《百家姓》中排在第二百九十位。

贡姓来源于端木赐。子贡，孔子弟子，本名端木赐，字子贡，春秋时卫国人，他曾经担任过鲁国的宰相，善于辞令，精明能干。其家族昌盛，他的后世子孙中有一部分人为了避祸，就以祖上的字"贡"作为自己的姓氏。

　　贡姓历史人物有贡禹，西汉大臣、博士，官至御史大夫。曾上书抨击朝政，建议减轻徭役。汉元帝听从他的建议，采取措施赈济贫民。

　　贡姓在《百家姓》中排在第二百九十四位。

Láo
劳

　　劳姓起源于汉朝，以山名为姓氏，居住在山东青岛东边海面上崂山的当地人，因以为姓（崂山古称劳山）。

　　劳姓历史人物有劳钺，明代进士。历任江浦、临江、山阳三县，任职期间政绩很好，深得百姓的拥护。

　　劳姓在《百家姓》中排在第二百九十五位。

Páng
逄

　　逄姓的来源主要有两个。一是炎帝子商初受封于逄，后人以原国名为姓氏。二是据说夏朝有弓箭手叫逄蒙，曾拜后羿为师，其后代也随着他姓逄。

逢姓历史人物有逢同，周代越国人。越王勾践想报亡国之仇，采用逢同建议，臣服吴国，结交邻国，利用吴国的骄横麻痹，卧薪尝胆，最终，灭亡了吴国。

逢姓在《百家姓》中排在第二百九十六位。

Fú
扶

扶姓的来源主要有三个。一是为复姓乞扶氏所改。二是夏禹臣扶登氏的后代。三是汉代廷尉扶嘉的后代。扶嘉本姓巫，因其扶持汉室有功，汉高祖刘邦赐给他名字叫扶嘉。

扶氏发祥之地在今河南。

扶姓历史人物有扶少明，汉代学者，著有《道德经谱》三卷。

扶姓在《百家姓》中排在第二百九十九位。

Dǔ
堵

堵姓来源于封地。春秋时期郑国有大夫洩寇，被封于堵邑，今河南方城一带，后代子孙就以封邑名"堵"为姓。

堵姓历史人物有堵简，元代诗人、画家。精通经史，工诗画，元末为江浙行省检校官。曾随庆童率兵收复松江，后兵败，为贼所擒，不屈而死。

堵姓在《百家姓》中排在第三百位。

Zǎi
宰

宰姓的来源主要有两个。一是以官名为姓氏，周太宰之后。宰父是周朝官名，职责是管理王朝的内外事务。二是周卿士宰孔之后。

宰姓历史人物如宰我，字子我，春秋时鲁国人，孔子弟子，以善变、爱追问闻名。据说有一天宰我白天睡觉，孔子批评他说："朽木不可雕也。"这则故事家喻户晓。

宰姓在《百家姓》中排在第三百零二位。

Lì
郦

郦姓出自轩辕氏，是黄帝的后裔。夏王禹追封先代遗民，封黄帝后人于郦邑（今河南内乡东北），其君主族人以原封地命姓。

郦姓历史人物有郦食其，秦汉之际陈留高阳人，家境贫寒，喜好读书。后游说刘邦，为刘邦平定天下立下大功，封为广野侯。郦道元，北魏地理学家，著《水经注》40卷。

郦姓在《百家姓》中排在第三百零三位。

Yōng
雍

雍姓的来源主要是以封地为姓氏，出自姞姓，黄帝之后。雍姓早期活动于今河南。

雍姓历史人物有雍齿，西汉将领，早年跟从高祖起兵，叛而复归，虽然战果累累而终为高祖所不快。及高祖即帝位，诸将未行封，有怨望。高祖乃从张良言，先封齿为什邡侯。诸将皆喜曰："雍齿且侯，吾属无患矣。"

雍姓在《百家姓》中排在第三百零四位。

Qú
璩

相传璩姓源于古代的一种饰品。璩为古人佩戴的一种耳环。璩姓与琚、蘧、籧三姓同源，并存于世。

如今琚、璩、蘧、遽四姓主要分布在河南、江西、湖南、安徽、福建等省。

璩姓历史人物有璩伯昆，明代桐城人，少年即有才名。崇祯年间以明经官江西武宁县令，政治清明，狱讼大减，文教尤著。璩光岳，明代进士出身，官兵部职方司员外郎，后升吏部。

璩姓在《百家姓》中排在第三百零六位。

Pú
濮

濮姓起源出自姬姓。春秋时，卫国有大夫封于濮（今河南濮阳东濮城），其后以封地为姓。

濮姓早期居住在今豫北地区。

濮姓历史人物有明代官员濮真，远征高丽时被俘，拒绝诱降，自刎而死。

濮姓在《百家姓》中排在第三百零九位。

Shòu
寿

寿姓源自姬姓。吴王寿梦的庶子孙，有以祖先名字为姓者。

寿姓早期活动于江浙一带。

寿姓历史人物有元朝寿安，官玉山尹，创立书院，以弦诵为教。寿良，晋朝官员，治《春秋三传》，为兖州牧，历官有治称。

寿姓在《百家姓》中排在第三百一十一位。

Tōng
通

通姓源于地名。春秋时巴国大夫受封于通川（今四川达州），其后裔以封地为姓。

通姓历史人物有清朝僧人通琇，顺治间三次被召见，说法称旨，赐号大觉禅师。

通姓在《百家姓》中排在第三百一十二位。

Hù
扈

扈姓源于姒姓。夏有扈氏之后，以国为姓氏。

扈姓起源于陕西户（扈）县，早期活动在河南一带。

扈姓历史人物有宋抗金名将扈再兴，抗金多年，杀敌无数，屡建战功，有"北宋名将"之称。

扈姓在《百家姓》中排在第三百一十四位。

Jiá
郏

郏姓源于地名。一说是周成王姬诵定鼎于郏鄏（今河南洛阳市郊北邙山），子孙中有以居住地为姓。一说是郑国大夫郏张，因祖上受封于郏，于是以封地为姓。

郏姓历史人物有唐代人郏滂，官六合县宰，能诗，所到之处，都有题咏。北宋官员郏亶，历官司农丞、温州知州。曾上书《吴中水利论》，详细论述吴中水利得失。

郏姓在《百家姓》中排在第三百一十七位。

Pǔ
浦

浦姓源自姜姓。春秋时，姜太公后人官晋国大夫，封于浦，其后代遂以浦为姓氏。

浦姓历史人物有明代人浦南金，博学多才，好古文辞，由归安教谕擢升国子助教。著有《诗学正宗》等。

浦姓在《百家姓》中排在第三百一十八位。

农 Nóng

农姓源自神农氏。西周初年，武王封神农氏后人为农正官，其后人遂以农为氏。

农姓早期主要在陕西、河南、山东等地活动。农姓还是壮族大姓之一。

农姓历史人物有明朝官员农益，平南人，官训导，与农志科并称为一代名儒。

农姓在《百家姓》中排在第三百二十位。

别 Bié

别姓为古代别成子的后代。

别姓起源及早期活动地主要在中原一带。

别姓历史人物有宋朝别之杰，官至端明殿学士，加兵部尚书，擢参知政事。为人忠厚，为官清廉，不畏权贵。

别姓在《百家姓》中排在第三百二十二位。

Chōng
充

充姓的来源主要有两个。一是以官职为姓氏，为周官充人之后。一是以祖辈名字为姓氏，为春秋时齐国大夫充闾的后代。

充姓历史人物有秦代燕人充尚，善于祈祷占卜巫事。入汉以后被传为仙人。

充姓在《百家姓》中排在第三百二十八位。

Mù
慕

慕姓源自高辛氏，出自慕容姓。为慕容姓简化而来。

早期活动于西北，后在敦煌郡形成郡望。

慕姓历史人物有元代慕完，少年时聪敏好学而胸怀大志，历官侍御史、刑部侍郎，善于断案，执法平允。明代官员慕容，官监察御史，不畏惧权贵，朝廷内外称颂其刚直。

慕姓在《百家姓》中排在第三百二十九位。

Rú
茹

茹姓源于改姓，为后魏三字姓普六茹所改。

茹姓历史人物有北宋舒城人茹孝标，少年时负节气，勤奋好学。出任江州知州时，管理有方，成绩卓然。

茹姓在《百家姓》中排在第三百三十一位。

Huàn
宦

宦姓来源当是意于仕宦，不以阉宦为姓。

宦姓有关资料极少，为罕见姓氏。在江苏、贵州偶有所见，以浙江金华的东阳郡为郡望。

宦姓历史人物有明朝人宦绩，字宗熙，永乐进士，擅写文章，又负气节，名重一时。

宦姓在《百家姓》中排在第三百三十三位。

Yú
鱼

鱼姓主要源于子姓。春秋时，宋国公子鱼的

后代。

鱼姓早期在河南活动。

鱼姓历史人物有唐朝官员鱼孟威，咸通年间官郴州刺史，主持修灵渠，以通舟楫渠长达四十里，极大地方便了沿岸民众。

鱼姓在《百家姓》中排在第三百三十五位。

Róng
容

容姓的来源有两个。一是古代有国名容，后代以国为姓。二是周朝称礼乐之官为容，子孙以祖上职官为姓。

容姓历史人物有明代官员容若玉，为官清廉，多善政，积劳而死，家无长物。明代香山人容悌舆，博学而为人厚道，床前侍奉病母十三年如一日，被众乡邻称为"孝行先生"。

容姓在《百家姓》中排在第三百三十六位。

Shèn
慎

慎姓来源于封邑名称。春秋时楚太子白公胜后裔中有被封于慎邑者，子孙便以邑名为姓。

慎姓历史人物有战国时法家慎到，务刑名，学黄老，著有《慎子》。

慎姓在《百家姓》中排在第三百四十位。

Gē
戈

戈姓。夏禹的后代分封于戈，以国为姓。

戈姓早期在河南一带活动。关于戈姓历史人物有这样一联："一门双进士，两朝四画家。"上联说的是清代戈涛、戈源兄弟，献县人，皆举进士。下联说的是明清两朝，戈姓有四人为著名画家。明代有戈汕，清代有戈文、戈载、戈宙琦。

戈姓在《百家姓》中排在第三百四十一位。

Yǔ
庾

庾姓主要来源于官名。周时，管理粮仓的官员叫"庾廪"，其后代以官为姓。

庾姓早期活动于中原一带，如今庾姓分布以广东为多。

庾姓历史人物有北周文学家庾信，世称"庾开府"，善作诗赋、骈文，与徐陵齐名，同为宫廷文学的代表，时称"徐庾体"。

庾姓在《百家姓》中排在第三百四十三位。

终 Zhōng

终姓主要来源于高阳氏。黄帝孙颛顼裔孙陆终的孙子以祖父的字为姓。

终姓的历史人物有终军，西汉人，年少时勤奋读书，曾主动向朝廷请缨羁南越王于阙下，豪气贯天地。

终姓在《百家姓》中排在第三百四十四位。

暨 Jì

暨姓源于封地名。大彭之裔封于暨，因此为姓。

暨姓早期主要在东部沿海地区活动。

暨姓的历史人物有三国时吴国官员暨艳，由同乡张温推荐入朝，历官选曹郎、尚书。为政勤勉，见郎署很多人不称职，就审核弹劾。

暨姓在《百家姓》中排在第三百四十五位。

Jū
居

居姓是春秋时晋国大夫先且居的后代。

居姓早期活动在今山西、河南等地。

居姓历史人物有元代官员居理贞，受父荫官平定州同知，有济才干，为人称道。百姓为他立《去思碑》。

居姓在《百家姓》中排在第三百四十六位。

Héng
衡

衡姓主要源于姬姓伯禽后代有公子衡，其子孙以祖上名字命氏。

如今衡姓主要分布在北方地区。

衡姓历史人物有宋朝人衡贡，擅长写文章，文章辞藻华美，名冠当时。

衡姓在《百家姓》中排在第三百四十七位。

Hóng
弘

弘姓源于祖上名字。春秋时卫国大夫弘演，为国君所器重，其后世子孙遂以弘字为姓。

弘姓早期活动于今河南。

弘姓历史人物有唐代高僧弘忍，禅宗五祖，其弟子慧能、神秀，分创南、北二宗，为禅门南北宗之始。清代诗画家弘旿，号一如居士。善画山水花木，也善书法，尤其擅长篆隶，工诗词。

弘姓在《百家姓》中排在第三百五十二位。

Guǎng
广

广姓出自古代传说仙人广成子后裔。

广姓历史人物有宋代官员广汉，官赣州通判军事，政绩显著，百姓立碑纪念。

广姓在《百家姓》中排第三百五十七位。

Lù
禄

禄姓的来源主要有两个。一是殷纣王有子武庚字禄父，后代以祖字为姓。二是周朝有司禄之官，子孙取禄字为姓。

禄姓历史人物有明代人禄存，永乐年间乡试获第一。

禄姓在《百家姓》中排在第三百五十八位。

Quē
阙

阙姓的来源主要有三个。一是古代有县名阙巩，居者以阙为姓。二是春秋时鲁国有邑名为阙党，有人以封地为氏。三是孔子居住在阙里，后有以为姓氏者。

阙姓历史人物有明朝阙津，龙南令，以才能著称。

阙姓在《百家姓》中排在第三百五十九位。

Dōng
东

　　东姓的来源主要有两个。一是以方位为姓氏，二是出自复姓，如东方氏。

　　东姓早期主要在河南一带活动。

　　东姓历史人物有汉代东园公，隐居于商山，为四皓之一。相传高祖欲废太子，东园公等人力谏，使太子没有被废除。

　　东姓在《百家姓》中排在第三百六十位。

Shū
殳

　　殳姓的来源主要有两个。一是舜有大臣殳斨，子孙以祖名命姓。二是古有殳仗队，后人以兵器名"殳"为姓氏。

　　殳姓发源于今山东，如今人数不多，但遍布全国。

　　殳姓历史人物有殳邦清，明初有名孝子。二子相舜、赞舜，皆以至孝闻名。殳默，清代才女。九岁能诗，剪裁刺绣，无不入妙，擅长书法，尤工小楷。

彀姓在《百家姓》中排在第三百六十二位。

Wò
沃

沃姓的来源主要有两个。一是商王太甲子沃丁之后。二是周代宋国国君微子启之后。沃姓发源于河南，望族居于太原郡（今山西太原）。

沃姓历史人物有沃隽，汉代人。在蓬莱岛修道，传说得道成仙。沃墅，明代萧山人。洪武初年任温县知县，惠政爱民。期满离任时，百姓拦路留他。

沃姓在《百家姓》中排在第三百六十三位。

Lì
利

利姓的来源主要有两个。一是商代末，理征因得罪纣王被处死，妻契和氏及儿子理利贞逃亡，后有以祖字为姓氏者。二是春秋时晋大夫孙食采于利邑，子孙以邑名为姓氏。

利姓发源于今河南，如今全国利姓仍以河南为多。

利姓历史人物有利乾，汉代人。任中山国相，

有贤名。利真源，汉代人。隐居于东海，后得道
为真人。

利姓在《百家姓》中排在第三百六十四位。

Wèi 蔚

蔚姓的来源主要有两个。一是周宣帝时郑国
公子翩被封于蔚邑，后代以封邑命姓；二是北周
宣帝置蔚州，后有以蔚为姓氏者。

蔚姓发源于蔚州（今河北蔚县），望族居于琅
琊郡（今山东诸城）。

蔚姓历史人物有蔚昭敏，北宋大将，官至镇
定高阳关三路先锋，多次击退辽兵。

蔚姓在《百家姓》中排在第三百六十五位。

Yuè 越

越姓的来源主要有两个。一是夏禹后代。二
是出自越王勾践之后。

越姓发源于今浙江绍兴，望族居于晋阳郡
（今山西太原）。

越姓历史人物有越石父，春秋时齐国人。著

名贤士，因故被囚禁。相国晏婴把他赎出来，并聘为上客。越其杰，明代贵阳人。为人倜傥，工诗文，善骑射，著有《横槊集》等。

越姓在《百家姓》中排在第三百六十六位。

夔

Kuí

夔姓的来源主要有两个。一是尧舜时期有乐官名夔，其子孙以祖名为姓氏。二是春秋楚君熊绎六世孙叫熊挚，其后封于夔城，公族子孙以国名为姓氏。

夔姓发源于今湖北，后散居于各地。

夔姓历史人物有夔信，明代人。官雯都令，考核政绩时被列为第一。夔安，西晋末人。聪敏而才能卓越，为一时贤相。

夔姓在《百家姓》中排在第三百六十七位。

隆

Lóng

隆姓主要源于以下说法。春秋时鲁国有隆邑，居住者以地名为姓。

隆姓发源于今山东，望族出于河南南阳。如

今隆姓主要分布在西北地区。

　　隆姓历史人物有隆成，明朝南宫太守，有惠政。隆英，明朝人。一生淳朴节约，有古循吏之风。

　　隆姓在《百家姓》中排在第三百六十八位。

Shè
厍

　　厍姓主要源于以下说法。北周有厍狄氏，后改为厍姓。

　　厍姓历史人物有厍狄嵚，北周大将。武帝时，随武帝攻打并州，军败，只有狄嵚舍命护主，后因功迁开府。隋初，为户部尚书，时人称其弘厚有气度。

　　厍姓在《百家姓》中排在第三百七十一位。

Gōu
勾

　　勾姓主要源于以下说法。传说中有主木之官曰勾芒，后代遂以官名为姓氏。

　　勾姓发源于江浙一带，望族出自平阳郡（今山西临汾）。如今，勾姓人口分布较广，尤以四川为多。

勾姓历史人物有勾践，春秋末年越国君主。吴越之战越国战败后，勾践卧薪尝胆，举兵伐吴，使吴王夫差国破自杀，一雪前耻。

勾姓在《百家姓》中排在第三百七十四位。

Róng

融

融姓主要源于以下说法。颛顼的后代有祝融氏，祝融氏后人分为祝姓和融姓两支。

融姓历史人物有祝融，他是传说中的上古帝王，相传为炎帝的后人，高辛氏帝喾时曾任火正，因光明四海被称为祝融，被后世奉为火神。共工作乱时，他奉命前去讨伐共工。融姓始祖祝融氏因拓展领地而南迁，融姓在江西南康郡形成郡望。

融姓在《百家姓》中排在第三百七十六位。

Zǐ

訾

訾姓主要源于以下说法。春秋时期周国有地名为訾（今河南巩县），后有以地名为姓氏者。

訾姓发源于今河南，望族居于渤海郡（今河

北、辽宁渤海湾沿岸）。

訾姓历史人物有訾祏，春秋时晋大夫。为人正直，知识渊博。范宣子曾与和大夫争田，訾祏用自己的智慧帮助化解矛盾。

訾姓在《百家姓》中排在第三百七十八位。

Nā

那

那姓主要源于以下说法。楚国灭掉商王武丁后裔权国（今湖北当阳），将权人迁往那处城，后形成那姓。

那姓发源于今湖北，望族居于丹阳（今安徽宣城）、京兆（今陕西西安）、天水（今甘肃通渭）。

那姓历史人物有那椿诺，宋代人。官至扬州刺史，其为政清廉，布德及民，深受百姓爱戴。那颉，后燕人。官至辽西太守，为官清廉，政绩显著，名重当世。

那姓在《百家姓》中排在第三百八十一位。

Jiǎn
简

简姓主要源于以下说法。晋大夫狐鞠居，号续简伯。续，邑也，简，谥也，其后人以谥号为姓氏。

简姓发源于河北范阳、涿郡一带，形成范阳郡望。

简姓历史人物有简雍，三国名将。刘备入川，他曾打前站进成都先见刘璋，官至昭德将军。能言善辩，直言敢谏。简芳，明代大臣。历任南京刑部主事、兵部郎中。性情耿直，执法严明而公正，名重一时。

简姓在《百家姓》中排在第三百八十二位。

Kōng
空

空姓主要是从空桑氏、崆峒氏改姓而来。崆峒，山名，后人以为姓，取同音字复姓空同、空桐，后简化为空姓。

空姓发源于今河南开封，望族居于宫邱郡（山东淄博）。

空姓历史人物有唐代剑客空空儿，元和年间为魏博节度使谋杀刘昌后裔刘悟，刘悟依赖于侍女的计谋而得以逃生。

空姓在《百家姓》中排在第三百八十四位。

Mǔ
母

母姓主要源于以下说法。齐宣王田辟疆封其弟弟于母仰，他"远本胡公，近取母邑"，赐姓"胡母"，后母姓由此分出。

母姓发源于今山东，汉唐时期在今山东东部形成望族，后来逐渐扩展到全国各地。

母姓历史人物有母乙，五代后梁人，农民起义首领，利用明教组织群众。后在梁重兵攻击下失败，被俘牺牲。

母姓在《百家姓》中排在第三百八十六位。

Niè
乜

乜姓主要源于以下说法。春秋时期卫国大夫食采于乜城，子孙后代以采邑为姓氏。藏族、回族均有乜姓。

乜姓发源于我国西北地区，以晋昌郡（甘肃安西）为郡望。明代蒙古族瓦剌部首领叫作也先，其后人有的进入中原，定居于山东境内，明时有人曾把"也先"误写作"乜先"，其后人与汉人融合，改姓为乜姓。

乜姓在《百家姓》中排在第三百八十八位。

养 Yǎng

养姓主要源于以下说法。楚有养邑，食邑者后代以封地为姓。

养姓早期活动在今河南、湖北一带，后以山阳郡（今山东金乡西北）为郡望。

养姓历史人物有养由基，春秋时楚国大夫。擅长射箭之术，能在百步以外射穿杨柳树叶，百发百中。养奋，东汉名臣。博通古籍，为一时名儒，以布衣举方正。为官常直言不讳，切中时弊。

养姓在《百家姓》中排在第三百八十九位。

须 Xū

须姓主要源于以下说法。太昊伏羲氏裔孙受

封于须句国，其后人以"须句"为姓氏。一说商有密须国，后世子孙以国名密须为姓，后简为须。

须姓发源于今山东，望族居于琅琊郡（今山东东南部）、渤海郡（今河北皮县）。

须姓历史人物有须无，汉初人。高祖时受封陆量侯，诏封四代。须用纶，明代大臣，为官清廉，勤政爱民。任青州府时兵饷告急，用纶裁各属杂费充饷，不费民间一钱，深受百姓敬重。

须姓在《百家姓》中排在第三百九十一位。

丰 Fēng

丰姓主要源于以下说法。春秋时郑国公族后裔郑穆之子丰，其孙丰施、丰卷以祖名命姓，遂成丰姓。

丰姓发源于今陕西，如今人数虽不多，但在全国分布较广。天津、河北、山东、内蒙古、云南、安徽均有此姓。

丰姓历史人物有丰坊，明代书法家，博学工文，善书法，喜藏书，家有万卷楼，藏书万卷。

丰姓在《百家姓》中排在第三百九十二位。

Cháo
巢

巢姓的来源主要有两个。一是以祖辈名字为姓氏，有巢氏的后代。二是以国名为姓氏，巢为殷国名。

巢姓发源于今安徽，望族居于彭城郡（今江苏徐州、彭城一带）。

巢姓历史人物有巢父，传说为尧帝时高士，山居不出，年老以树为巢，故称之巢父。尧以天下让之，不受。据传尧曾任许由为九州长，许由讨厌听到他的声音，就逃往颍水边洗耳，巢父正牵犊饮水，责怪许由不应该浮游钓誉，在此洗耳，污其犊口，遂牵犊上流饮之。

巢姓在《百家姓》中排在第三百九十三位。

Xiàng
相

相姓的来源主要有两个。一是夏朝有帝相，其后裔支庶子孙，有以祖名为姓者。二是商王河亶甲原居于相，后留居相地者便以地为姓。

相姓发源于今河南，望族居于西河郡（今山

西、陕西之间)、巴郡(今四川、重庆)。

相姓历史人物有相世芳,明代安邑人。戍守延安十三年而无怨言,一生博览群书,能诗善文。

相姓在《百家姓》中排在第三百九十六位。

Hòu

后

后姓的来源主要有两个。一是以官名为姓氏,源于共工氏。二是以封邑为姓氏,鲁公族有后姓。

后姓发源于今山东。如今,四川、甘肃、湖南、安徽等地均有后姓人居住。在古代,掌管土地事务的官名为后土,后土在夏、商、周三代以后被尊为土神、社神。

后姓历史人物有后苍,汉代学者。宣帝时,官至少府,精通《诗经》《礼记》,以《礼记》教戴德、戴圣、庆普,所以《礼记》才有大戴、小戴之学。

后姓在《百家姓》中排在第三百九十八位。

Hóng

红

红姓的来源主要有两个。一是西汉楚元王刘

交之子刘富，受封于红地，后代有以封地为姓者。二是汉有地称"红"，居民有以红为姓氏者。

红姓发源于今安徽。如今红姓主要分布于山西、江苏、北京等地。

红姓历史人物有红线，唐代潞州节度使薛嵩家婢女，喜读书，通经史，薛嵩于是让她掌管文书，号为"内记室"。魏博节度使田承嗣想兼并潞州，红线夜入魏郡田家盗取金盒。薛嵩写封信装在金盒中，还给田承嗣，田承嗣派人表示感谢，也打消了兼并潞州的念头。时人称红线为侠女。

红姓在《百家姓》中排在第四百位。

Quán 权

权姓主要源于以下说法。商武丁后人被封于权，建立权国。后人因以国名为姓氏。

权姓发源于今湖北。战国末年，楚国权姓被迁徙至甘肃定居，以后权姓以甘肃天水为繁衍中心，逐渐分散于全国各地。

权姓历史人物有权德舆，唐朝人。相传四岁能诗文，十五岁即有名声。对当时的举措失当、奖罚不明等弊政，敢直言上书。诗文名重一时，风流蕴藉，当时名人墓志多出自他的手笔。

权姓在《百家姓》中排在第四百零三位。

Lù
逯

逯姓来源主要有两个。一是以封地为姓氏，源自嬴姓，秦国公族有大夫封于逯邑，其后人以封邑名为姓。二是源自芈姓，东周时楚国公族有逯氏。

逯姓发源于今陕西、甘肃一带，以广平郡（河北鸡泽）、临河郡（山西永和）为郡望。

逯姓历史人物有逯昂、逯湛、逯勉、逯端，宋朝人，皆聪明好学，俱中进士。

逯姓在《百家姓》中排在第四百零四位。

Yì
益

益姓的来源主要有两个。一是汉代四川广汉属于益州管辖，后有以州名为姓者。二是伯益之后。

益姓发源于今四川，望族居于冯翊（今陕西大荔）。

益姓历史人物有益智，元代人。前后掌管普

安路总管府事，为政清廉，多有政绩，深为当地人敬服。

益姓在《百家姓》中排在第四百零六位。

公 Gōng

公姓主要源于以下说法。春秋时鲁昭公的两个儿子衍和为，世称公衍、公为。其后代子孙便以祖上爵位为姓。

公姓发源于今山东，后以山东、浙江为主要聚居地。

公姓历史人物有春秋时期的公子闾，被昭王指定继位，推辞多次才答应。昭王死后，他立昭王之子熊章为楚君。白公胜作乱时欲推他为楚君，他因不受利诱被杀。

公姓在《百家姓》中排在第四百零八位。

万俟 Mòqí

万俟姓主要出自少数民族，北魏时鲜卑、匈奴二族均有万俟氏。

万俟姓发源于今山西，望族居于兰陵郡（今

山西高平）。

万俟姓历史人物有万俟卨，南宋奸臣，因陷害岳飞而为人们所痛恨，是岳庙中跪着的四个奸佞之一。

万俟姓在《百家姓》中排在第四百零九位。

Sīmǎ
司马

司马姓主要是以职官为姓。古有司马一职，执掌国家军队，后遂有司马氏。

司马姓历史人物有司马迁，西汉历史学家。继任其父职务太史令，因对大将军李陵兵败投降匈奴之事有所辩解而下狱受腐刑，出狱后任中书令，发愤完成所著史籍，人称《太史公书》，后称《史记》。司马光，北宋大臣、史学家。主持编撰了编年体通史巨著《资治通鉴》。

司马姓在《百家姓》中排在第四百一十位。

Xiàhóu
夏侯

夏侯姓主要源于以下说法。杞为楚国所灭，杞简公之弟佗逃往鲁国，鲁悼公封以侯爵，以奉大禹之祀，世称夏侯，其后代子孙因以为姓氏。

夏侯姓以谯郡（今安徽、河南之间）、鲁国郡（山东曲阜）为郡望。如今，夏侯姓主要分布于安徽、山东、江西等地。

夏侯姓历史人物有西汉夏侯婴，从小与刘邦关系密切，跟随他起兵，转战各地，任太仆。后出击项羽，入西蜀，定三秦，屡立殊功，西汉建立后，封汝阴侯。

夏侯姓在《百家姓》中排在第四百一十三位。

Zhūgě
诸葛

诸葛姓主要是以地名为姓氏，葛姓居诸县，当地居住者有以诸葛为姓氏者。

诸葛姓发源于今山东，望族居于琅琊郡（今山东诸城、临沂一带）。

诸葛姓最有名的历史人物当然就是诸葛亮，他辅佐刘备建立蜀汉政权，民间流传着他隆中对、三气周瑜、草船借箭、挥泪斩马谡、空城计等著名的故事。

诸葛姓在《百家姓》中排在第四百一十四位。

闻人姓主要源于以下说法。春秋时，鲁国大夫少正卯，学问、口才都很好，与孔子同时聚众讲学，好几次把孔子学生吸引过去，大家却称其为"闻人"，后孔子以"危言乱政"罪诛少正卯。少正卯后人即以"闻人"为姓。

闻人姓尤以浙江为多，宁波、余姚约有上千人。

闻人姓历史人物有北宋嘉兴人闻人宏，20岁入太学读书，大观年间进士，为政期间勤政爱民，深受时人敬重。著有《中兴要览》等。

闻人姓在《百家姓》中排在第四百一十五位。

东方姓主要源于以下说法。远古时伏羲创制八卦，其裔孙羲仲因生于八卦中的震位，位主东方，世掌东方青阳之令，其子孙遂以东方为姓氏。

东方姓历史人物有西汉东方朔，性格诙谐滑稽，直言切谏，武帝常用其计。

东方在《百家姓》中排在第四百一十六位。

赫连 Hèlián

赫连姓为少数民族姓氏。十六国时，南匈奴铁弗部勃勃称大夏天王，自称赫赫连天，以赫连为姓氏。

赫连姓发源于我国西北，以盛乐（今山西祁县）、渤海（今渤海湾沿岸）为郡望。

赫连姓历史人物有赫连韬，唐代才子，福建省漳浦人，有不羁之才。与莆田的陈黯、王肱等，合称为"闽中八贤"。

赫连姓在《百家姓》中排在第四百一十七位。

皇甫 Huángfǔ

皇甫姓为以官名为姓氏。西周太师（高级武官）皇甫后代以"皇甫"为姓。

皇甫姓早期居住在今河南东部。望族居于安定郡（今宁夏固原）。

皇甫姓历史人物有东汉皇甫嵩，因攻破黄巾军有功，领冀州牧，拜太尉，封槐里侯，名震天下。

皇甫姓在《百家姓》中排在第四百一十八位。

 Yùchí
尉迟

尉迟姓为南北朝时北方鲜卑族姓氏，以部落名命姓。

尉迟姓发源于北方，望族居于山西太原。

尉迟姓历史人物有尉迟迥，北周大臣。北周孝闵帝时，因平蜀有功，封蜀公，驻益州。他素有大志，乐善好施爱士，政绩卓著，当时百姓作铭碑以称颂。

尉迟姓在《百家姓》中排在第四百一十九位。

 Gōngyáng
公羊

公羊姓主要源于以下说法。春秋时，鲁国有公族公孙羊孺，颇有才望，其后代子孙取祖上名字中"公羊"二字为姓。

公羊姓早期活动在今山东一带，后以顿丘（今河北清丰）为郡望。

公羊姓历史人物有战国时齐国名儒公羊高，

为子夏高徒。后人将他的著作辑录成《春秋公羊传》。

公羊姓在《百家姓》中排在第四百二十位。

Tántái

澹台

澹台姓始祖为孔子弟子灭明。一说春秋时孔子弟子名灭明，南游长江流域，居于澹台湖，遂以湖名命姓。另一说灭明居于澹台山，遂以山名命姓，取名澹台灭明。

澹台姓早期活动在今山东一带。望族居于太原郡（今山西太原北）。

澹台姓历史人物有澹台敬伯，东汉名士。相传曾拜薛汉名师学习韩诗，在所收弟子中为最知名之一。

澹台姓在《百家姓》中排在第四百二十一位。

Gōngyě

公冶

公冶姓主要源于以下说法。春秋时鲁国有季孙氏，族子季冶，字公冶，后世子孙以祖字为姓氏。

公冶姓源于今山东，如今，仍散居于山东一带。

公冶姓历史人物有春秋时齐国人公冶长，孔子弟子，相传能通鸟语。后因故入狱，孔子谓其"长可妻也，虽在缧绁之中，非其罪也"。于是把女儿嫁给了他。

公冶姓在《百家姓》中排在第四百二十二位。

Zōngzhèng

宗　政

宗政姓主要是以官名为氏。刘邦后代有楚元王刘交，他的孙子叫刘德，官至宗正，刘德的支庶子孙有的以祖上官职名命姓，称为宗正氏，后来后人又加上反文旁而为宗政氏。

宗政姓为罕见姓氏，其望族出于京兆郡（今陕西西安至华县）、彭城郡（今江苏徐州）。

宗政姓历史人物有唐朝大臣宗政辨，官至殿中少监。

宗政姓在《百家姓》中排在第四百二十三位。

濮阳 Púyáng

濮阳姓主要源于以下说法。上古时炎黄部落首领颛顼帝高阳氏曾建都濮阳，其后代以地名为姓。

濮阳姓发源于今河南，望族居于博陵郡（今河南濮阳）、平陵郡（今山西文水东）。

濮阳姓历史人物有三国时期东吴大臣濮阳兴，年轻时就名闻江东，孙休时官至丞相，封外黄侯。后为孙皓所杀。

濮阳姓在《百家姓》中排在第四百二十四位。

淳于 Chúnyú

淳于姓是以国名为姓氏。西周初年，姜姓斟灌氏受封于淳于，国家被灭亡后，其族人以原国名命姓，称淳于氏。

淳于姓早期活动于今河南、山东一带。

淳于姓历史人物有战国时齐国学者淳于髡，以博学滑稽著称。齐威王在稷下招揽学者，他被任为大夫，多次讽谏威王和相国邹忌改革内政。

楚国攻齐时，他到赵国求援，得精兵十万、革车千乘，楚国因此而退兵。前后数次出使诸侯国，每次都能不辱使命。

淳于姓在《百家姓》中排在第四百二十五位。

单于 Chányú

单于姓出自古代匈奴部落。汉代，北方少数民族匈奴族的最高统治者称为"单于"。五代后周时，匈奴部族逐渐消失，融入其他民族，部分汉化的匈奴王族便以单于为氏。单于姓早期活动在今内蒙古一带，如今在山东有少量分布。

单于姓历史人物有东汉的单于安国、单于呼征等，均为南匈奴最高首领。

单于姓在《百家姓》中排在第四百二十六位。

太叔 Tàishū

太叔姓为以祖辈名号为姓氏。一说是卫文公之子太叔仪之后。一说是郑庄公弟名段，封于京城，世称京城太叔，其后子孙遂称太叔氏。

太叔姓发源于今河北、河南一带，后以东平（山东东平、泰安）为郡望。如今北京、辽宁等地有少量分布。

太叔姓历史人物有太叔雄，西汉人。博学而有节操，官至尚书，为一代良臣。

太叔姓在《百家姓》中排在第四百二十七位。

Shēntú
申屠

申屠姓源自周申侯后代，其后人居安定之屠原，因以申屠为氏。

申屠早期居于今陕西，今以浙江较多。

申屠姓历史人物有汉代都尉申屠嘉，惠帝时担任淮阳太守。文帝时迁御史大夫，拜丞相，封故安侯。为人廉洁正直，不徇私情，对文帝弄臣太中大夫邓通、景帝时贵幸用事的内史晁错，都敢绳之以法。

申屠姓在《百家姓》中排在第四百二十八位。

Gōngsūn
公　孙

公孙姓主要源于以下说法。按照周朝制度，王位一般由嫡长子继位，其他的儿子称公子，公子的儿子称公孙。他们的后代有不少人便以公孙为姓。

公孙姓望居扶风（今陕西长安区西）、高阳(今河北高阳)。

公孙姓历史人物有汉朝人公孙弘，四十多岁开始治《春秋公羊传》。武帝及元光时为博士，后担任丞相。他用自己的俸禄供养故人宾客，家无余财，被后人奉为延揽贤士的典范。

公孙姓在《百家姓》中排在第四百二十九位。

Zhòngsūn
仲　孙

仲孙姓主要源于以下说法。春秋鲁桓公姬允次子庆父，在众兄弟中排行第二，世称共仲。子孙遂以仲孙为姓，称仲孙氏。

仲孙姓早期在今山东居住，为罕见姓氏。

仲孙姓历史人物有春秋时鲁国大夫仲孙蔑，

即孟献子，曾说："畜马乘，不察于鸡豚；伐冰之家，不畜牛羊；百乘之家，不畜聚敛之臣。"当时人称他为贤大夫。

仲孙姓在《百家姓》中排在第四百三十位。

轩辕 Xuānyuán

轩辕姓主要源于以下说法。黄帝曾居于轩辕之丘，故黄帝以地名为号而得姓轩辕，黄帝的后代子孙遂称轩辕氏。

轩辕姓早期主要在今河南、陕西一带活动。

轩辕姓历史人物有唐代东莞人轩辕集，隐居罗浮山修道，百余岁容颜不老，武宗曾召见其问长生不老术。

轩辕姓在《百家姓》中排在第四百三十一位。

令狐 Línghú

令狐姓主要源于以下说法。春秋时晋国高官毕万的曾孙魏颗，因活捉秦国大将杜回，受晋国君主封于令狐。其后代子孙遂以封地为姓。

令狐姓早期活动于今山西一带。令狐郡望出

于太原郡。

令狐历史人物有唐代京兆华原人令狐楚，进士出身，历任右拾遗、中书舍人，官至宰相。历六朝，为人宽厚有礼，以仁惠理政，深受器重。

令狐姓在《百家姓》中排在第四百三十二位。

Zhōnglí
钟 离

钟离姓来源主要有两个。一是源自国名，周代伯益后人有封国钟离国。钟离国灭亡后，国人以国名命姓。二是宋桓公的后裔州犁逃亡到楚国，食采于钟离，其子孙遂以钟离为氏。

钟离姓望族居会稽（今浙江吴兴）、颍川一带。今福建武陵地区也有钟离姓分布。

钟离姓历史人物有钟离昧，汉朝人，原为项羽大将，素与韩信交好。项羽死后，他投奔楚王韩信。汉朝建立后，刘邦追捕钟离昧，韩信打算献钟离昧之头以获刘邦信任，钟离昧遂自刎于韩信面前。

钟离姓在《百家姓》中排在第四百三十三位。

人被封在于地，子孙因合鲜于为姓。朝鲜族中有鲜于姓。

鲜于姓望族居渔阳郡（今北京附近）。

鲜于姓历史人物有唐朝鲜于仲通，原与杨国忠相知，因触怒杨国忠被贬谪，后因病逝世。他死后颜真卿为其作墓志铭。

鲜于姓在《百家姓》中排在第四百三十七位。

Lúqiū
闾丘

闾丘姓的来源主要有两个。一是以地名为姓。春秋时，邾国（在今山东邹县境内）有地名闾丘邑，当地人遂以邑名为姓。二是源自齐国大夫闾丘婴之后。

闾丘姓早期活动于今山东一带，如今北京、上海等地有少量分布。

闾丘姓历史人物有北宋人闾丘孝终，为当时名人推重，苏轼曾说："苏州有二丘，不到虎丘，则到闾丘。"

闾丘姓在《百家姓》中排在第四百三十八位。

Sītú
司徒

司徒姓主要是来自官名，古朝廷设有司徒官，为六卿之一，称为地官大司徒，职位相当于宰相。后发展成为姓氏。

司徒姓早期主要活动于中原地区，其中大部分分布在河北地区。

司徒姓历史人物有司徒映，唐朝人。唐文宗时为太常卿，辅助唐文宗革除弊政，政绩卓著，为时人称誉。

司徒姓在《百家姓》中排在第四百三十九位。

Sīkōng
司空

司空姓主要是以官名为姓氏，据说禹为尧司空，后人便以司空为姓，相沿至今。

司空姓早期在中原及周边地区活动，如今在上海、辽宁、安徽等地有少量分布。

司空姓历史人物有司空曙，唐代"大历十才子"之一，擅写五言律诗。司空图，唐代人，著有《诗品》24卷，对后世诗歌评论有很大影响。

司空姓在《百家姓》中排在第四百四十位。

亓官姓出自春秋笄官之后，是以官名为氏。笄官，亦称丌官、亓官，是古代专门掌管笄礼的官职。其后裔遂以职官名为姓氏。

亓官姓如今在山东、安徽、河南、陕西、辽宁、吉林、台湾等地有少量分布。

亓官姓历史人物有孔子夫人亓官氏，为宋国笄官后代。

亓官姓在《百家姓》中排在第四百四十一位。

司寇姓源自官名。司寇，古官职名，掌管治安刑狱，周朝时称为秋官大司寇，为六卿之一。其后代有以官职名为姓者。

司寇姓早期主要活动于中原地区，如今在北京、上海、辽宁等地还有少量分布。

司寇姓历史人物有司寇恂，字子翼，东汉人。东汉王朝著名开国将领，"云台二十八将"之一。

司寇姓在《百家姓》中排在第四百四十二位。

仉 Zhǎng

仉姓出自党姓。党姓，原本为春秋时鲁国大夫党氏之后。古代党姓的党读音为zhǎng，故党姓中有一支以音为姓，衍出仉姓。

仉姓望族居于鲁郡。

仉姓历史人物有战国时期孟子的母亲仉氏，仉氏知书识礼，为了使孟子有良好的成长环境，曾迁居三次，故有著名的"孟母三迁"的故事。

仉姓在《百家姓》中排在第四百四十三位。

督 Dū

督姓来源主要有两个。一是以祖名为姓氏。春秋时宋戴公的孙子名督，其后代子孙中有一支就取祖名"督"字为姓。二是以地名为氏。春秋时期，燕国有个地方名为督亢，居住在当地的人以地名"督"为姓，形成督氏。督姓为罕见姓氏。

督姓历史人物有汉朝督琼，官至五原太守，为政期间政绩显著。

督姓在《百家姓》中排在第四百四十四位。

子车姓源自嬴姓，秦穆公时有大夫名为子车奄息，其后代子孙遂以子车为姓。

子车为罕见姓氏，如今已不见踪迹。

子车姓历史人物有春秋秦穆公大夫子车奄息、子车仲行、子车钳虎，当时人们称他们为"三良"。《诗经》中的《黄鸟》一诗即为国人哀悼三良而作。

子车姓在《百家姓》中排在第四百四十五位。

颛孙姓源自祖名。春秋时，陈国公族之后公子颛孙在晋国为官，子孙遂以祖名为姓。

颛孙姓早期主要在河南中东部活动。

颛孙姓历史人物有颛孙师，春秋末陈国人，为孔子弟子，好学深思，喜欢与孔子讨论问题，思想比较激进。提出"士见危致命，见得思义"的伦理观点，他这一派后成为"八儒"之一。

颛孙姓在《百家姓》中排在第四百四十六位。

Duānmù
端木

端木姓的来源主要有两个。一是源自春秋时孔门七十二贤人之一端木赐。他的后代有一部分以父名为姓，遂有端木姓。二是为回族复姓之一。

端木姓早期活动于今河南一带。

端木姓历史人物有端木赐，字子贡，春秋时卫国学者，孔门七十二贤人之一，孔子称其为"瑚琏之器"。能言善辩，又善于经商，富甲一方。

端木在《百家姓》中排在第四百四十七位。

Wūmǎ
巫马

巫马，原为官名。周代有一种专门掌管养马并为马治病的官员，称为巫马，子孙遂以祖上官职命姓，即为巫马姓。

巫马姓如今在北京、上海、浙江、辽宁等地有少量分布。

巫马姓历史人物有巫马施，孔子弟子。春秋时鲁国人，字子期，亦称巫马期，曾经在单父为官，为政清明廉洁。

巫马姓在《百家姓》中排在第四百四十八位。

公西姓出自姬姓，为春秋时鲁国公族，为季孙氏支系之一，与鲁国国君同族，是鲁国三大贵族之一。

公西姓早期活动于今山东一带，如今在河南浚县等地有少量分布。

公西姓历史人物有公西赤，孔子弟子，春秋鲁人，《论语》中又称"公西华"。唐朝时追封为"邵伯"，宋朝时加封为"钜野侯"。明朝时改称"先贤公西子"。

公西姓在《百家姓》中排在第四百四十九位。

漆雕姓的来源主要有两个。一说漆雕是周代吴国公族中分化出来的一支部落，后人以部落名命姓。二是春秋时鲁国孔子有弟子漆雕开，其后人遂以祖名为姓。

漆雕姓早期主要活动于江浙一带，如今湖北、河南、辽宁等地有少量分布。

漆雕姓历史人物有漆雕开，孔子学生。孔子死后，儒学分为八派，有"漆雕氏之儒"。唐朝时封漆雕开为"漆伯"，宋朝时封"平舆侯"，明朝时改称"先贤漆雕子"。

漆雕姓在《百家姓》中排在第四百五十位。

乐正原为职官，是周朝管理乐队的官职，掌管音乐声律，其后世子孙以职官命姓，称乐正氏。

乐正姓如今在北京、辽宁等地有少量分布。

乐正姓历史人物有乐正子春，是战国时鲁国著名孝子，曾子学生。《礼记·祭文》称其一言一行皆不忘父母，并称赞他"不辱其身，不羞其亲，可谓孝矣"。

乐正姓在《百家姓》中排在第四百五十一位。

壤驷姓来自秦国壤驷赤。春秋时，秦国有贵

族名为壤驷赤，其后人遂以壤驷为姓。

壤驷姓早期居住在今陕西、山西一带。

壤驷姓历史人物有壤驷赤，他为学习礼制，学习用智慧和文化去治理国家，特意到鲁国去求学，成为孔子门人，贤能有才。

壤驷姓在《百家姓》中排在第四百五十二位。

公良姓源自陈国公子良。上古周代陈国公子名良，人称公子良，其后代子孙遂以公良为姓。

公良姓早期活动于今河南淮阳地区，如今台湾等地还有少量分布。

公良姓历史人物有公良孺，孔子学生，春秋时陈国人，贤能英勇。孔子周游列国时，他以家车五乘跟从孔子。

公良姓在《百家姓》中排在第四百五十三位。

拓跋姓出自鲜卑族拓跋部，鲜卑族谓"土"为"拓"，谓"后"为"跋"，故以"拓跋"为姓。

拓跋姓早期主要在今内蒙古一带发展。

拓跋姓历史人物有拓跋宏，北魏孝文帝，厉行改革，迁都洛阳，改鲜卑姓氏为汉姓，鼓励鲜卑族和汉族通婚，加强鲜卑人和汉人的联合统治；并参照南朝典章制度，制定官制朝仪。孝文帝的改革对民族大融合起到了积极作用。拓跋姓后改为元姓。

拓跋姓在《百家姓》中排在第四百五十四位。

夹谷 Jiāgǔ

夹谷姓源自少数民族。宋朝时，女真族中有"加古"部落，后讹为夹谷。

夹谷姓初期主要分布在东北地区，如今上海、辽宁等地有少量分布。

夹谷姓历史人物有金代进士夹谷衡，曾任东平府教授，后调范阳主簿，被选为国史院编修官，颇受世宗赏识。世宗曾在大臣面前称赞他："进士中才杰之士，盖迹难得，如夹谷衡，有用才也。"后官至平章政事。

夹谷姓在《百家姓》中排在第四百五十五位。

宰父 ZǎiFǔ

　　宰父姓主要源自官职名。周朝官职中有官名叫宰夫，属于天官，负责掌管王朝法令、公卿官吏的职位升降及平时考核。由于古代"夫""父"二字音近，后来"宰夫"就转为"宰父"。后代有以祖上职官名命姓者。

　　宰父姓早期居住在今山东一带。

　　宰父姓历史人物有宰父黑，春秋末孔子弟子，鲁国人，为人仁义。唐开元年间封"乘丘伯"，宋朝封"祁乡侯"。

　　宰父姓在《百家姓》中排在第四百五十六位。

穀梁 Gǔliáng

　　穀梁姓来源主要有两个。一是古代穀子称为梁，善于种植梁的氏族首领就用穀梁命姓，后讹为穀梁。二是源自地名。古博陵郡有穀梁城，居者遂以地命姓。

　　穀梁姓起源于今山东。

　　穀梁姓历史人物有穀梁赤，齐人，战国儒学

家。相传他是子夏弟子。治《春秋》，初由口头流传，汉初成书即为《春秋榖梁传》，为"春秋三传"之一。

榖梁姓在《百家姓》中排在第四百五十七位。

Fǎ
法

法姓主要来自田姓。齐襄王名法章，秦国灭齐后，子孙为避免杀害，不敢姓田，乃以其祖法章之名为姓，遂形成法姓。

法姓早期居住在今山东，如今山东、陕西、辽宁、台湾等地有少量分布。

法姓历史人物有法若真，清代人，字汉儒，号黄石，又号黄山，善画山水，是康熙年间山水画自成一格的画家。法姓子孙辈在他的影响下，出了很多有影响的文化人。

法姓在《百家姓》中排在第四百六十一位。

Rǔ
汝

汝姓来源于地名。周平王分封功臣和王族，其小儿子被封于汝川，其后代子孙遂以封地名为姓氏。

汝姓早期主要分布于今河南南部。

汝姓历史人物有明末清初画家汝文淑，所画山水、草虫，无不绝妙。时人称赞他所画十八幅扇面"三百年中大方名笔，可与颉颃者不过二三而已"。

汝姓在《百家姓》中排在第四百六十二位。

钦姓的来源主要有两个。一是源自地名。隋朝时曾将安州改为钦州，管理钦江，居民有以地名为姓者。二是出自北方少数民族姓氏。

钦姓较为罕见，其迁徙流布过程已不可考。

钦姓历史人物有钦德载，宋末元初人，宋代曾任都督计议官，宋亡后，拒不降元，隐居碧岩山中，自号寿岩老人。

钦姓在《百家姓》中排在第四百六十五位。

Duàngàn
段　干

段干姓源自地名。春秋时道家鼻祖老子之子

李宗，任魏国大将，先后食邑于段、干两地，其子孙遂以封邑名为姓。

段干姓历史人物有段干木，战国时晋人，著名隐士。曾求学于子夏，因魏成子推荐，受到魏文侯礼敬。魏文侯欲以段干木为相，他坚辞不受，后隐居不出。

段干姓在《百家姓》中排在第四百六十六位。

百里 Bǎilǐ

百里姓的来源主要有两个。一是源自百里奚之后。二是源自地名。周朝时虞国有人入秦，后被封于百里邑，其后人遂以邑名为姓。

百里姓望居在新蔡郡（河南新蔡一带）、京兆郡（陕西西安以东至华县一带）。

百里姓历史名人物有百里奚，曾出游诸国，到齐国后，不被重用；至周，也不为所用；后被虞公任用为大夫，虞灭后被虏，作为陪嫁之臣被送往秦国，因秦穆公以媵臣视之，离开秦国，在宛被楚人抓获。后秦穆公闻其贤能，用五张羊皮将其赎回，授以国政。称为五羖大夫。百里奚任秦大夫七年，辅佐穆公建立霸业。

百里姓在《百家姓》中排在第四百六十七位。

Dōngguō
东 郭

　　东郭姓主要来源于地名。春秋时，齐桓公有子孙住在都城临淄外郭城东门一带，称东郭大夫，其子孙遂以居住地命姓。

　　东郭氏望出济南郡（今山东临淄）。

　　东郭姓历史人物有战国时魏国贤士东郭顺子，生性淳朴厚道而心胸开阔，据说魏文侯的师傅田子方曾经拜他为师。

　　东郭姓在《百家姓》中排在第四百六十八位。

Nánmén
南 门

　　南门姓的来源主要有两个。一是夏朝末期，有管理南宫门的官吏，后代遂以官职为姓。二是先秦时居住在都城南门者，有人以南门为姓。

　　南门氏早期分散居住在中原及周边地区。南门姓见诸史籍者极少，只有商汤时七个辅佐官之一的南门蜼。

　　南门姓在《百家姓》中排在第四百六十九位。

呼延姓的来源主要有两个。一是源自匈奴部落。古代匈奴族呼衍部落以部落名为姓，是古匈奴四大姓之一，东晋进入中原后改为呼延。二是为鲜卑族姓氏之一。

呼延姓如今在陕西西安、榆林等地有少量分布。

呼延姓历史人物有呼延赞，北宋将领，生于将门之家。初为骁骑卒，因作战勇敢被提拔为骁雄军使。

呼延在《百家姓》中排在第四百七十位。

海姓来自春秋卫国大臣海春之后，后人以海为姓。

海姓早期居住在中原地区。

海姓历史人物有明臣海瑞，仕途坎坷，屡受排挤，曾因批评皇帝被逮入狱。但他始终刚直不屈，铁面无私，力主整饬吏治，并平反了一些冤案。在当时和后世都被誉为清官。有《海瑞集》。

海姓在《百家姓》中排在第四百七十二位。

羊舌姓的来源主要有两个。一是春秋时，晋靖侯之后突食邑于羊舌等地，称为羊舌大夫，其子孙于是以邑命姓。二是古代有人名李果，别人偷杀羊，将羊头送给他，他把羊头埋在地下。后偷窃事发，李果挖出羊头，羊舌还在，得以免罪，他于是以羊舌命姓。

羊舌姓早期居住在今山西洪洞、平阳等地。

羊舌姓历史人物有春秋时晋国贤臣羊舌肸，博闻多见，能以礼让国。孔子称之为"遗直"。

羊舌姓在《百家姓》中排在第四百七十三位。

微生姓的来源主要有三个。一是周武王把微子封在宋，宋灭后，微子子孙以其名字为姓。二

是鲁公族有微生氏，后人遂以之为姓。三是古代有人因生于微家，遂以微生为姓。

微生姓望居鲁郡（今山东曲阜、泗水一带）。

微生姓历史人物有微生高，春秋时鲁国人，孔子弟子，亦称尾生高。以信义正直而著称。《战国策·燕策》载："信如微生，期而不来，抱柱而死。"

微生姓在《百家姓》中排在第四百七十四位。

Shuài

帅

帅姓来自师姓。古代掌乐之官称师，故乐官之后以师为姓。晋武帝时，师昺任尚书，为避司马师名讳，改为姓帅。

帅姓发源于洛阳、长安一带，南北朝后逐渐向周边地区以及江南一带扩展。如今帅姓主要分布于湖南、湖北、四川、江西、安徽等地。

帅姓历史人物有帅念祖，清代画家。擅长画花卉、山水，诗文俱佳，与从子帅家相当，当时有大小帅之称。

帅姓在《百家姓》中排在第四百七十六位。

緱 Gōu
缑

　　緱姓来源于地名。西周有卿士大夫因功受封于緱邑，后失邑，子孙以原封邑名为姓。

　　緱姓早期主要在今河南一带繁衍。

　　緱姓历史人物有唐代长沙人緱仙姑，在衡山修道时，有灵鸟飞来为伴。每当有人来拜访，灵鸟事先预报来者姓氏，往往都很准确，传说她后来在九嶷山成仙而去。

　　緱姓在《百家姓》中排在第四百七十七位。

亢 Kàng
亢

　　亢姓的来源主要有两个。一是源自地名。春秋时有贵族受封于亢父，后代子孙以封地名为姓，称亢氏。二是源自先秦时卫国大夫三伉之后，以祖名为氏，称伉姓。后来去"亻"旁成亢姓。

　　亢姓早期主要居住在今山东、河南一带，今在山东、河南、山西、湖北、江苏等地均有分布。

　　亢姓历史人物有亢仓子，春秋战国时诸子之一，倡导清静无为，著有《亢仓子》。

亢姓在《百家姓》中排在第四百七十八位。

Kuàng 况

况姓的来源主要有两个。一是以地名为姓。周初，舜后人被封于况地，后代便以封地名为姓。二是源自荀子后人。荀子名荀况，后人有以祖名为姓者。

况姓早年分布在今四川部分地区，现主要居住在江西。

况姓历史人物有况周颐，近代词人，晚号蕙风词隐，为晚清四大家之一，精于词论，著有《蕙风词话》五卷，对后世词论研究有很大影响。

况姓在《百家姓》中排在第四百七十九位。

Hòu 邱

邱姓，现在一般改为"后"姓，源自地名。西周时鲁孝公的儿子公子巩的封邑名邱，后代遂以邑名为氏，称邱姓。后来改写成"后"，成为"后"姓的一个重要来源。

邱姓发源于今山东一带。今甘肃、安徽、湖

南均有郈姓人家居住。

郈姓历史人物有春秋末鲁国贵族郈昭伯。历史上流传着他和另一位鲁国贵族斗鸡的故事，后在政治斗争中被杀。

后姓在《百家姓》中排在第四百八十位。

Yǒu
有

有姓源自上古有巢氏，有巢氏的后代有有姓以及巢姓。

有姓为罕见姓氏，望族居于东海郡（今山东郯城一带）。

有姓历史人物有有若，孔子弟子，七十二贤人之一。他曾与鲁哀公讨论政事，提出"百姓足，君孰与不足？百姓不足，君孰与足"的著名论点，又强调"礼之用，和为贵"，认为孝悌是仁的基础，孝悌者不会犯上作乱。他的相貌酷似孔子，孔子去世后，弟子们因想念孔子，一度推他为师。

有姓在《百家姓》中排在第四百八十一位。

Qín
琴

琴姓的来源主要有两个。一是出自古代琴师之后。二是源自春秋时卫国人琴牢。琴牢为孔子弟子，又名子张，故又名琴张，其后人有以祖名为姓者，即为琴氏。

秦汉时期琴姓以今甘肃天水为繁衍中心，并逐渐向外播迁。明时，在中国南端的交趾已有琴姓居住，琴姓望族居于南郡（今湖北荆州）。

琴姓历史人物有战国名士琴高，为宋康王舍人，琴艺高超。《列仙传》记载他与诸弟子约定，入涿水取龙子，某日返回。当日，他的弟子于水旁等候，琴高果然乘鲤而出，留一月，又入水去。

琴姓在《百家姓》中排在第四百八十二位。

Liángqiū
梁丘

梁丘姓源自地名。齐国大夫食采于梁丘，其子孙遂以梁丘为姓。

梁丘姓早期活动于今山东，望族居于冯翊郡（今陕西大荔）。

梁丘姓历史人物有梁丘贺，西汉今文易学《梁丘学》开创者。历任大中大夫、给事中。宣帝时立为博士。

梁丘在《百家姓》中排在第四百八十三位。

左丘氏，源自春秋时鲁国左丘明之后。

左丘姓发源于今山东临淄。左丘姓望族居于齐郡，相当于现在山东临淄一带。

左丘姓历史人物有左丘明，春秋时著名史学家，儒学奠基人之一。相传曾著《左传》，为记载中国春秋历史的史学名著。保存了大量古代史料，文字优美，记事详明。又称《左氏春秋》《春秋左氏传》。

左丘姓在《百家姓》中排在第四百八十四位。

东门姓主要源自地名。春秋时，鲁庄公之子公子遂，因居于鲁都曲阜城东门，人称东门襄仲，其后代子孙遂以为姓。东门姓今在河南光山等地有少量分布。

东门姓历史人物有东门京，西汉人，善相马，曾向皇帝进献过铸造铜马的模型，这一模型相当于近代马匹外形学的良马标准型。汉武帝诏令立铜马于鲁班门外，改鲁班门名为金马门。

东门姓在《百家姓》中排在第四百八十五位。

Xīmén
西门

西门姓源自地名。郑国大夫（一说齐大夫）居于西门，其后人遂以西门为姓。

西门姓发源于今陕西华县东南一带。望族居梁郡（今河南商丘南一带）、魏郡（今河北魏县、河南浚县、山东冠县之间地区）。

西门姓历史人物有西门豹，战国时魏国政治家。魏文侯时任邺令，革除了当地"河伯娶妇"的旧俗。组织人民开凿水渠，变水害为水利，使邺地成为富庶地区。

西门姓在《百家姓》中排在第四百八十六位。

佘 Shé
佘

佘姓的来源主要有两个。一是源自秦国大夫余之后，由余姓转化而来。二是相传汉代有佘山，居民有以山名为姓者。佘、余两姓可能同出一源。

佘姓早期主要繁衍于新安（今安徽歙县）。唐宋年间，今福建、江西、江苏、湖南、广东都有佘姓居住。

佘姓历史人物有大家耳熟能详的北宋佘太君，其夫杨继业曾率杨家将镇守雁门关，抗击契丹入侵，后为国殉职，杨门一家只剩孤寡十三人，由佘太君率领御敌，传为一时美谈。

佘姓在《百家姓》中排在第四百八十九位。

佴 Nài
佴

佴姓的源流无考，云南少数民族中自古就有佴氏。

佴姓为罕见姓氏，今安徽、江苏、浙江、广西、台湾等地有少量分布。

佴姓历史人物有佴祺，明万历年间进士，官至御史、直隶巡按等，在位期间政绩显著。

俌姓在《百家姓》中排在第四百九十位。

伯 Bó

伯姓的来源主要有三个。一是源自伯夷。伯夷为黄帝后裔，后世子孙遂以祖名为姓。还有一说是伯夷是孤竹国君的长子，其后人以行次为姓得伯姓。二是春秋时荀林父字伯，其孙荀阁以其祖父功高，遂用祖字为姓。三是由伯成氏、伯皇氏、伯常氏等姓所改。

伯姓望族居于河东郡（今山西黄河以东一带）。

伯姓历史人物有伯牙，春秋战国时琴师。据说伯牙擅鼓琴，钟子期善听。伯牙始鼓琴志在泰山，钟子期曰："善哉乎鼓琴！巍巍乎若泰山。"志在流水，钟子期又曰："善哉乎鼓琴！汤汤乎若流水。"伯牙遂视之为知音。钟子期死，伯牙破琴绝弦，终身不复鼓琴。

伯姓在《百家姓》中排在第四百九十一位。

Shǎng
赏

赏姓的来源主要有两个。一是春秋时，晋国有大夫参赛获赏，其后代为纪念祖先的荣耀便以"赏"为姓。二是出自拓跋氏，为西夏国姓。

早在两千多年前就有赏姓居住于江南地区。赏姓望族居于吴郡（今江苏苏州至浙江杭州一带）。

赏姓历史人物有赏庆，江苏人，南朝时曾在江东做过幕僚。

赏姓在《百家姓》中排在第四百九十二位。

Nángōng
南宫

南宫姓的来源主要有三个。一是周文王"八士"之一有南宫括，其后以南宫为姓。二是春秋时，鲁国大夫孟僖子的儿子仲孙阅，居住在南宫，他的后代遂以居住地地名命姓。三是春秋时鲁国有个叫阕的人，因居住在南宫，遂以南宫命姓。

南宫姓郡望居于河南郡（今河南洛阳一带）、鲁郡（今山东曲阜一带）。

南宫姓历史人物有南宫括，周文王四友之一，辅佐周文王、武王兴国灭纣，功勋卓著。

南宫姓在《百家姓》中排在第九十三位。

 Mò
墨

墨姓的来源主要有三个。一是源自炎帝后裔墨如之后。二是改姓。由商代孤竹君后代墨胎氏改姓而来。三是春秋宋成公有子墨台，其后人以先祖字为姓。

墨姓如今在山西、山东、河南、甘肃、安徽等地有少量分布。

墨姓历史人物有春秋战国之际墨家学派创始人墨子，他提倡"兼爱""非攻""尚贤"，对当时思想界影响很大，与儒家并称为显学。

墨姓在《百家姓》中排在第四百九十四位。

 Hǎ
哈

哈姓为少数民族姓氏，蒙古族和回族中多有此姓，来源无考。

哈姓如今主要分布在河北、江苏、湖北、河

南等省和西北等地。

哈姓历史人物有元代延祐年间郡监哈珊，为政期间勤政为民。他曾率众开辟河道，既方便行人，又有助于农业灌溉。当时有歌谣称他："哈珊开便河，恩多怨也多，百年千载后，恩在怨消磨。"

哈姓在《百家姓》中排在第四百九十五位。

谯 Qiáo

谯姓的来源主要有两个。一是以地名为姓。周召公姬奭之子盛封谯侯，子孙后代遂以地名为姓。二是周文王第十三子振铎封于曹，建立曹国，其支庶为大夫，食采于谯邑，其后人也以谯为氏。

谯姓早期活动于今四川、安徽一带。

谯姓历史人物有三国时期谯周，蜀汉人，博学多才，著述颇多，史学著作尤其令人瞩目。著有《法训》《五经论》等。

谯姓在《百家姓》中排在第四百九十六位。

笪 Dá

笪姓的来源主要有两个。一是出自汉代刘氏之后，为皇帝赐姓。二是源自少数民族，回族有笪姓。

今江苏句容、镇江、南京，湖北应城等地有笪姓分布。

笪姓历史人物有笪重光，曾任御史一职，为人刚正耿直。工书善画，精古文辞，有作品《书筏》《画筌》。

笪姓在《百家姓》中排在第四百九十七位。

Nián
年

年姓的来源主要有两个。一是齐太公后代有年氏。二是出自严姓，本姓严，后讹为年。

年姓早期主要居住在今山东一代。

年姓历史人物有明代名臣年富，怀远人，官至户部尚书。他廉正刚直，坚贞不渝，时人称之为名臣。

年姓在《百家姓》中排在第四百九十八位。

Ài
爱

爱姓主要源自赐姓。唐时西域有回鹘国，以游牧为主，后归附唐朝。唐武宗根据其首领名字译音"爱邪勿"，赐姓爱。

爱姓早期主要活动在北方及西北地区。

爱姓历史人物有爱薛，元代学者，精通西域诸国语及星历、医药。曾经跟随丞相孛罗出使伊利汗国。回朝后官至翰林学士承旨，兼修国史，后授平章政事。

爱姓在《百家姓》中排在第四百九十九位。

Dìwǔ
第五

第五姓主要是以次第为姓。汉代将齐国贵族迁至京兆房陵，以次第为姓，有第一至第八。

现在第五姓主要分布在陕西泾阳和旬邑。

第五姓历史人物有第五伦，京兆长陵人，东汉光武帝后期举孝廉。历任会稽太守、蜀郡太守等职。章帝时官至司空，曾上书建议抑制外戚。为人质朴清俭，廉洁奉公。

第五姓在《百家姓》中排在第五百零二位。

Yán
言

言姓的来源主要有两个。一是源自言偃。春

秋时，孔子弟子言偃，曾任武城宰，影响很大，后代遂以其名为姓。二是战国时，韩国公族桓叔后人中，有以韩言为姓者，后简化为言姓。

言氏发祥于江南地区，望族居于汝南郡（今河南中部偏南和安徽淮河以北地区）、吴郡（今江苏长江以南一带）。

言姓历史人物有言偃，是孔子弟子中唯一的南方人，七十二贤人之一，后人称之为"言子"。

言姓在《百家姓》中排在第五百零三位。

福 Fú

福姓的来源主要有两个。一是春秋时源自福子丹。齐国有大夫福子丹，后代遂以先祖名字为姓。二是来自其他民族。唐时，朝鲜半岛百济国不少人逃难到中原，其中有一支福富顺氏，简化为福姓。

福姓望居百济郡（管辖地区相当于今天的朝鲜半岛）。

福姓历史人物有福时，明代著名将领。原姓张，名福时，因明世宗赐给他的手敕称福时，故改姓福。世宗称赞他："清不过福时，勇不过马芳。"

福姓在《百家姓》中排在第五百零四位。